《中华人民共和国安全生产法》
条文理解与适用指南

代海军　编著

中国劳动社会保障出版社

图书在版编目（CIP）数据

《中华人民共和国安全生产法》条文理解与适用指南/代海军编著. -- 北京：中国劳动社会保障出版社，2021

ISBN 978-7-5167-5017-9

Ⅰ. ①中…　Ⅱ. ①代…　Ⅲ. ①安全生产－安全法规－法律解释－中国②安全生产－安全法规－法律适用－中国　Ⅳ. ①D922.545

中国版本图书馆 CIP 数据核字（2021）第 138633 号

中国劳动社会保障出版社出版发行

（北京市惠新东街 1 号　邮政编码：100029）

*

三河市华骏印务包装有限公司印刷装订　　新华书店经销

787 毫米 × 1092 毫米　16 开本　18.75 印张　264 千字

2021 年 7 月第 1 版　　2021 年 9 月第 2 次印刷

定价：48.00 元

读者服务部电话：（010）64929211/84209101/64921644

营销中心电话：（010）64962347

出版社网址：http://www.class.com.cn

内容提要

2021年6月10日，第十三届全国人民代表大会常务委员会第二十九次会议审议通过了《全国人民代表大会常务委员会关于修改〈中华人民共和国安全生产法〉的决定》。为了配合新修改的《中华人民共和国安全生产法》的学习、宣传和培训，深刻理解和准确掌握这部法律修改的时代背景、精神实质、主要内容和相关知识，特组织业内从事本法修改起草、讨论、理论研究的知名专家编写了《〈中华人民共和国安全生产法〉条文理解与适用指南》。本书结合我国安全生产工作实际，全面介绍了本法修改的背景、重点问题及主要内容，对条文的立法原意、适用和执行中应注意的问题以及相关的安全生产知识等进行了理论联系实际的阐述，具有较强的规范性、实用性和知识性。

前 言

受新冠肺炎疫情等因素影响，原本列入全国人民代表大会常务委员会2020年度立法工作计划的《中华人民共和国安全生产法》（简称《安全生产法》）修改工作被延后。尽管如此，当2021年6月10日下午，第十三届全国人民代表大会常务委员会第二十九次会议表决通过安全生产法的修改决定后，有关“新”安全生产法的消息，还是迅速在网络刷屏。看得出，人们对这部法律寄予厚望。

于2002年颁布的《安全生产法》，经历了2009年、2014年和2021年三次修改，其中2009年仅为技术性修正（将原法第九十四条中引用的“治安管理处罚条例”修改为“治安管理处罚法”），真正算得上“修法”的是后两次，虽然谈不上“伤筋动骨”，但无论从立法理念、制度框架还是具体内容看，修改幅度之大达到了“中改”甚至“大改”的程度，如这次修改决定中，新增条款5条，实质性修改37条，称得上对这部法律的系统性修改和完善。

算起来，我与《安全生产法》有着不解之缘。近十年来，我一直从事安全生产立法、执法、司法等有关的科研工作，并以修法专家身份全程参与了《安全生产法》的修改，亲身经历了这部法律两次大修的全过程，几乎条文每一处重要的变化、立法的缘由以及修改过程中的争论，在我脑海里都留有印象。特别是今年5月下旬，我以专家身份参加了全国人民代表大会法制工作委员会社会法室组织的安全生产法修正草案通过前的评估会，就出台时机、主要制度规范的可行性和实施的社会效果等方面，进一步表达自己的看法和建议，相关情景还历历在目。对科学立法、民主立法的高度重视，充分反映出立法机关审慎的态度。

七年一剑，磨砺出这部法律的锋芒。修改后的《安全生产法》贯穿风险管理的理念，将“三管三必须”、全员安全生产责任、风险分级管控和隐患排查治理双重预防机制等写入法条，进一步压实各方安全责任。针对近年来重特大事故中暴露出的部分生产经营单位和中介机构恶意违法甚至是“屡罚屡犯”的问题，在扩大“双罚制”适用范围、普遍提高行政处罚数额的同时，不断创新法律责任形式，新增联合惩戒、按日连续计罚等措施，为践行“人民至上、生命至上”的价值理念构筑起法律的“铜墙铁壁”。此外，法律还专门规定平台经济等新兴行业、领域安全保障，并加大了对从业人员身体、心理状况的人文关怀力度，及时回应社会关切。

“其作始也简，其将毕也必巨”。这次修法，既是对安全生产改革发展成果的总结和固化，也是有效防范化解重大安全风险的现实需要，揭开了安全生产法治建设新的篇章。

本书是本人学习研究安全生产立法，以及参与《安全生产法》修改的个人体会，不代表所在单位观点。限于个人水平，加之时间仓促，不足之处恐在所难免，敬请读者指正。

代海军

2021 年 6 月 16 日

目 录

第一章　总则

第一条　为了加强安全生产工作，防止和减少生产安全事故，保障人民群众生命和财产安全，促进经济社会持续健康发展，制定本法。

【条文主旨】

本条是关于《中华人民共和国安全生产法》（以下简称《安全生产法》）立法目的的规定。

【核心概念】

“安全生产”，是指通过“人一机一管一环”四者的和谐运作，使生产经营活动中危及人民群众尤其是从业人员生命安全和身体健康的各种事故风险和伤害因素始终处于有效控制的状态。“安全生产”一词中所讲的“生产”，是广义的概念，不仅包括各种产品的生产活动，也包括各类工程建设和商业、娱乐业以及其他服务业的经营活动。

“生产安全事故”，是指生产经营单位在生产经营活动（包括与生产经营有关的活动）中突然发生的，伤害人身安全和健康、损坏设备设施或者造成经济损失的，导致生产经营活动（包括与生产经营活动有关的活动）暂时中止或永远终止的意外事件。

【内容导读】

《安全生产法》作为我国安全生产领域的综合性、基础性法律规范，在我国整个安全生产法律体系中发挥着“龙头法”的重要作用。其立法目的是从整体上加强安全生产工作，防止和减少生产安全事故，保障人民群众生命和财产安全，促进经济社会持续健康发展。《安全生产法》规定的上述立法目的之间存在内在有机联系。加强安全生产工作是《安全生产法》的基本出发点。安全生产涉及吃、穿、住、行、游等社会生活的方方面面，是关系人民群众生命财产安全的大事，是经济社会协调健康发展的标志。党中央、国务院历来高度重视安全生产工作，党的十八大以来对此作出一系列重大决策部署，2016 年制定出台了《中共中央 国务院关于推进安全生产领域改革发展的意见》。2018 年国务院机构改革，组建应急管理部，安全生产作为应急管理的基本盘、基本面加以推进。在推进国家治理体系和治理能力现代化进程中，安全生产居于重要地位，发挥着重要作用。

安全生产秩序最主要的影响因素和衡量指标就是生产安全事故。做好生产安全事故预防工作，最大限度地减少生产安全事故，也就基本解决了生产经营活动的安全保障问题。从我国目前安全生产的总体形势看，在全国安全生产工作取得积极进展的同时，由于当前我国正处在工业化、城镇化持续推进过程中，生产经营规模不断扩大，传统和新型生产经营方式并存，各类事故隐患和安全风险交织叠加，安全生产基础薄弱、监管体制机制和法律制度不完善、企业主体责任落实不力等问题依然突出，生产安全事故易发多发，尤其是重特大生产安全事故频发势头尚未得到有效遏制，一些事故的发生呈现由高危行业领域向其他行业领域蔓延趋势，直接危及生产安全和公共安全。据统计，2015 年，全国范围内有 21 个省份共发生 38 起重特大事故，平均 10 天一起，共造成 768 人死亡或失踪，有 13 个省份重特大事故起数和死亡人数同比上升。2015 年 8 月 12 日，位于天津市滨海新区天津港的瑞海国际物流有限公司危险品仓库发生特别重大火灾爆炸事故，事故共造成 165 人遇难、8 人失踪、798 人受伤住院治疗，304 幢建筑物、12 428 辆汽车、7 533 个集装箱受损；2018年11月28日，位于河北省张家口市望山循环经济示范园区的河北盛华化工有限公司氯乙烯泄漏扩散至厂外区域，遇火源发生爆燃，造成24人死亡、21人受伤、38辆大货车和12辆小型车损毁；2019年3月21日，位于江苏省盐城市响水县生态化工园区的天嘉宜化工有限公司发生特别重大爆炸事故，造成78人死亡、76人重伤、640人住院治疗，直接经济损失19.86亿元。灾难性的事故后果至今让人心有余悸，这些事故说明，我国目前的安全生产秩序状况，距离社会安定和谐，特别是人民群众对美好生活的需要还有很大差距。

现阶段，我国社会的主要矛盾已经转化为人民日益增长的美好生活需要和不平衡不充分的发展之间的矛盾。人民群众不仅对物质文化生活提出更高要求，而且对民主、法治、公平、正义、安全、环境等方面的需要也日益增长。加强安全生产的首要和核心内容，就是要保护人民群众生命和财产安全。人的生命是最为重要的，安全生产工作要把保护广大人民群众的人身安全放在头等重要的位置。《安全生产法》充分体现了以人为本的精神。从本条可以看出，保障人民群众生命和财产安全是整个《安全生产法》的基本指导思想。当然，强调安全的重要性，并不意味着不要发展，安全与发展二者是辩证统一的。在确保安全的前提下，通过依法管理、科学管理，建立良好的生产经营秩序，促进经济社会持续健康发展，也是安全生产立法的重要目的之一，是各级政府及其相关职能部门工作职责的目标所在，更是广大人民群众的根本利益所在。因此，保障人民群众生命安全和财产安全以及其他合法权益，是《安全生产法》立法的最终目的。

第二条　在中华人民共和国领域内从事生产经营活动的单位（以下统称生产经营单位）的安全生产，适用本法；有关法律、行政法规对消防安全和道路交通安全、铁路交通安全、水上交通安全、民用航空安全以及核与辐射安全、特种设备安全另有规定的，适用其规定。

【条文主旨】

本条是关于《安全生产法》适用范围的规定。

【核心概念】

“法的适用范围”，是指法律发生效力的范围，包括时间效力、空间效力、对象效力、事项效力。本条只规定了《安全生产法》的空间效力、对象效力、事项效力，而不包括时间效力。按照法律空间效力范围的普遍原则，《安全生产法》适用于制定机关所管辖的全部领域，作为全国人民代表大会常务委员会制定的法律，其效力自然及于中华人民共和国的全部领域（包括领陆、领水、领空以及中华人民共和国船舶或航空器等延伸领域）。

【内容导读】

依照本条规定，本法适用的对象范围，是在中华人民共和国领域内从事生产经营活动的单位，无论这些单位归属于哪个国家，不论是国有企业、集体企业还是外资企业，无论是大型企业集团还是个体经济组织，只要是在中华人民共和国领域内从事生产经营活动的，就要遵守本法的规定。本法调整的事项，是生产经营活动中的安全问题。因此，其适用的范围只限定在生产经营领域，不属于生产经营活动中的安全问题，如公共场所集会活动中的安全问题等，就不属于本法的调整范围。这里讲的“生产经营活动”，是指在工作时间和工作场所，为实现某种生产、建设或者经营目的而进行的活动，既包括资源的开采活动，各种产品的生产、加工、制作活动，也包括各类工程建设和商业、娱乐业以及其他服务业的经营活动，还包括与工作有关的预备性或者收尾性活动。应当指出的是，生产经营活动中的安全问题，并不仅指从事生产经营活动的单位的安全生产，还包括与此相关的监督管理活动。因此，各级人民政府及其负有相关职责的部门的安全生产监督管理（本书在论述中简称为“安全生产监管”）活动，也必须遵守本法规定，相关人员应当依法履行职责。

考虑到有一部分从事生产经营活动的单位或者某些安全事项具有特殊性，对其单独立法进行规范是有必要的。目前，已经有一些专门法律和行政法规对特殊的生产经营活动及特殊的安全事项作出规定。如消防安全就属于特殊的安全事项，对于消防安全问题已有《中华人民共和国消防法》调整；道路、铁路、水运、空运等交通运输的安全问题，属于特殊的生产经营活动，其生产经营单位也比较特殊，从事的生产经营活动与一般生产经营单位在固定场所进行的生产经营活动相比有所不同，其生产经营活动是在移动中进行的，对此已有《中华人民共和国道路交通安全法》《中华人民共和国海上交通安全法》《中华人民共和国铁路法》《中华人民共和国民用航空法》等法律专门调整。此外，对于核与辐射安全、特种设备安全，亦属于特殊的安全事项，也已有《中华人民共和国核安全法》《中华人民共和国特种设备安全法》等法律专门调整。《安全生产法》与上述领域专门法律之间是一般法与特别法的关系，按照特别法优于一般法的原则，有专门规定的法律属于特别法，应优先适用。

第三条 安全生产工作坚持中国共产党的领导。

安全生产工作应当以人为本，坚持人民至上、生命至上，把保护人民生命安全摆在首位，树牢安全发展理念，坚持安全第一、预防为主、综合治理的方针，从源头上防范化解重大安全风险。

安全生产工作实行管行业必须管安全、管业务必须管安全、管生产经营必须管安全，强化和落实生产经营单位的主体责任与政府监管责任，建立生产经营单位负责、职工参与、政府监管、行业自律和社会监督的机制。

【条文主旨】

本条是安全生产工作方针和工作机制的规定。本条共分为三款。

【核心概念】

"主体责任"，就是我们常说的安全生产主体责任。"主体"是与"客体"相对应的概念，主体与客体对于法律具有实质意义。一切法律规则皆因权利主体而设，是权利的支配力所涉及的范围，是权利主体利益的载体。需要指出的是，《安全生产法》中规定的"主体"并非指权利主体，而是与从业人员安全生产权利相对应的义务主体。一般认为，安全生产主体责任，是指生产经营单位在生产经营活动全过程中履行义务、承担责任，并接受未尽责的追究。

安全生产主体责任的提出和确立，与我国工业化初期生产安全事故多发频发，以及人们不断深化对安全生产工作规律和特点的认识密切相关。在工业化初期，一些企业安全管理责任不落实、管理机构不健全、管理制度不完善等问题比较突出，生产安全事故总量很大，重特大事故多发频发，安全生产形势十分严峻。在我国传统安全生产管理模式中，过分强调政府的作用，忽略了企业自身的作用。经过历次事故的洗礼，人们逐步意识到，生产经营单位在经济社会活动中扮演至关重要的角色，是实现安全生产的决定因素和不容置疑的责任主体。做好安全生产工作，关键是提升生产经营单位的安全生产基础工作和管理水平。鉴于此，2004年印发的《国务院关于进一步加强安全生产工作的决定》明确提出"落实生产经营单位安全生产主体责任"，正式开启了我国安全生产主体责任的时代。此后，国家立法、司法机关和监管部门通过制定法规规章、发布司法解释等形式，对安全生产主体责任制度予以回应。2004年以来，中央和地方有关部门相继发布一大批以"安全生产主体责任"为题的规范性文件，且呈稳步增长的趋势。尤其是2010年以来，中央接连发布了四份重要的规范性文件，分别是2010年《国务院关于进一步加强企业安全生产工作的通知》、2011年《国务院关于坚持科学发展安全发展促进安全生产形势持续稳定好转的意见》、2015年《国务院办公厅关于加强安全生产监管执法的通知》，以及2016年《中共中央 国务院关于推进安全生产领域改革发展的意见》均大篇幅论述了安全生产主体责任。

【条文主旨】

根据本条规定，安全生产工作实行以下工作方针和工作机制：

一是安全生产工作坚持中国共产党的领导。

2018年12月18日，习近平总书记在庆祝改革开放40周年大会上发表重要讲话指出，改革开放40年的实践启示我们：中国共产党领导是中国特色社会主义最本质的特征，是中国特色社会主义制度的最大优势。党政军民学，东西南北中，党是领导一切的。正因为始终坚持党的集中统一领导，我们才顺利步入了安全生产改革发展的新时期，才能成功应对一系列重大风险挑战，实现安全生产形势总体趋稳向好。当前和今后一个时期是我国各类矛盾和风险易发期，各种可以预见和难以预见的风险因素明显增多，安全生产改革发展任务艰巨。任何改革都必须有利于坚持和加强党的全面领导，安全生产工作亦不例外。新形势下，全国人民代表大会根据党的十九大精神，总结改革开放四十多年的有益经验，对《安全生产法》作出适当修改，把党领导下中国特色安全生产的创制之举，通过法定程序及时转化为国家意志，用立法形式巩固安全生产工作成果，是我们党治国理政的创新实践，更是完善《安全生产法》的重要举措。

二是安全生产工作应当以人为本，坚持人民至上、生命至上，把保护人民生命安全摆在首位，树牢安全发展理念。

习近平总书记指出，人民是历史的创造者，是决定党和国家前途命运的根本力量。坚持以人民为中心，是我们党的根本政治立场，是习近平新时代中国特色社会主义思想的鲜明特色和核心要义，反映了坚持人民主体地位的内在要求，彰显了人民至上的价值取向。坚持以人民为中心，就是既要让人民富起来，又要让人民的安全和健康权益得到切实保障。党的十九届五中全会立足于建设更高水平的平安中国，统筹发展和安全，强调坚持人民至上、生命至上，把保护人民生命安全摆在首位，全面提高公共安全保障能力。在人民的诸多利益中，生命安全是人民最基本的权利。坚持人民至上，必须做到生命至上；坚持生命至上，才能真正做到人民至上。把“人民至上、生命至上”写入《安全生产法》，必将进一步发挥法律的规范、引领、推动、保障作用，为在法治轨道上更好地维护人民群众生命安全提供制度保障。

安全生产工作既要解决长期积累的深层次、结构性和区域性问题，又要应对不断出现的新情况、新问题，根本出路在于坚持科学发展、安全发展。安全发展是科学发展的应有之义，也是确保安全生产的社会基础。实践表明，坚持安全发展，是对新时期安全生产客观规律的科学认识和准确把握，是保障人民群众生命财产安全的必然选择。《国务院关于坚持科学发展安全发展促进安全生产形势持续稳定好转的意见》，深刻阐述了安全发展的科学内涵以及安全发展的重大意义，明确了安全生产工作的指导思想和基本原则，提出了加强改进安全生产工作、促进安全发展的一系列重大政策措施。

三是安全生产工作应当坚持安全第一、预防为主、综合治理的方针。

安全第一、预防为主、综合治理是开展安全生产工作总的指导方针，是我国长期实践的经验总结。

安全第一，体现了以人民为中心，是安全发展理念的具体化。安全第一、预防为主、综合治理是一个既有区别，又相互联系的整体。安全第一，是预防为主、综合治理的统领，没有安全第一，预防为主就失去了思想支撑，综合治理就失去了方向和依据。在生产经营活动中，在处理保证安全与实现生产经营活动的其他各项目标的关系上，要始终把安全特别是从业人员的人身安全放在首要的位置，实行“安全优先”的原则，在确保安全的前提下，努力实现生产经营的其他目标。当安全工作与其他活动发生冲突与矛盾时，其他活动要服从安全，绝不能以牺牲安全为代价换取发展和效益。

预防为主，是安全生产方针的核心和具体体现，是实现安全发展的根本途径。

强调预防为主，就是要把预防生产安全事故的发生放在安全生产工作的首位。对于安全生产的管理，重心不应放在发生事故后去组织抢救，进行事故调查，找原因、追责任、堵漏洞，而是要谋事在先，尊重科学，探索规律，采取有效的事前控制措施，千方百计预防事故的发生，做到防患于未然，将事故消灭在萌芽状态。虽然人类在生产活动中还不可能完全杜绝安全事故的发生，但只要高度重视，预防措施得当，绝大部分事故是可以避免发生的。

综合治理，就是要综合运用法律、经济、行政等手段，从发展规划、行业管理、安全投入、科技进步、经济政策、教育培训、安全文化以及责任追究等方面着手，建立安全生产长效机制。综合治理与齐抓共管的理念一脉相承，是从遵循和适应安全生产的规律出发，运用法律、经济、行政等手段，多管齐下，并充分发挥社会、职工、舆论的监督作用，形成标本兼治、齐抓共管的格局。综合治理是确保实现安全第一、预防为主的安全管理目标的重要手段和方法，只有不断健全和完善综合治理工作机制，才能有效贯彻安全生产方针。

四是安全生产工作应当实行管行业必须管安全、管业务必须管安全、管生产经营必须管安全。

2013 年，习近平总书记在青岛黄岛经济开发区考察输油管线泄漏引发爆燃事故抢险工作时强调，要把安全责任落实到岗位、落实到人头，坚持管行业必须管安全、管业务必须管安全，加强督促检查、严格考核奖惩，全面推进安全生产工作。《全国人民代表大会常务委员会执法检查组关于检查〈中华人民共和国安全生产法〉实施情况的报告》指出，目前的监管体制机制不完善，综合监管和行业监管职责定位不清，导致监管职责不明晰，存在着重复监管和有些部门躲避监管责任的现象。对此，党中央、国务院高度重视，印发《中共中央 国务院关于推进安全生产领域改革发展的意见》，中共中央办公厅、国务院办公厅印发《关于推进城市安全发展的意见》等，该类中央文件明确提出，按照管行业必须管安全、管业务必须管安全、管生产经营必须管安全（简称“三管三必须”）和谁主管谁负责的原则，厘清安全生产综合监管与行业监管的关系，明确各有关部门安全生产工作职责。2019

年江苏响水天嘉宜化工有限公司“3·21”特别重大爆炸事故发生后，为深刻吸取事故教训，尤其是针对危险化学品安全监管暴露出的漏洞，中共中央办公厅、国务院办公厅在《关于全面加强危险化学品安全生产工作的意见》中再次重申了“三管三必须”以及谁主管谁负责的原则。此外，一些地方还进行了积极的立法探索。目前，天津、山东、辽宁、江西等11个省份已将“三管三必须”写入地方性法规，如《天津市安全生产条例》第三条规定，安全生产工作应当以人为本，坚持安全发展，坚持安全第一、预防为主、综合治理的方针，坚持属地管理、分级负责和管行业必须管安全、管业务必须管安全、管生产经营必须管安全的原则，建立生产经营单位负责、职工参与、政府监管、行业自律和社会监督的机制。

综上，将“三管三必须”及时上升到法律范畴，既是坚持和维护中国特色社会主义制度的内在要求，也是系统总结我国安全生产实践经验，构建科学有效的安全生产责任体系的客观需要。

五是建立生产经营单位负责、职工参与、政府监管、行业自律和社会监督的机制。

在安全第一、预防为主、综合治理的安全生产工作“十二字方针”指引下，本条进一步明确建立生产经营单位负责、职工参与、政府监管、行业自律和社会监督机制。做好安全生产工作，落实生产经营单位主体责任是根本，职工参与是基础，政府监管是关键，行业自律是发展方向，社会监督是实现预防和减少生产安全事故目标的保障。其中，生产经营单位负责，主要强调了安全生产主体责任。按照本法规定，生产经营单位安全生产主体责任，主要包含：（1）依法建立安全生产管理机构、配备安全生产管理人员；（2）建立健全安全生产责任制和各项管理制度；（3）持续具备法律、法规、规章、国家标准和行业标准规定的安全生产条件；（4）确保资金投入满足安全生产条件需要；（5）依法组织从业人员参加安全生产教育和培训；（6）如实告知从业人员作业场所和工作岗位存在的危险有害因素、防范措施和事故应急措施，教育职工自觉承担安全生产义务；（7）为从业人员提供符合国家标准和行业标准的劳动防护用品，并监督教育从业人员按照规定佩戴使用；（8）对重大危险源实施有效的检测、监控；（9）预防和减少作业场所职业危害；（10）安全设施、设备（包括特种设备）符合安全管理的有关要求，按规定定期检测检验；（11）依法制定生产安全事故应急救援预案，落实操作岗位应急措施；（12）及时发现、治理和消除本单位生产安全事故隐患；（13）积极采取先进的安全生产技术、设备和工艺，提高安全生产科技保障水平，确保所使用的工艺装备及相关劳动工具符合安全生产要求；（14）保证新建、改建、扩建工程项目依法实施安全设施"三同时"（即同时设计、同时施工、同时投产使用）；（15）统一协调管理承包、承租单位安全生产工作；（16）依法参加工伤保险和安全生产责任保险，为从业人员缴纳保险费；（17）按要求上报生产安全事故，做好事故抢险救援，妥善处理对事故伤亡人员依法赔偿等事故善后工作；（18）法律、法规规定的其他安全生产责任。

需要指出的是，目前山东、北京等多个省份依据地方立法权，出台了安全生产主体责任具体规定，提出了许多新的具体的要求，这些要求与《安全生产法》相互配套，共同构成了生产经营单位安全生产主体责任的重要内容。如《北京市生产经营单位安全生产主体责任规定》指出，生产经营单位是安全生产的责任主体，应当遵守有关安全生产的法律、法规、规章和标准，建立健全安全生产责任制和安全生产规章制度，改善安全生产条件，推进安全生产标准化建设，加强安全生产管理，提高安全生产水平，并对未履行安全生产主体责任导致的后果负责。

第四条 生产经营单位必须遵守本法和其他有关安全生产的法律、法规，加强安全生产管理，建立健全全员安全生产责任制和安全生产规章制度，加大对安全生产资金、物资、技术、人员的投入保障力度，改善安全生产条件，加强安全生产标准化、信息化建设，构建安全风险分级管控和隐患排查治理双重预防机制，健全风险防范化解机制，提高安全生产水平，确保安全生产。

平台经济等新兴行业、领域的生产经营单位应当根据本行业、领域的特点，建立健全并落实全员安全生产责任制，加强从业人员安全生产教育和培训，履行本法和其他法律、法规规定的有关安全生产义务。

【条文主旨】

本条是关于生产经营单位安全生产基本义务的规定。本条共分为两款。

【核心概念】

“安全生产标准化”，是指通过全员全过程参与，建立并保持安全生产管理体系，全面管控生产经营活动各环节的安全生产与职业卫生工作，实现安全健康管理系统化、岗位操作行为规范化、设备设施本质安全化、作业环境器具定置化，并持续改进。安全生产标准化包含安全目标、组织机构和人员、安全责任体系、安全生产投入、法律法规与安全生产管理制度、队伍建设、生产设备设施、科技创新与信息化、作业管理、隐患排查和治理、危险源辨识与风险控制、职业健康、安全文化、应急救援、事故的报告和调查处理、绩效评定和持续改进等方面。

“事故隐患”，是指对安全风险所采取的管控措施存在缺陷或缺失时造成的结果，包括物的不安全状态、人的不安全行为和管理上的缺陷等方面。

【内容导读】

按照本条规定，生产经营单位必须遵守本法和其他有关安全生产的法律、法规。安全生产工作，必须坚持依法治理的原则。遵守安全生产法律、法规，是所有生产经营单位必须履行的法定义务。《安全生产法》是安全生产的综合性、基础性、专门性法律，确立了有关安全生产的各项基本法律制度，是生产经营单位在安全生产方面必须遵守的行为规范。其他有关安全生产的法律，包括《中华人民共和国矿山安全法》《中华人民共和国特种设备安全法》《中华人民共和国煤炭法》《中华人民共和国建筑法》(以下分别简称《矿山安全法》《特种设备安全法》《煤炭法》《建筑法》)等;国务院也制定了一系列有关安全生产的行政法规,如《煤矿安全监察条例》《危险化学品安全管理条例》《烟花爆竹安全管理条例》等;各地方也根据法律、行政法规,结合本地实际情况,制定了一批有关安全生产的地方性法规。对上述有关安全生产的法律规范,每一个生产经营单位都必须严格遵照执行。

生产经营单位遵守安全生产法律、法规,重点是加强安全生产管理,建立健全全员安全生产责任制和安全生产规章制度。加强安全生产管理,不仅是企业管理的重要内容,也是生产经营单位落实安全生产保障的法定义务。安全生产责任制,是根据我国安全第一、预防为主、综合治理的安全生产方针和安全生产法规建立的各级党委政府、有关职能部门、各类生产经营单位及其相关人员,在生产经营活动中对安全生产层层负责的制度。建立健全全员安全生产责任制和安全生产规章制度,是加强企业安全管理的重要一环。根据"管生产必须管安全"的原则,安全生产责任制是综合各种安全生产管理、安全操作制度,对生产经营单位和企业各级领导、各职能部门、有关工程技术人员和生产工人在生产中应负的安全责任加以明确规定的制度,主要包括各岗位的责任人员、责任范围和考核标准等内容。安全生产规章制度,是以安全生产责任制为核心,指引和约束人们在安全生产方面的行为,是安全生产的行为准则,其作用是明确各岗位安全职责,规范安全生产行为,建立和维护安全生产秩序,包括岗位安全责任制、安全操作规程和基本的安全管理规范等,是生产经营单位制定的适用于本单位生产管理的具体规则和制度的总和,是生产经营单位内部的"法律"。《国务院办公厅关于加强安全生产监管执法的通知》明确规定,督促企业严格履行法定责任和义务,建立健全安全生产管理机构,按规定配齐安全生产管理人员和注册安全工程师,切实做到安全生产责任到位、投入到位、培训到位、基础管理到位和应急救援到位。《中共中央 国务院关于推进安全生产领域改革发展的意见》进一步要求,企业实行全员安全生产责任制度,法定代表人和实际控制人同为安全生产第一责任人,主要技术负责人负有安全生产技术决策和指挥权,强化部门安全生产职责,落实一岗双责。

近年来，各地区按照国家有关要求，结合本地区企业安全生产实际，在煤矿、金属非金属矿山、危险化学品、烟花爆竹等高危行业开展了安全生产标准化创建活动，加强了安全生产基础工作。按照国务院有关文件的要求，在工矿商贸和交通运输行业领域普遍开展岗位达标、专业达标和企业达标建设，对在规定期限内未实现达标的企业，要依据有关规定采取暂扣其生产许可证、安全生产许可证措施，以推进安全生产标准化建设，目的是提高安全生产水平，确保安全生产。安全生产标准化符合安全管理的基本规律，代表了现代安全管理的发展方向，是先进安全管理思想与我国传统安全管理方法、企业具体实际的有机结合，能够有效提高企业安全生产水平，推动我国安全生产状况的根本好转。因此，《安全生产法》适应安全生产工作的新形势，规定了生产经营单位加强安全生产标准化建设，提高安全生产水平的内容。

实践中，一些企业忽视风险辨识和防控，忽视苗头性问题的及时处理，最终导致小风险酿成大事故。如山西王家岭煤矿"3·28"特大透水事故，在项目部收集到的探测数据均表明掘进前方异常的情况下，仍冒险进行掘进，造成巷道被淹，最终酿成38人遇难的惨剧。国务院安委会办公室2016年4月印发的《标本兼治遏制重特大事故工作指南》，明确提出要把安全风险管控挺在隐患前面，把隐患排查治理挺在事故前面，着力构建安全风险分级管控和隐患排查治理双重预防性工作机制，包括健全安全风险评估分级和事故隐患排查分级标准体系，全面排查评定安全风险和事故隐患等级，按照"分区域、分级别、网格化"原则，实施安全风险差异化动态管理以及事故隐患排查治理闭环管理措施。《中共中央 国务院关于推进安全生产领域改革发展的意见》再次重申了上述要求。在建立实施双重预防体系中，生产经营单位是责任主体，要建立健全风险分级管控、隐患排查治理双重预防体系规章制度，全方位、全过程深入排查本单位生产系统、设备设施、输送管线、施工场所、环境条件、操作行为、安全管理等方面存在的风险因素，建立实施双重预防体系。生产经营单位主要负责人要组织职工全员参与，层层分解落实责任，保障体系建设所需资源和资金投入，加强内部管理考核。安全生产管理部门负责监督检查双重预防体系建设与运行成效，并定期组织绩效评估。

近些年，以互联网专车、网络送餐为代表的平台经济迅速崛起，使得劳动关系的范围不断变化。在我国，平台经济又称共享经济、分享经济，受政府相对积极的鼓励政策的支持，平台经济和平台用工得以快速发展。《中国数字经济发展白皮书（2020 年）》显示，2019 年我国互联网平台服务企业实现业务收入 3 193 亿元，同比增长 24.9%。相较于传统劳动领域，平台经济用工模式较为特殊，与从业者没有传统劳动合同关系，从业人员的收入主要来自跑单的提成。“外卖小哥”送餐超时，不仅会被客户差评、投诉，还会因此被扣钱。据媒体报道，一名“外卖小哥”被催单为了防差评，竟然采用了下跪磕头向客户致歉的极端方式。在不合理的收入分配机制引导下，平台经济从业人员普遍存在安全意识薄弱、安全防护不到位等问题，由此导致安全事故尤其是交通事故频发，反映出平台经济的生产经营单位安全管理方面的巨大漏洞。习近平总书记 2021 年 3 月 15 日在中央财经委员会第九次会议上强调，我国平台经济发展正处在关键时期，要着眼长远、兼顾当前，补齐短板、强化弱项，营造创新环境，解决突出矛盾和问题，推动平台经济规范健康持续发展。为此，本条特别规定，平台经济等新兴行业、领域的生产经营单位应当根据本行业、领域的特点，建立健全并落实全员安全生产责任制，履行本法和其他法律、法规规定的有关安全生产义务。

第五条 生产经营单位的主要负责人是本单位安全生产第一责任人，对本单位的安全生产工作全面负责。其他负责人对职责范围内的安全生产工作负责。

【条文主旨】

本条是关于生产经营单位负责人安全生产义务的规定。

【核心概念】

“主要负责人”，一般是指在生产经营单位中起决策作用的领导人，包括有限责任公司或者股份有限公司的董事长、总经理，其他生产经营单位的厂长、经理、局长、矿长（含实际控制人）等。具体要根据实际情况来确定：

一是主要负责人必须是生产经营单位开展生产经营活动的主要决策人，享有本单位生产经营活动包括安全生产事项的最终决定权，全面领导生产经营活动。例如，生产经营单位的重大生产经营事项应由董事会决策的，那么董事长是主要负责人，个人投资生产经营单位的投资人是主要负责人。

二是主要负责人必须是实际领导、指挥生产经营日常活动的决策人。在一般情况下，生产经营单位主要负责人是其法定代表人。但是某些公司制企业，特别是一些特大集团公司的法定代表人，往往与其子公司的法定代表人同为一人，其不负责企业日常的生产经营活动和安全生产工作，通常是在异地。在这种情况下，那些真正全面组织、领导生产经营活动和安全生产工作的决策人就不一定是集团董事长，而是总经理或者其他人。还有一些不具备企业法人资格的生产经营单位不需要并且也不设法定代表人，这些单位的主要负责人就是其资产所有人或者生产经营负责人。

三是主要负责人必须是能够承担生产经营单位安全生产全面领导责任的决策人。当董事长或者总经理长期缺位（因生病、学习等情况不能主持全面领导工作）而由其授权或者委托的副职或者其他人全面主持生产经营单位的全面工作时，如果发生安全生产违法行为或者生产安全事故需要追究责任时，将长期缺位的董事长或者总经理作为责任人既不合情理又难以执行，只能追究其授权或者委托主持全面工作的实际负责人的法律责任。

“其他负责人”，是指生产经营单位明确负责安全生产工作的副职领导，如安全副总主抓安全生产，直接对生产经营单位“一把手”负责。

【内容导读】

生产经营单位是安全生产的责任主体。要全面牵住主体责任这一“牛鼻子”，最重要的是抓住“关键少数”。《安全生产法》聚焦主要矛盾，以“明责”“定责”“督责”“追责”为抓手，坚持一级抓一级，层层压实责任，推动主体责任落实落细。根据本条规定，生产经营单位的主要负责人是本单位安全生产第一责任人，对本单位安全生产全面负责，其他负责人协助主要负责人履行安全生产职责，并对职责范围内的安全生产工作负直接领导责任。安全生产工作是企业管理工作中的重要内容，涉及企业生产经营活动的各个方面，必须要由企业“一把手”统一领导，统筹协调，负全面责任。生产经营单位可以安排副职负责人协助主要负责人分管安全生产工作，但不能因此减轻或免除主要负责人对本单位安全生产工作所负的全面责任。可见，安全生产主要负责人和分管负责人不是同一人。

第六条 生产经营单位的从业人员有依法获得安全生产保障的权利，并应当依法履行安全生产方面的义务。

【条文主旨】

本条是关于从业人员安全生产方面权利义务的规定。

【核心概念】

“从业人员”，是指生产经营单位从事生产经营活动各项工作的所有人员，包括管理人员、技术人员和各岗位的工人，也包括生产经营单位临时聘用的人员和被派遣劳动者。

【内容导读】

从业人员是构成安全生产法律关系的主体，是指安全生产法调整的安全生产法律关系的参加者或者当事人，即在安全生产法律关系中享有安全生产权利和承担安全生产义务者。按照本条规定，生产经营单位的从业人员有依法获得安全生产保障的权利。对从业人员的安全生产保障，关系从业人员的生命安全，是劳动者应享有的基本人权，世界各国和有关国际组织对此都给予高度重视，以立法予以保障。需要指出的是，由于各国立法不同，目前关于从业人员安全生产权利的表述方式很多，如“职业安全权”“职业安全卫生权”“劳动保护权”“工作环境权”等。应当说，这些概念之间有一定的差别。本法规定的从业人员安全生产权利侧重于人身安全和财产安全，不涉及职业健康。

从业人员安全生产权利不是某一项具体权利，而是保护众多子权利的权利束或权利集合，包括劳动合同安全生产保障权、安全生产教育和培训权、安全生产知情权、获得劳动防护用品权、平等保护权、安全工作建议权、批评检举权、拒绝违章指挥和强令冒险作业权、紧急情况下停止作业和撤离权以及工伤保险及其赔偿权等。

需要指出的是，“没有无义务的权利，也没有无权利的义务”。从业人员在获得安全生产保障权利的同时，也应当依法履行安全生产方面的义务。这也是当今世界各国立法的普遍做法，如美国1970年《职业安全与健康法》规定，雇员必须遵守职业安全和健康标准及依据本法发布的全部规则、规程和命令，接受关于危险化学品事故预防的知识和培训，查阅本人的工伤和职业病记录，获得工作区域危险源检测的结果备份，举报雇主违反OSHA（美国职业安全与健康监察局）的行为，若雇员因行使本法规定的权利遭到雇主解雇，可在30天内将申诉表格递交OSHA。本法规定的从业人员应当履行的安全生产方面的义务包括：（1）在作业过程中必须遵守本单位的安全生产规章制度和操作规程，服从管理，不得违章作业；（2）接受安全生产教育和培训，掌握本职工作所需要的安全生产知识；（3）发现事故隐患应当及时向本单位安全生产管理人员或主要负责人报告；（4）正确使用和佩戴劳动防护用品。

只有每个从业人员都认真履行自己在安全生产方面的法定义务，生产经营单位的安全生产工作才能得到保障。实践中，许多生产安全事故的发生，都是由于从业人员违章操作，或者不遵守规章制度造成的。因此，从业人员认真履行安全生产义务，是生产经营单位保障安全生产的基础。

第七条 工会依法对安全生产工作进行监督。

生产经营单位的工会依法组织职工参加本单位安全生产工作的民主管理和民主监督，维护职工在安全生产方面的合法权益。生产经营单位制定或者修改有关安全生产的规章制度，应当听取工会的意见。

【条文主旨】

本条是关于工会在安全生产方面职责的规定。本条共分为两款。

【内容导读】

工会是职工自愿结合的工人阶级的群众组织。按照《中华人民共和国工会法》（以下简称《工会法》）的规定，在中国境内的企业、事业单位、机关中以工资收入为主要生活来源的体力劳动者和脑力劳动者，不分民族、种族、性别、职业、宗教信仰、教育程度，都有依法参加和组织工会的权利。维护职工合法权益是工会的基本职责。工会在维护全国人民总体利益的同时，代表和维护职工的合法权益。工会通过平等协商和集体合同制度，协调劳动关系，维护企业职工劳动权益。工会依照法律规定通过职工代表大会或者其他形式，组织职工参与本单位的民主决策、民主管理和民主监督。《安全生产法》赋予工会在安全生产方面的职责有三项：第一，依法组织职工参加本单位安全生产工作的民主管理和监督，维护职工在安全生产方面的合法权益；第二，依法对安全生产工作进行监督，如发现生产经营单位有侵犯从业人员合法权益的行为，有权要求纠正；第三，依法参加事故调查，向有关部门提出处理意见，并要求追究有关人员的责任。

第八条 国务院和县级以上地方各级人民政府应当根据国民经济和社会发展规划制定安全生产规划，并组织实施。安全生产规划应当与国土空间规划等相关规划相衔接。

各级人民政府应当加强安全生产基础设施建设和安全生产监管能力建设，所需经费列入本级预算。

县级以上地方各级人民政府应当组织有关部门建立完善安全风险评估与论证机制，按照安全风险管控要求，进行产业规划和空间布局，并对位置相邻、行业相近、业态相似的生产经营单位实施重大安全风险联防联控。

【条文主旨】

本条是关于各级人民政府安全生产基础和能力建设方面职责的规定。本条共分为三款。

【核心概念】

“安全生产规划”，是各级人民政府制定的比较全面、长远的安全生产发展计划，是对未来整体性、长期性、基本性问题的考量，设计未来整套行动的方案，具有综合性、系统性、时间性、强制性等特点。与其他规划类似，安全生产规划一般包括指导思想、制定原则、规划目标、主要任务、重点工程和保障措施等内容。

“国土空间规划”，是对一定区域国土空间开发保护在空间和时间上作出的安排，是各类开发保护建设活动的基本依据，包括总体规划、详细规划和相关专项规划。

“安全风险”，是指某一特定危害事件发生的可能性与其后果严重性的组合。

【内容导读】

一是明确县级以上各级人民政府负有编制并组织实施安全生产规划的职责。

2013 年 11 月 22 日 10 时 25 分，位于山东省青岛市经济技术开发区的中国石油化工股份有限公司管道储运分公司东黄输油管道泄漏原油进入市政排水暗渠，在形成密闭空间的暗渠内油气积聚遇火花发生爆炸，造成 62 人死亡、136 人受伤，直接经济损失 75 172 万元。经事故调查组查明，开发区规划、市政部门履行职责不到位，事故发生地段规划建设混乱是其中一个重要原因。事故发生区域危险化学品企业、油气管道与居民区、学校等近距离或交叉布置，造成严重事故隐患。为吸取事故教训，防范生产安全事故，相关各级人民政府对安全生产工作做出总体安排，提出本地区安全生产工作的指导思想、基本方针、目标、主要任务、保障措施，指导今后一个时期的安全生产工作十分必要。国务院办公厅于 2017 年发布了《安全生产“十三五”规划》，分析了面临的形势，明确了“十三五”期间安全生产的指导思想、基本原则、规划目标和主要任务，提出开展监管监察能力建设工程、信息预警监控能力建设工程、风险防控能力建设工程等八项重点工程。

制定安全生产规划时，应当以国民经济和社会发展规划为根据。国民经济和社会发展规划，是对国民经济的主要活动、科学技术、教育事业和社会发展所作的统筹规划和安排，规定了经济和社会发展的总目标、总任务、总政策以及所要发展的重点、所要经过的阶段、所要采取的战略部署和重大政策与措施，是指导国民经济和社会发展的纲领性文件。同时，按照本条规定，安全生产规划应当与国土空间规划等规划相衔接，这也是对规划的制定提出的要求。建立国土空间规划体系并监督实施，将主体功能区规划、土地利用规划、城乡规划等空间规划融合为统一的国土空间规划，实现“多规合一”，强化国土空间规划对各专项规划的指导约束作用，是党中央、国务院作出的重大部署。要求安全生产规划与国土空间规划等相衔接，主要是指安全生产规划中涉及国土空间规划的内容应当与其做好衔接，如安全生产规划中有关危险化学品的化工园区建设、涉及化工产业布局等，就应当与国土空间规划相衔接。这是针对实践中出现的新情况提出的新要求。同时，也要求编制国土空间规划时，应当考虑安全生产因素。

二是对各级人民政府加强安全生产基础设施建设和安全生产监管能力建设作了规定。

“求木之长者，必固其根本。”实现安全发展，必须强基固本。基础不牢，地动山摇。基础设施是保障安全的生命线。保障安全生产，必须加强基础设施安全保障。近年来，特别是党的十八大以来，中央到地方对安全生产工作越来越重视，安全生产形势逐年平稳好转，但安全基础薄弱、安全欠账大、安全保障能力不强的现状尚未从根本上改变，事故隐患还大量存在。加强安全生产基础设施建设和安全生产监管能力建设，是推动实现安全发展的必然要求，是加强基层安全生产监管执法的迫切需要，更是促进安全生产形势根本好转的有效举措。按照本条规定，各级人民政府要按照“属地管理”的原则，坚持关口前置、重心下移，以县市区、乡镇（街道）为重点，完善安全生产监管体系，构建人防、物防、技防“三位一体”的工作网络，保障安全生产投入，推动安全生产各项工作落实到基层。针对城市建设、危旧房屋、玻璃幕墙、渣土堆场、尾矿库、燃气管线、地下管廊等重点领域和危险化学品、煤矿、非煤矿山、烟花爆竹、交通运输等重点行业，加强安全基础设施建设，强化安全监测与防护系统建设，提升安全生产基础保障能力、现场监管执法能力、风险预警防控能力、事故调查处理能力、应急救援指挥能力、法治宣传教育能力和技术支撑保障能力等。安全生产投入，是加强安全生产基础设施建设和安全生产监管能力建设的前提和保障。2015 年，国家在清理整顿专项资金的情况下，专门设立了安全生产预防及应急专项资金，并出台了《安全生产预防及应急专项资金管理办法》，在中央层面对资金管理和使用做了具体要求。各级人民政府应当完善安全生产投入长效机制，将安全生产所需经费列入本级财政预算，加强专项资金的使用管理，强化审计监督，强化安全生产基础能力建设，提高安全生产水平和事故预防与应对能力。

三是对县级以上地方各级人民政府建立完善安全风险评估与论证机制，实施重大风险联防联控做了规定。

工业化、城市化的加速发展与全面融入经济全球化进程，使我国不可避免地进入“风险社会”时代。尽管学术界和实务部门对风险的界定有所差异，但都普遍强调风险的可能性和不利影响这两个方面。安全生产重在风险管控。党的十八届五中全会提出，建立风险识别和预警机制，以可控方式和节奏释放风险，重点提高安全生产等方面的风险防控能力。一些重特大生产安全事故暴露出在项目建设初期如果把关不严、风险管控不力，会给后续的生产经营埋下重大事故隐患。为此，2016年12月9日通过的《中共中央 国务院关于推进安全生产领域改革发展的意见》明确提出加强安全风险管控，地方各级政府要建立完善安全风险评估与论证机制，科学合理确定企业选址和基础设施建设、居民生活区空间布局。同时，要有超前意识，加强对新材料、新工艺、新业态安全风险评估和管控。位置相邻、行业相近、业态相似的生产经营单位在安全风险防控方面有共同的需求，通过统筹位置相邻但分散的安全生产防控力量，有利于打破区域和行业的分割，形成工作合力，共同防控重大安全生产风险。本条明确了对位置相邻、行业相近、业态相似的生产经营单位实施重大安全风险联防联控，通过建立联席会议制度、制定应急联动预案、定期开展互查巡查、联合演练等方式，推动实现地区、行业安全生产资源共享，提升安全生产整体预控能力，夯实遏制重特大事故的坚实基础。

第九条 国务院和县级以上地方各级人民政府应当加强对安全生产工作的领导，建立健全安全生产工作协调机制，支持、督促各有关部门依法履行安全生产监督管理职责，及时协调、解决安全生产监督管理中存在的重大问题。

乡镇人民政府和街道办事处，以及开发区、工业园区、港区、风景区等应当明确负责安全生产监督管理的有关工作机构及其职责，加强安全生产监管力量建设，按照职责对本行政区域或者管理区域内生产经营单位安全生产状况进行监督检查，协助人民政府有关部门或者按照授权依法履行安全生产监督管理职责。

【条文主旨】

本条是关于各级人民政府建立健全安全生产领导机制方面的规定。本条共分为两款。

【内容导读】

本条第一款明确了县级以上各级人民政府应当加强对安全生产工作的领导。

安全生产工作是在国务院和地方各级人民政府的领导下，建立健全安全生产监管体系和安全生产法律、法规体系，把安全生产纳入经济发展规划和指标考核体系，从而形成完善的安全生产工作组织领导和协调管理机制，保障安全生产的技术、设施、环境和从业人员的安全权益条件符合安全生产的要求。本法规定了各级人民政府应急管理部门和其他依法负有安全生产监管职责的部门对安全生产的监管职责。县级以上各级人民政府对本级政府所属各有关部门依法履行安全生产监管的职责，负有领导和监督的责任。

安全生产工作涉及方方面面，情况复杂。如整顿关闭不符合安全生产条件的企业，对重大生产安全事故的抢救组织工作及事故调查处理问题等，仅靠应急管理部门或其他有关部门自身难以解决。这就需要政府出面，建立健全安全生产工作协调机制，对安全生产监管中存在的重大问题，及时予以协调、解决，这也是各级政府加强对安全生产工作领导的重要体现。建立安全生产协调机制，主要是通过成立政府安全生产委员会，对安全生产工作进行协调指导。国务院于 2003 年 10 月 29 日成立了国务院安全生产委员会，成员由国家经贸委、公安部、监察部、全国总工会等 17 个部委的主要负责人组成，办公室设在原国家安全生产监督管理局（简称“国家安全监管局”），其主要职责是定期分析全国安全生产形势，部署和组织国务院有关部门贯彻落实安全生产方针政策，协调解决安全生产重大问题等。根据机构改革需要，2018 年 7 月 17 日，国务院办公厅下发《关于调整国务院安全生产委员会组成人员的通知》，将安全生产委员会（简称安委会）办公室设在应急管理部，承担安委会的日常工作，办公室主任由应急管理部部长兼任。

本条第二款对乡镇人民政府、派出机关及有关功能区安全生产方面职责作了规定。

我国安全生产监管力量呈倒金字塔型结构，越到基层任务越重，但人员不增反减。许多地方县级应急管理机构最多十来名安全生产监管人员，有的开发区、乡镇应急管理机构仅 2~3 名工作人员，现有监管力量难以完全适应安全生产监管新形势、新任务的需要。按照属地管理的原则，有必要赋予乡镇政府、街道办事处一级安全生产监管的相关职权，最大限度发挥安全生产监管第一道防线的作用。此外，改革开放以来，我国各类功能区的规模和质量发展迅速，聚集了大量企业，成为推动经济快速发展的重要力量。各类功能区的安全生产监管体制是近年来安全生产工作面临的难题，一些生产安全事故暴露出各类功能区监管体制不够健全，责任不明确，监管力量薄弱等突出问题，理顺各类功能区的安全生产监管体制，依法加强各类功能区的安全生产成为当前一项重要任务。本着这一思路，本法明确要求乡镇人民政府和街道办事处，以及开发区、工业园区、港区、风景区等功能区，应当明确负责安全生产监管的机构及其职责，强化安全生产监管力量建设。按照中共中央办公厅、国务院办公厅印发的《关于推进基层整合审批服务执法力量的实施意见》提出的“推进行政执法权限和力量向基层延伸和下沉，强化乡镇和街道的统一指挥和统筹协调职责。整合现有站所、分局执法力量和资源，组建统一的综合行政执法机构，按照有关法律规定相对集中行使行政处罚权，以乡镇和街道名义开展执法工作，并接受有关县级主管部门的业务指导和监督，逐步实现基层一支队伍管执法”的要求，本条没有明确要求设立专职安全生产执法人员。同时，根据乡镇政府、街道办事处和有关功能区的实际情况进行区分规定：对于获得党中央、国务院批准或者法律授权的主体，明确其具有独立的执法主体资格，可以在内部设立安全生产监管机构并配备专职的安全生产执法人员；对于没有获得批准或授权的派出机关和功能区，其主要协助人民政府有关部门依法履行安全生产监管职责，应由对其进行派出的地方人民政府或主管功能区业务的职能部门开展安全生产行政执法。

第十条 国务院应急管理部门依照本法，对全国安全生产工作实施综合监督管理；县级以上地方各级人民政府应急管理部门依照本法，对本行政区域内安全生产工作实施综合监督管理。

国务院交通运输、住房和城乡建设、水利、民航等有关部门依照本法和其他有关法律、行政法规的规定，在各自的职责范围内对有关行业、领域的安全生产工作实施监督管理；县级以上地方各级人民政府有关部门依照本法和其他有关法律、法规的规定，在各自的职责范围内对有关行业、领域的安全生产工作实施监督管理。对新兴行业、领域的安全生产监督管理职责不明确的，由县级以上地方各级人民政府按照业务相近的原则确定监督管理部门。

应急管理部门和对有关行业、领域的安全生产工作实施监督管理的部门，统称负有安全生产监督管理职责的部门。负有安全生产监督管理职责的部门应当相互配合、齐抓共管、信息共享、资源共用，依法加强安全生产监督管理工作。

【条文主旨】

本条是关于政府安全生产监督管理体制的规定。本条共分为三款。

【核心概念】

"综合监督管理"，简称"综合监管"，是指按照分级、属地原则，各级人民政府应急管理部门依法对同级人民政府负有安全生产监管职责的部门和下级人民政府安全生产工作实施宏观指导、综合协调和监督检查的统称。综合监管部门具体负责安全生产法规标准和政策规划制修订、执法监督、事故调查处理、统计分析、宣传教育培训等综合性工作，并承担职责范围内行业领域安全生产监管执法职责。

【内容导读】

根据《安全生产法》的规定，我国现阶段安全生产实行的是政府统一领导和负责下的综合监管与行业监管（或专项监管）相结合的体制。政府总体负责制定安全生产方面的宏观政策，对安全生产监管进行领导、支持和督促；综合监管负责解决各行各业安全生产工作中存在的普遍性、共性的问题，部门行业监管负责解决某一方面或者行业安全生产工作中的特殊性、个性的问题。

本条第一款是关于安全生产综合监管工作的主管部门的规定。安全生产综合监管是一种综合性、全局性、全面性的监管，它的工作对象更多表现为下一级政府及安全生产专项监管部门、行业管理部门，也就是说，综合监管在一定程度上代表上一级政府对下一级政府的安全生产工作情况进行的监督管理，代表政府对有关部门及单位的安全生产工作情况进行的监督管理，但这种监督管理的目的在于保证政府对安全生产工作的全局决策、总体部署与重大举措能正常地推进、有效地落实。总体上看，综合监管可以分为五种类型：一是对全国或地区全局性的综合监管，主要是宏观思路的谋划、发展规划和工作计划的制定、重要工作的部署、重大活动的组织、政策法规的拟定、事故及伤亡情况的统计、各行各业特别重大事故的调查处理、安全生产形势的分析预测、重要信息的传递和整体情况的综合等；二是局部性的，对一些行业和领域的安全生产实施综合监管，主要是安全生产监管部门对有行业主管部门的相关行业和领域的安全生产工作的综合监管，具体的、直接的、日常的安全生产监管工作主要由各级负有安全生产监管职责的有关部门来做，安全生产监管部门负责对这些部门进行指导、协调和综合；三是上级政府的安全生产监管部门对下级政府的监督检查，主要是对下级政府贯彻落实党和国家的安全生产方针、安全生产法律、法规以及上级党委、政府的重要工作部署的情况以及其履行安全生产职责，落实安全生产责任制，开展安全生产工作等情况进行监督检查；四是上级安全生产监管部门对下级安全生产监管部门的指导、监督，主要是编制工作计划，部署工作任务，调查重要情况，指导开展工作以及监督检查履职情况，开展行政执法、综合监管，检查具体监管工作和上级工作部署的贯彻落实情况等；五是对全国和各地其他方面、层面涉及安全生产工作的综合管理。

根据《深化党和国家机构改革方案》，2018 年国务院组建了应急管理部，将原国家安全生产监督管理总局（简称“国家安全监管总局”）的职责，国务院办公厅的应急管理职责，公安部的消防管理职责，民政部的救灾职责，国土资源部的地质灾害防治、水利部的水旱灾害防治、农业部的草原防火、国家林业局的森林防火相关职责，中国地震局的震灾应急救援职责以及国家防汛抗旱总指挥部、国家减灾委员会、国务院抗震救灾指挥部、国家森林防火指挥部的职责予以整合，安全生产成为应急管理的基本盘、基本面。在本轮机构改革中，各地普遍设立了应急管理部门。为了适应机构改革的新要求，本次修法将各级政府安全生产监管部门改为应急管理部门，以利于更好地开展安全生产监管工作。

本条第二款是关于安全生产行业监管工作的主管部门的规定。行业监管是指各级政府中负有安全生产监管职责的部门，按照“管行业必须管安全”的要求，在安全生产综合监管的引导下，对其所属行业的安全生产进行监督管理，健全工作机构，明确工作职责，充实专业力量，加强本行业领域安全生产监管执法，强化安全生产责任落实。行业监管是对我国安全生产监管的重要补充。本条第二款规定："国务院交通运输、住房和城乡建设、水利、民航等有关部门依照本法和其他有关法律、行政法规的规定，在各自的职责范围内对有关行业、领域的安全生产工作实施监督管理；县级以上地方各级人民政府有关部门依照本法和其他有关法律、法规的规定，在各自的职责范围内对有关行业、领域的安全生产工作实施监督管理。对新兴行业、领域的安全生产监管职责不明确的，由县级以上地方各级人民政府按照业务相近的原则确定监督管理部门。"法律条文明确规定了我国涉及安全生产的政府主管部门应当肩负起相应的安全生产监管职责。此外，《国务院关于进一步加强安全生产工作的决定》《国务院关于进一步加强企业安全生产工作的通知》，以及《中共中央 国务院关于推进安全生产领域改革发展的意见》等规范性文件，都进一步要求全面落实公安、交通、建设、自然资源等部门的安全生产监管及工业主管部门的安全生产指导职责。近年来，新业态、新模式如雨后春笋般不断出现，如网约车、快递服务、校园周边托管、山地探险、乡村旅游等，其中以电子商务领域最为突出。伴随共享经济、平台经济及知识经济等新业态迅速发展，一些新业态正处于"无行业标准，无运营规范"的尴尬境地。相关的安全生产监管问题不断暴露，直接面临的是谁来监管、怎么监管、监管什么等问题。比如，近些年来发展的"农家乐"，涉及文旅、餐饮、农业农村等多个领域，每一家的责任都不是唯一的。由于现行法律规定不明确，极易互相推诿形成监管盲区。当前，行政机构改革仍在进行中，应急管理部门和其他负有安全生产监管职责的部门正面临厘清职责，形成监管执法的合力的关键时期，既要避免重复监管，同时又要注意防止出现监管"真空"。为此，本法特别规定，对新兴行业、领域的安全生产监管职责不明确的，由县级以上地方各级人民政府按照业务相近的原则确定监管部门。

根据本条的规定，各行业主管部门在对各自的安全生产工作实行专项监督管理的同时，安全生产综合监管部门对各行业主管部门的安全生产工作又负有监督检查和指导协调的职能，这充分体现了专项监管和综合监管相结合的工作原则。根据本条第三款的规定，应急管理部门和对有关行业、领域的安全生产工作实施监督管理的部门，都属于本法规定的安全生产工作行政执法部门，依照本法规定的职责开展执法工作，因此，统称为“负有安全生产监督管理职责的部门”。

需要说明的是，依照“三定”（定机构、定职能、定编制）方案，安全生产综合监管部门负有依法指导、协调和监督检查其他负有职责的部门履行安全生产监管工作的职责，综合监管部门通过对有关行业领域安全生产进行检查，是依法履行执法监督职责的重要手段和方式，这是对行业安全生产监管工作的监督，而不只是对众多具体生产经营单位的安全生产工作进行具体的管理和检查。但是，指导、协调和监督行业部门的安全生产监管工作，并不意味着代替或包办这些部门具体的安全生产监管工作，或是简单地做一些部门不愿意做的具体工作，更不是要与有关部门“争权夺利”。相应地，监督检查和行政处罚仍由这些部门来行使。总之，安全生产监管工作定位需要服从职责定位，否则监管机制难以有效运行。随着监管工作的逐步推进，综合监管与行业监管的协调配合的重要性越来越凸显。

第十一条 国务院有关部门应当按照保障安全生产的要求，依法及时制定有关的国家标准或者行业标准，并根据科技进步和经济发展适时修订。

生产经营单位必须执行依法制定的保障安全生产的国家标准或者行业标准。

【条文主旨】

本条是关于安全生产国家标准、行业标准的制定和执行的规定。本条共分为两款。

【核心概念】

“标准”，是指农业、工业、服务业以及社会事业等领域需要统一的技术要求，包括国家标准、行业标准、地方标准和团体标准、企业标准。根据《中华人民共和国标准化法》(以下简称《标准化法》)的规定，国务院标准化行政主管部门统一管理全国标准化工作。国务院有关行政主管部门分工管理本部门、本行业的标准化工作。

“安全生产标准”，是指有关安全生产方面统一的技术、管理、方法等要求。

【内容导读】

本条第一款是关于依法及时制定有关安全生产国家标准或者行业标准的规定。我国历来对安全生产标准工作十分重视，专门成立全国安全生产标准化技术委员会负责安全生产标准制修订工作，相继发布了涉及矿山安全、劳动防护用品、危险化学品安全管理、烟花爆竹安全管理和其他工矿商贸安全生产的相关标准，对于规范生产经营单位的安全生产行为，进一步加强安全生产监管工作发挥了重要作用。为此，本条明确要求，国务院应急管理部门和有关部门应当按照保障安全生产的要求，依法及时制定有关的国家标准或者行业标准。这里讲的“依法”主要是指依照《标准化法》的规定。

本条第二款是关于生产经营单位执行安全生产强制性标准的规定。《标准化法》规定，国家标准分为强制性标准、推荐性标准，行业标准、地方标准是推荐性标准，强制性标准则为必须执行的标准。对保障人身健康和生命财产安全、国家安全、生态环境安全以及满足经济社会管理基本需要的技术要求，应当制定强制性国家标准。因此，本条规定生产经营单位必须执行依法制定的保障安全生产的国家标准或者行业标准，是强制性的标准。

第十二条 国务院有关部门按照职责分工负责安全生产强制性国家标准的项目提出、组织起草、征求意见、技术审查。国务院应急管理部门统筹提出安全生产强制性国家标准的立项计划。国务院标准化行政主管部门负责安全生产强制性国家标准的立项、编号、对外通报和授权批准发布工作。国务院标准化行政主管部门、有关部门依据法定职责对安全生产强制性国家标准的实施进行监督检查。

【条文主旨】

本条是关于安全生产强制性国家标准制定程序的规定。

【内容导读】

根据本法规定，国务院有关部门依照本法和其他有关法律、行政法规的规定，在各自的职责范围内对有关行业、领域的安全生产工作实施监督管理。国务院有关部门也有提出安全生产领域强制性国家标准立项计划的职责和权力，有关部门对职责范围内强制性国家标准的制修订项目提出立项需求，由国务院应急管理部门负责统筹安排立项计划。这样既可以发挥各有关部门的积极性，又能做到标准之间协调配套，也符合“管行业必须管安全、管业务必须管安全、管生产经营必须管安全”的安全生产基本要求。同时，根据《标准化法》的规定，国务院有关行政主管部门依据职责负责强制性国家标准的项目提出、组织起草、征求意见和技术审查，国务院标准化行政主管部门负责强制性国家标准的立项、编号和对外通报，并对拟制定的强制性国家标准进行立项审查。因此，为进一步明确职责，同时确保安全生产强制性国家标准符合各高危行业领域特点以及工作实际，本法规定国务院应急管理部门统筹强制性国家标准的立项计划，同时按照职责分工，国务院相关职能部门有权提出和起草强制性国家标准，并由国务院标准化行政主管部门负责批准发布。本次修法增加了对安全生产强制性标准监督检查的规定，凸显标准监督检查在安全生产标准实施工作中的重要性。根据本条规定，负责监督检查的部门包括国务院标准化行政主管部门和标准化行政主管有关部门。“对安全生产强制性标准的实施进行监督检查”，是指对安全生产强制性标准的贯彻执行情况进行督促、检查和处理的活动。例如，企业的生产经营活动是否执行了安全生产强制性标准。监督检查的方式包括主动监督、接受并处理投诉举报等，随机抽查是主动监督的重要方法。

第十三条 各级人民政府及其有关部门应当采取多种形式，加强对有关安全生产的法律、法规和安全生产知识的宣传，增强全社会的安全生产意识。

【条文主旨】

本条是关于安全生产宣传的规定。

【内容导读】

增强全社会的安全生产意识，使其自觉遵守安全生产法律、法规，是本法要达到的目的之一。安全生产秩序是由人（包括主要负责人、安全管理人员以及从业人员等）、物（安全设备、设施等）、管理等三方面要素的相互作用形成的。但是，人作为生产经营活动的具体参与者，是形成良好安全生产秩序最为关键的因素。如果广大生产经营活动的参与者具有良好的安全意识，能够自觉遵守安全生产法律、法规，就容易形成安全生产秩序。相反，如果生产经营活动参与者普遍缺乏安全意识，不遵守安全生产法律、法规，比如不遵守操作规程、工作现场不戴安全帽、私搭乱建等，良好的安全生产秩序就无法形成。安全生产工作涉及方方面面，搞好安全生产工作，不仅需要人民政府及其负有安全生产监管职责的部门的监管，还需要新闻、出版、广播、电影、电视等单位积极配合，需要这些单位及其主管的下属有关单位采取多种形式，利用电视、报纸、广播以及互联网等媒体，及时宣传党和国家在安全生产方面的方针政策和相关法律、法规，使有关安全生产的法律、法规的规定为广大从业人员和社会公众所熟悉。

第十四条 有关协会组织依照法律、行政法规和章程，为生产经营单位提供安全生产方面的信息、培训等服务，发挥自律作用，促进生产经营单位加强安全生产管理。

【条文主旨】

本条是有关协会组织在安全生产工作中的作用的规定。

【核心概念】

“安全生产协会组织”，是指面向安全生产领域，由相关企事业单位及社团组织自愿组成的行业性、非营利性的社会团体法人。

【内容导读】

随着我国行政体制和社会组织管理体系的改革，行政机关的一些职责将会分离给协会组织承担。另外，协会组织也将逐步与行政机关脱钩，强化行业自律，真正成为为行业提供服务、反映诉求、规范行为的主体。本条从两个方面规定了安全生产协会组织的作用。

一方面，为生产经营单位提供安全生产方面的信息、培训等服务。为成员单位提供服务，是有关协会组织的一项重要职责，也是其生存的根本。从目前情况看，生产经营单位比较急需的是安全生产信息咨询、教育和培训等方面的服务。信息咨询包括法规政策信息、经营信息、社会环境信息等涉及安全生产工作的各种信息，协会组织要充分发挥其自身优势，积极收集、汇总、分析相关方面的信息，并通过便利的方式及时向会员企业提供。在教育和培训方面，有关协会组织既可以提供平台，也可以直接组织或者协助生产经营单位开展教育和培训。

另一方面，发挥自律作用，促进生产经营单位加强安全生产管理。加强自律有很多方式，包括组织生产经营单位签订自律公约；建立投诉、举报信息系统；制定行业内部的奖惩制度；建立诚信体系，曝光安全生产领域的违法违规行为；对会员单位实行评级制度等。发挥自律作用，关键是建立起切实有效、使生产经营单位自我约束的内部机制。协会组织所有职责和作用的发挥，最终是为了提高生产经营单位的安全生产管理水平。同时，本条还强调，有关协会组织无论是提供服务还是发挥自律作用，都应当依照法律、行政法规和章程的规定进行。

第十五条　依法设立的为安全生产提供技术、管理服务的机构，依照法律、行政法规和执业准则，接受生产经营单位的委托为其安全生产工作提供技术、管理服务。

生产经营单位委托前款规定的机构提供安全生产技术、管理服务的，保证安全生产的责任仍由本单位负责。

【条文主旨】

本条是关于为安全生产提供技术、管理服务的机构有关要求的规定。本条共分为两款。

【核心概念】

“安全生产技术、管理服务机构”，又称“安全生产中介服务机构”，是指经依法登记，为生产经营单位及其他相关主体提供安全评价、检测检验等服务，并对其作出的安全评价或检测检验结果等负责的组织。

【内容导读】

按照法律、法规的规定和生产经营单位安全生产工作的需要，要求对生产经营单位的安全生产条件和工程建设项目进行安全评价，对有关设施、设备进行安全性能的检测、检验、认证，以及对生产经营单位的有关人员进行安全生产教育和培训等。这些工作，不一定都要由生产经营单位自己来做。按照市场经济条件下转变政府职能的要求，也不能都由政府直接包办。而且，考虑到这类有关安全性评价、检测、检验、认证的工作，性质上是要求出具公正性的评价、检测、检验、认证的结论、数据，为保证其客观性、公正性，应当由独立的第三方机构来做，这也是国际上通行的做法。同时，安全生产管理中的许多工作，专业性和技术性较强，需要由具有相关的专业知识和丰富经验的专业人员来完成。而一些生产经营单位，特别是一些中小型企业，由于缺少具有专业知识和经验的安全工程技术人员，也希望能从社会上的有关机构中聘请到所需要的专业人员为其安全生产工作提供技术服务。

近年来，我国安全生产技术、管理服务工作发展迅速，安全生产技术、管理服务机构按照国家有关规定要求，依法规范开展安全生产中介服务活动，在为企业提供专业技术服务等方面发挥了重要作用，但在工作中也暴露出一些亟待解决的问题。2015 年 11 月下旬，中共中央办公厅督查调研组专题督查调研山东、江苏、甘肃、福建等省安全生产工作时，明确提出了安全评价等中介服务机构存在服务质量不高的三方面问题。2016 年 2 月，原国家安全监管总局办公厅针对天津港“8・12”特别重大火灾爆炸事故暴露出的有关安全评价机构弄虚作假，故意隐瞒不符合安全条件关键问题，出具虚假评价报告等事实，印发了《关于进一步加强安全评价机构监管工作的通知》，就进一步加强安全评价机构监管工作提出了明确要求。北京、山东等一些省份还出台了加强安全生产技术、管理服务机构监督管理的专门意见。为适应安全生产工作对有关服务的需求，规范安全生产技术、管理服务机构的执业行为，进一步完善安全生产社会化服务体系，本条对有关安全生产技术、管理服务机构做了专门的规定。

需要指出的是，受托从事安全生产技术、管理服务的机构与生产经营单位之间是一种委托关系。根据《中华人民共和国民法典》(以下简称《民法典》)的相关规定，在委托范围之内，受托机构的一切行为后果都由委托的生产经营单位承担。生产经营单位委托相关机构为其安全生产提供技术、管理服务，属于单位内部安全生产管理的一种方式，对生产经营单位的安全生产主体责任没有任何影响，其安全生产责任并不因为委托了相关机构就可以减轻或者免除。因此本条第二款特别强调，生产经营单位委托机构提供技术、管理服务的，保证安全生产的责任仍由本单位负责。

第十六条 国家实行生产安全事故责任追究制度，依照本法和有关法律、法规的规定，追究生产安全事故责任单位和责任人员的法律责任。

【条文主旨】

本条是关于生产安全事故责任追究制度的规定。

【核心概念】

“生产安全事故责任追究制度”，是指对事故责任者根据其责任性质和责任大小，相应追究其民事责任、行政责任或者刑事责任的制度。

“民事责任”，是指民事法律关系主体没有按照法律规定或合同约定履行自己的民事义务，或者侵害了他人的合法权益，所应承担的法律后果。民事责任是保护民事权利的重要法律措施，通常包括两大类：一类是合同责任或称违约责任；另一类是侵权责任。

“行政责任”，是指有违反有关行政管理的法律、法规的规定，但尚未构成犯罪的行为所依法应当承担的法律后果。行政责任分为两类，即行政处分和行政处罚。

“刑事责任”，是国家刑事法律规定的犯罪行为所应承担的法律后果。行为人实施了违法行为，才可能构成犯罪；行为人只有构成犯罪，符合法律规定的条件，才承担刑事责任。

【内容导读】

事故源于隐患，是一个从量变到质变的过程，从事故致因来看，包括人的不安全行为、物的不安全状态以及管理上的缺陷。生产经营活动中发生事故的原因多种多样，但大多数情况都是因为违反安全生产的法律、法规、标准和有关技术规程、规范等人为因素造成的。例如，生产经营活动的作业场所不符合保障安全生产的规定；设施、设备、工具、器材不符合安全标准，存在缺陷；未按规定配备劳动防护用品；未对职工进行安全生产教育和培训，职工缺乏安全生产知识；劳动组织不合理；管理人员违章指挥；职工违章冒险作业等。鉴于生产安全事故对人民群众的生命、财产安全造成严重的损害，对因人为原因造成的责任事故，必须依法追究相关人员的法律责任，以达到警戒和教育的作用。这里的生产安全事故责任人员包括三类：一是地方政府及其负有安全生产监管职责部门的人员，包括对生产安全事故负有失职、渎职责任的领导人员以及直接负责的主管人员和其他直接责任人员；二是对生产安全事故发生负有责任的生产经营单位的主要负责人、分管负责人（安全总监）、安全管理人员和其他直接责任人员；三是与生产安全事故发生有关的其他机构、组织等责任人员，包括安全生产技术、管理服务机构人员等。

随着生产经营活动趋于复杂化，实践中，有不少生产安全事故是由多个原因行为所共同导致的。对于“多因一果”事故，在区分直接原因与间接原因的同时，应当根据原因行为在引发事故中所起作用的大小，分清主要原因与次要原因，确认主要责任和次要责任，合理确定所承担的责任。一般情况下，对生产、作业负有组织、指挥或者管理职责的负责人、管理人员、实际控制人、投资人，违反有关安全生产管理规定，对重大生产安全事故的发生起决定性、关键性作用的，应当承担主要责任。对于直接从事生产、作业的人员违反安全管理规定，发生重大生产安全事故的，要综合考虑行为人的从业资格、从业时间、接受安全生产教育和培训情况、现场条件、是否受到他人强令作业、生产经营单位执行安全生产规章制度的情况等因素认定责任，不能将直接责任简单等同于主要责任。

第十七条 县级以上各级人民政府应当组织负有安全生产监督管理职责的部门依法编制安全生产权力和责任清单，公开并接受社会监督。

【条文主旨】

本条是关于负有安全生产监管职责的部门制定安全生产权力和责任清单的规定。

【核心概念】

“权力和责任清单”，又称“权责清单”，是指行政机关依照法律、法规以及其他有关规定，以清单形式列明本部门行政权责及设定依据、行使主体、运行流程、责任事项、追责情形等，推进行政权责依法公开，接受社会公众监督和制约的措施。权责清单从权力清单和责任清单演化而来。权力清单，是行政主体依法实施的对公民、法人和其他组织权利义务产生直接影响的行政职权。非直接影响的行政职权列入了责任清单。从权责统一、权责一致的角度看，权力清单、责任清单所列事项都是政府各部门必须履行的法定职责，既是权力，也是责任。权力清单、责任清单归结到一起形成权责清单，构成了政府行权履职的职责体系，是建设法治政府不可或缺的重要方面。

【内容导读】

法治政府是权责统一的政府，权力与责任不可分离。法律、法规赋予行政主体职权的同时，也赋予行政主体义务和责任，行政主体在接受法律、法规授权的同时，也接受相应的义务和责任。

党的十八届三中全会首次提出：推行地方各级政府及其工作部门权力清单制度，依法公开权力运行流程。这是加强权力运行制约和监督体系建设的一项重大举措，利于把政府权力关进制度的笼子里，打造有限、有为、有效的法治政府和服务型政府。党的十八届四中全会通过的《中共中央关于全面推进依法治国若干重大问题的决定》进一步对此予以重申，要求加快建设职能科学、权责法定、执法严明、公开公正、廉洁高效、守法诚信的法治政府。按照“法无授权不可为、法定职责必须为”以及“权责法定、权责一致”等要求，行政机关在建立权力清单的同时要同步建立责任清单，规范行政权力运行，方便群众办事，接受社会监督，促进各行政机关更好地履职尽责。

为了贯彻落实党的十九届四中全会关于政府权责清单制度的部署，按照党中央、国务院的要求，目前各地区、各有关部门全面启动了权责清单的编制工作，总的要求是根据党中央部署要求、“三定”方案等有关党内法规、有关法律和行政法规、国务院有关规定，在厘清政府和市场、社会关系基础上，逐项明确行使主体、权责名称、权责类型、设定依据、履责方式、追责情形等，做到部门权责事项完整、准确、规范。同时本着便企利民和提高行政服务效能的要求，对照权责清单，按照不同类型逐项制定办事指南和运行流程图，明确办理主体、办理时限、监督方式，向社会公开，接受社会的监督。

第十八条 国家鼓励和支持安全生产科学技术研究和安全生产先进技术的推广应用，提高安全生产水平。

【条文主旨】

本条是关于国家鼓励和支持安全生产科研和先进技术的规定。

【内容导读】

安全生产工作的重点，是预防和减少事故的发生。生产安全事故发生虽具有意外性、偶然性和突发性，但也有一定的规律可循。要实现预防和减少安全事故的目的，就要努力去发现这种规律，并采取有效措施加以防范。因此，必须加强安全生产的科学技术研究工作，针对各行业生产经营活动的特点，加强对安全高效的设备、工具、工艺方法和有效的劳动防护用品的研究开发，加强对安全生产先进管理方法的研究，依靠科学技术保障安全生产。当前，我国仍处于新型工业化、城镇化持续推进的过程中，传统和新型生产经营方式并存，新工艺、新装备、新材料、新技术广泛应用，新业态大量涌现，增加了事故成因的数量，复合型事故有所增多。在此背景下，有必要加快安全生产关键技术装备的换代升级，特别是加大对高危行业安全技术、装备、工艺和产品研发的支持力度，引导高危行业提高机械化、自动化生产水平，合理确定生产一线用工。政府及其有关部门应当从资金、税收、人才等多方面采取优惠措施，鼓励和支持安全生产的科学技术研究工作。

2017 年，国务院办公厅印发了《安全生产“十三五”规划》，强调要发挥科学技术的保障作用，推进科技支撑、应急救援和宣教培训等体系建设，加快淘汰落后工艺、技术、装备和产能。同时强调，要制定安全生产科技创新规划，建立政府、企业、社会多方参与的安全技术研发体系。组建基础理论研究协同创新团队，强化重特大事故防控理论研究。通过国家科技计划（专项、基金等）统筹支持安全科技研发工作，推进重大共性关键技术及装备研发。加快提升安全生产重点实验室和技术创新中心自主创新能力，完善安全生产智库体系。健全重点科技资源共享机制，强化安全生产关键成果储备。建立企业与科研院校联合实施的安全技术创新引导机制，形成产学研用战略联盟。

第十九条 国家对在改善安全生产条件、防止生产安全事故、参加抢险救护等方面取得显著成绩的单位和个人，给予奖励。

【条文主旨】

本条是关于安全生产表彰奖励的规定。

【内容导读】

安全生产关系人民群众的生命财产安全，关系改革发展和社会稳定大局。国家对在改善安全生产条件、防止生产安全事故、参加抢险救护等方面做出突出贡献、社会影响较大的个人、法人或者组织予以表彰奖励是推动安全生产事业健康发展的重要举措。建立和完善安全生产表彰奖励制度，是适应我国安全生产工作改革发展的必然要求，是引导和鼓励社会各界积极参与事故预防、改善安全生产条件等的重要手段，是推动形成安全生产社会共建、共享、共治的重要途径和方式。安全生产表彰奖励，既有物质层面的奖励，也有精神层面的表彰。

自《安全生产法》颁布实施以来，全国已有许多省（自治区、直辖市）以当地政府或安全监管部门、应急管理部门等名义，开展了针对安全生产的评选表彰活动，表彰奖励了一大批为预防处置各类生产安全事故、为安全生产改革发展做出突出贡献的先进单位和先进工作者，如黑龙江鹤岗市由市政府（财政）出资设立安全生产奖励基金，专项用于奖励为本市安全生产工作做出突出贡献、成绩显著的单位和个人，显著提升了安全生产氛围，有效推动了社会建设，带动了更多公众投身安全生产工作。与此同时，有些地区尚未建立安全生产表彰奖励制度，个别地方评选表彰工作不够规范、宣传报道不够充分，社会参与度和影响力有待提升。为此，本条要求，国家对在改善安全生产条件、防止生产安全事故、参加抢险救护等方面取得显著成绩的单位和个人，给予奖励，为提升我国安全生产整体水平，确保人民群众安康幸福、共享改革发展和社会文明进步成果做出积极贡献。

第二章　生产经营单位的安全生产保障

第二十条　生产经营单位应当具备本法和有关法律、行政法规和国家标准或者行业标准规定的安全生产条件；不具备安全生产条件的，不得从事生产经营活动。

【条文主旨】

本条是关于生产经营单位安全生产条件的规定。

【核心概念】

“安全生产条件”，是指生产经营单位从事生产经营活动应当具备安全生产法律、法规和技术标准规定、满足安全生产的基础条件。

【内容导读】

从事生产经营活动必须实行安全准入制度。根据本条规定，从事生产经营活动必须具备法定的安全生产条件。这里的法定的安全生产条件既包括《安全生产法》和有关法律、行政法规规定的条件，也包括安全生产国家标准或者行业标准规定的条件。例如《安全生产法》规定，生产经营单位新建、改建、扩建工程项目的安全设施，必须与主体工程同时设计、同时施工、同时投入生产和使用；矿山、建筑施工、金属冶炼、运输单位和危险物品的生产、经营、储存、装卸单位应当设置安全生产管理机构或者配备专职安全生产管理人员；生产经营单位应当在有较大危险因素的生产经营场所和有关设施、设备上，设置明显的安全警示标志等。除了《安全生产法》这一安全生产基本法之外，我国针对容易发生危及人身安全和财产安全的特定物品、设备等安全生产及其监管，还制定颁布了《特种设备安全法》《矿山安全法》《煤矿安全监察条例》《危险化学品安全管理条例》《烟花爆竹安全管理条例》等其他法律和行政法规。《特种设备安全法》规定，特种设备安装、改造、修理的施工单位应当在施工前将拟进行的特种设备安装、改造、修理情况书面告知直辖市或者设区的市级人民政府负责特种设备安全监管的部门。《危险化学品安全管理条例》规定，生产、储存危险化学品的单位，应当对其铺设的危险化学品管道设置明显标志，并对危险化学品管道定期检查、检测。进行可能危及危险化学品管道安全的施工作业，施工单位应当在开工的 7 日前书面通知管道所属单位，并与管道所属单位共同制定应急预案，采取相应的安全防护措施。管道所属单位应当指派专门人员到现场进行管道安全保护指导。

安全生产的国家标准或者行业标准是有关安全生产的技术、管理性规范，是执行安全生产法律、行政法规的具体保证，贯穿于生产经营单位生产经营活动的全过程，对保障生产经营单位的安全生产起着重要的作用。在我国，安全生产技术标准分为国家标准和行业标准（如 AQ、MT、LD、JB 等），范围涵盖煤矿、非煤矿山、粉尘防爆、电气及防爆、带电作业、危险化学品、民用爆炸物品、烟花爆竹、交通运输、机械、消防、建筑及特种设备安全等各个方面。如《烟花爆竹 化工原材料使用安全规范》（AQ 4129）规定，首次试用新用化工原材料配置烟火药时，应由企业内部的技术、安全、生产等部门组成科研小组，对其安全风险和可行性进行分析，并采取严格的安全防范措施。

上述法律、行政法规和国家标准或者行业标准规定的安全生产条件，共同构成了生产经营单位从事生产经营活动的前提。本条特别强调，不具备安全生产条件的生产经营单位，不得从事生产经营活动。

需要说明的是，对于规章或地方性法规规定的安全生产条件，生产经营单位是否应当执行？答案是肯定的。根据《中华人民共和国立法法》（以下简称《立法法》）的规定，规章分为国务院部门规章和地方政府规章，前者是国务院各部、委员会、中国人民银行、审计署和具有行政管理职能的直属机构，根据法律和国务院的行政法规、决定、命令，在本部门的权限范围内制定的，如应急管理部制定的《生产安全事故应急预案管理办法》；后者是省、自治区、直辖市和设区的市、自治州的人民政府，根据法律、行政法规和本省、自治区、直辖市的地方性法规制定的，如山东省人民政府制定的《山东省生产经营单位安全生产主体责任规定》。虽然本条并未言明生产经营单位是否应当执行规章规定的安全生产条件，但规章规定的事项总体上属于执行法律或者国务院的行政法规、决定、命令的事项，是对上位法规定条件的进一步细化。因此，从《立法法》规定的精神出发，生产经营单位应当执行规章对安全生产条件的细化规定。

完善的法律体系不仅包括国家层面的法律、法规、规章，而且涵盖各省、自治区、直辖市根据各自实际制定的地方性法规。地方性法规是指省、自治区、直辖市的人民代表大会及其常务委员会，省、自治区人民政府所在地的市、国务院批准的较大的市以及经全国人民代表大会和全国人民代表大会常委会批准设立的经济特区的人民代表大会及其常务委员会，在不与宪法、法律行政法规相抵触的前提下所制定和颁布的规范性文件的总称。包括综合性及专项地方性法规，综合性法规主要是各地依据《安全生产法》等上位法，制定出台的安全生产条例，如《河南省安全生产条例》《黑龙江省安全生产条例》《上海市安全生产条例》；专项的地方性法规，如《浙江省交通建设工程质量和安全生产管理条例》《吉林省公路水运工程质量和安全生产条例》等。

《中共中央 国务院关于推进安全生产领域改革发展的意见》明确要求，设区的市根据《立法法》的立法精神，加强安全生产地方性法规建设，解决区域性安全生产突出问题。近年来，一些设区的市从当地实际出发，加强了安全生产地方立法，比如《徐州市安全生产条例》规定，矿山、金属冶炼、建筑施工、船舶修造、船舶拆解、道路运输单位，危险物品的生产、经营、储存单位以及取得危险化学品安全使用许可证的化工企业，从业人员不足三十人的，应当配备专职安全生产管理人员；《烟台市安全生产监督管理条例》规定，乡镇人民政府、街道办事处、开发区管理机构应当设立或者明确安全监管机构，配备专职人员和必要的装备，依法开展安全生产工作的监督检查，并协助上级人民政府有关部门依法履行安全生产监管职责。上述立法，是在满足地方安全生产治理法治化需要的目标下，对《安全生产法》等上位法规定内容的进一步细化，生产经营单位理应遵守地方性法规的规定。

第二十一条 生产经营单位的主要负责人对本单位安全生产工作负有下列职责：

（一）建立健全并落实本单位全员安全生产责任制，加强安全生产标准化建设；

（二）组织制定并实施本单位安全生产规章制度和操作规程；

（三）组织制定并实施本单位安全生产教育和培训计划；

（四）保证本单位安全生产投入的有效实施；

（五）组织建立并落实安全风险分级管控和隐患排查治理双重预防工作机制，督促、检查本单位的安全生产工作，及时消除生产安全事故隐患；

（六）组织制定并实施本单位的生产安全事故应急救援预案；

（七）及时、如实报告生产安全事故。

【条文主旨】

本条是关于生产经营单位主要负责人安全生产职责的规定。

【核心概念】

“职责”，是指在某一岗位上需要履行的工作职能和工作使命，不一定存在相应的制裁和惩罚。

“责任”，通常是与法律责任紧密相关的，是指主体未能履行法定义务或者实施了某种违法行为而应承担的不利后果。

【内容导读】

生产经营单位是生产经营建设活动的市场主体，承担安全生产主体责任，是保障安全生产的根本和关键所在，其中领导责任则是关键中的关键。生产经营单位的主要负责人，作为本单位的“一把手”和“关键少数”，其安全生产职责内容、落实力度、问责强度等直接影响本单位安全生产工作状况。分析近年来发生的生产安全事故不难发现，大部分事故的发生是由于生产经营单位安全生产主体责任不落实、企业领导不重视、安全生产管理薄弱等造成的。只有进一步强化安全生产主体责任，落实企业领导责任，从源头上把关，才能从根本上预防和减少生产安全事故的发生。实践也表明，凡是企业主要负责人高度重视的、亲自动手抓的，安全生产工作就能够得到切实有效的加强和改进，反之就不可能搞好。因此，必须明确生产经营单位主要负责人的安全生产责任，促使其高度重视安全生产工作，认真贯彻落实“安全第一、预防为主、综合治理”的安全生产方针，摆正安全与生产的关系，做到不安全不生产，生产必须安全，保证安全生产工作有人统一部署、指挥、推动、督促。因此，本条对生产经营单位的主要负责人对本单位安全生产工作的七项职责作了具体规定。

需要指出的是，第二项职责中的“本单位安全生产规章制度和操作规程”，具体包括：安全生产教育和培训制度；安全生产检查制度；生产安全事故隐患排查和治理制度；具有较大危险因素的生产经营场所、设备和设施的安全管理制度；安全生产资金投入或者安全生产费用提取、使用和管理制度；危险作业管理制度；特种作业人员管理制度；劳动防护用品配备和使用制度；安全生产奖励和惩罚制度；生产安全事故报告和调查处理制度；法律、法规、规章规定的其他安全生产制度。

第二十二条 生产经营单位的全员安全生产责任制应当明确各岗位的责任人员、责任范围和考核标准等内容。

生产经营单位应当建立相应的机制，加强对全员安全生产责任制落实情况的监督考核，保证全员安全生产责任制的落实。

【条文主旨】

本条是关于生产经营单位全员安全生产责任制的规定。本条共分为两款。

【核心概念】

“全员安全生产责任制”，是指由生产经营单位根据安全生产法律、法规和相关标准要求，在生产经营活动中，根据本单位岗位的性质、特点和具体工作内容，明确所有层级、各类岗位从业人员的安全生产责任，通过加强教育和培训，强化管理考核和严格奖惩等方式，建立起安全生产工作“层层负责、人人有责、各负其责”的工作体系。

【内容导读】

本条规定生产经营单位应当实行全员安全生产责任制。这是因为生产经营单位安全生产工作不仅需要主要负责人高度重视、分管负责人具体抓，还需要每一个部门、每一个岗位、每一位从业人员都各司其职、各负其责，落实一岗双责、齐抓共管，降低企业内部因责任落实不到位而引发的生产安全事故，从而形成人人提升安全素质，人人做好安全生产工作的局面。《中共中央 国务院关于推进安全生产领域改革发展的意见》明确提出，企业实行全员安全生产责任制度，法定代表人和实际控制人同为安全生产第一责任人，主要技术负责人负有安全生产技术决策和指挥权，强化部门安全生产职责，落实一岗双责。因此，生产经营单位要依据本法以及其他相关法律、法规规定，参照《企业安全生产标准化基本规范》（GB/T 33000）和《企业安全生产责任体系五落实五到位规定》等有关要求，结合本单位自身实际，明确从主要负责人到一线从业人员（含劳务派遣人员、实习学生等）的安全生产责任、责任范围和考核标准。安全生产责任制应覆盖本企业所有组织和岗位，其责任内容、范围、考核标准要简明扼要、清晰明确、便于操作、适时更新。企业一线从业人员的安全生产责任制，要力求通俗易懂。

第二十三条 生产经营单位应当具备的安全生产条件所必需的资金投入，由生产经营单位的决策机构、主要负责人或者个人经营的投资人予以保证，并对由于安全生产所必需的资金投入不足导致的后果承担责任。

有关生产经营单位应当按照规定提取和使用安全生产费用，专门用于改善安全生产条件。安全生产费用在成本中据实列支。安全生产费用提取、使用和监督管理的具体办法由国务院财政部门会同国务院应急管理部门征求国务院有关部门意见后制定。

【条文主旨】

本条是关于生产经营单位安全资金投入的规定。本条共分为两款。

【核心概念】

“生产经营单位的决策机构”，是指对生产经营单位的经营方案和投资计划等重大事项进行决策的机构，如有限责任公司、股份有限公司的股东会或者董事会。

“安全生产费用”，是指生产经营单位按照规定标准提取在成本中列支、专门用于完善和改进企业或者项目安全生产条件的资金。

【内容导读】

本条第一款规定生产经营单位的决策机构、主要负责人或者个人经营的投资人负有保证安全生产资金投入的义务。生产经营单位要保障生产经营建设活动安全进行，必须在安全生产责任制度和管理制度、生产经营设施设备、人员素质、采用的工艺技术等方面达到相应的要求，具备必要的安全生产条件。要达到这些条件，必须有一定的资金投入作为保障。当前，一些生产经营单位对安全投入的认识还存在误区，总认为安全投入只会带来成本的增加。一些企业主为了追求利润最大化，以最低的生产成本和安全标准投入运行，不惜以牺牲从业人员安全生产权利甚至生命为代价。从实际情况看，一些生产经营单位未按规定足额提取安全生产费用，有的甚至不提取安全生产费用；有的生产经营单位没有建立安全生产费用管理制度，没有编制年度安全生产费用提取和使用计划；有的生产经营单位安全生产费用提取和使用未实现专户核算。如个别煤矿企业对所属煤矿的安全生产费用分别提取、统筹调剂使用，且内部决策程序不清，对所属煤矿的安全生产费用使用计划批复不及时，致使一些隐患不能及时整治，且变相挤占、挪用安全生产费用问题亦时有发生。其实，安全投入与利益回报是成正比的，是潜在的经济效益，直接体现在生产经营活动的全过程之中。本条同时规定，生产经营单位的决策机构、主要负责人或者个人经营的投资人对安全资金投入予以保证，并承担由于资金投入不足导致的后果的相关责任。

本条第二款对有关生产经营单位如何提取和使用安全生产费用作了规定。根据财政部、原国家安全监管总局于 2012 年联合印发的《企业安全生产费用提取和使用管理办法》，在我国从事煤炭生产、非煤矿山开采、建设工程施工、危险品生产与储存、交通运输、烟花爆竹生产、冶金、机械制造、武器装备研制生产与试验（含民用航空及核燃料）的企业以及其他经济组织，应当按照要求提取和使用安全生产费用，并对各领域具体的提取比例作了规定。安全生产费用专门用于改善安全生产条件，专项用于下列安全生产事项，包括：安全技术措施工程建设；安全设备、设施的更新和维护；安全生产宣传、教育和培训；劳动防护用品配备；重大危险源监控；生产安全事故应急救援演练；应急救援队伍建设或者救援服务；其他保障安全生产的事项。

第二十四条 矿山、金属冶炼、建筑施工、运输单位和危险物品的生产、经营、储存、装卸单位，应当设置安全生产管理机构或者配备专职安全生产管理人员。

前款规定以外的其他生产经营单位，从业人员超过一百人的，应当设置安全生产管理机构或者配备专职安全生产管理人员；从业人员在一百人以下的，应当配备专职或者兼职的安全生产管理人员。

【条文主旨】

本条是关于生产经营单位设置安全生产管理机构或配备安全生产管理人员的规定。本条共分为两款。

【核心概念】

“安全生产管理机构”，是指生产经营单位设置的具体负责安全生产管理工作的独立职能部门。

“安全生产管理人员”，是指经安全生产教育和培训合格，并在生产经营单位及其设立的安全生产管理机构从事安全生产管理工作的人员，以及未设安全生产管理机构的生产经营单位专职或兼职从事安全生产管理工作的人员等。

【内容导读】

安全生产管理机构和安全生产管理人员，是生产经营单位开展安全生产管理工作的具体执行者，在单位安全生产工作中发挥着不可或缺的重要作用。从事矿山开采、金属冶炼、建筑施工、交通运输和危险物品生产、经营、储存、装卸的生产经营单位，存在安全风险大、重大危险源多和事故发生率高的特点，是典型的高危生产经营单位。有些生产经营单位虽不属于传统的高危行业领域，但由于规模比较大，从业人员众多，安全管理的链条较长，发生生产安全事故的概率也较大。因此，对于高危生产经营单位或者从业人员较多的生产经营单位，应当有专门的人员从事安全生产管理工作，对生产经营单位的安全生产工作进行经常性检查，对检查中发现的安全生产问题及时处理，对事故隐患及时排除。在生产经营单位内部设置安全生产管理机构或者配备安全生产管理人员，也是当今世界各国立法保障安全生产的通常做法。如南非 1996 年《矿山职业健康与安全法》规定，员工人数达到或者超过 20 人的矿山，必须为矿上每个指定工作场所的每个工作班组配备一名职业健康与安全代表；员工人数达到或超过 100 人的矿山，必须设立一个以上的职业健康与安全委员会。

本条规定包括两方面含义：一方面，对于矿山、金属冶炼、建筑施工、运输单位和危险物品的生产、经营、储存、装卸单位等高危生产经营单位，或者从业人员超过 100 人的生产经营单位，法律要求必须设置安全生产管理机构或者配备专职安全生产管理人员；另一方面，对于从业人员在 100 人以下的生产经营单位，由于生产规模较小，由生产经营单位根据实际情况决定，是否设置安全生产管理机构，国家对此不予强制性要求。但即便不设安全生产管理机构，也要根据生产经营活动的实际，配备专职或者兼职的安全生产管理人员。

需要说明的是，本条仅对生产经营单位配备安全生产管理人员做了原则性规定，但具体的配备比例并不明确。为解决法律适用问题，北京、山东、安徽等省份已经通过地方立法等形式，对此予以明确。如《山东省生产经营单位安全生产主体责任规定》规定，矿山、金属冶炼、道路运输、建筑施工单位，危险物品的生产、经营、储存、装卸、运输单位和使用危险物品从事生产并且使用量达到规定数量的单位，应当按照下列规定设置安全生产管理机构或者配备安全生产管理人员：（1）从业人员不足100人的，应当配备专职安全生产管理人员；（2）从业人员在100人以上不足300人的，应当设置安全生产管理机构，并配备2名以上专职安全生产管理人员，其中至少应当有1名注册安全工程师；（3）从业人员在300人以上不足1 000人的，应当设置专门的安全生产管理机构，并按不低于从业人员5‰但最低不少于3名的比例配备专职安全生产管理人员，其中至少应当有2名注册安全工程师；（4）从业人员在1 000人以上的，应当设置专门的安全生产管理机构，并按不低于从业人员5‰的比例配备专职安全生产管理人员，其中至少应当有3名注册安全工程师。前款规定以外的其他生产经营单位，应当按照下列规定设置安全生产管理机构或者配备安全生产管理人员：（1）从业人员不足100人的，应当配备专职或者兼职的安全生产管理人员；（2）从业人员在100人以上不足300人的，应当配备专职安全生产管理人员；（3）从业人员在300人以上不足1 000人的，应当设置安全生产管理机构，并配备2名以上专职安全生产管理人员，其中至少应当有1名注册安全工程师；（4）从业人员在1 000人以上的，应当设置专门的安全生产管理机构，并按不低于从业人员3‰的比例配备专职安全生产管理人员，其中至少应当有2名注册安全工程师。

第二十五条 生产经营单位的安全生产管理机构以及安全生产管理人员履行下列职责：

（一）组织或者参与拟订本单位安全生产规章制度、操作规程和生产安全事故应急救援预案；

（二）组织或者参与本单位安全生产教育和培训，如实记录安全生产教育和培训情况；

（三）组织开展危险源辨识和评估，督促落实本单位重大危险源的安全管理措施；

（四）组织或者参与本单位应急救援演练；

（五）检查本单位的安全生产状况，及时排查生产安全事故隐患，提出改进安全生产管理的建议；

（六）制止和纠正违章指挥、强令冒险作业、违反操作规程的行为；

（七）督促落实本单位安全生产整改措施。

生产经营单位可以设置专职安全生产分管负责人，协助本单位主要负责人履行安全生产管理职责。

【条文主旨】

本条是关于生产经营单位的安全生产管理机构以及安全生产管理人员职责的规定。本条共分为两款。

【内容导读】

落实生产经营单位安全生产主体责任，除了在单位内部组织架构和人员配备上对安全生产工作予以保障外，还需要对其履行的具体职责进行规定。实践中，很多地方的生产经营单位安全生产管理机构流于形式，安全生产管理人员没发挥应有作用，一个很重要的原因就是其定位不清晰、职权不明确、承担的工作任务模糊。以制止违章作业和督促整改隐患为例，这类工作往往意味着“动真碰硬”和“得罪人”，如果职责不明确，就没人敢干、愿干、干好。为了保证安全生产管理机构或者安全生产管理人员切实负起责任，提高其工作地位和权威性，以利于更好地发挥作用，本条从七个方面对生产经营单位的安全生产管理机构以及安全生产管理人员应当履行的职责作了规定。

一是组织或者参与拟订本单位安全生产规章制度、操作规程和生产安全事故应急救援预案。完整、严密的安全生产规章制度、操作规程及生产安全事故应急救援预案是保障生产安全的基础，这一系列规章制度必须由生产经营单位安全生产管理机构及安全生产管理人员结合本单位实际情况，以国家相关法律、法规以及强制性标准为基础制定出台。

二是组织或者参与本单位安全生产教育和培训，如实记录安全生产教育和培训情况。生产经营单位安全生产教育和培训是加强本单位从业人员安全意识、贯彻落实国家各项安全生产规定及生产经营单位各项规章制度的重要手段。对每次安全生产教育和培训的内容应当由安全生产管理机构及安全生产管理人员记录在册，以供有关安全生产监管部门查阅。

三是组织开展危险源辨识和评估，督促落实本单位重大危险源的安全管理措施。安全生产管理机构及安全生产管理人员应当对生产经营单位的重大危险源登记建档，对重大危险源进行定期检测、评估、监控并告知从业人员和相关人员在紧急情况下应当采取的应急措施。

四是组织或者参与本单位应急救援演练。生产经营单位的安全生产管理机构及安全生产管理人员应定期组织或参与本单位应急救援演练，识别风险隐患、了解突发事件的发生机理、明确应急救援的范围和体系，一旦发生事故，确保应急处置的各个环节有章可循。

五是检查本单位的安全生产状况，及时排查生产安全事故隐患，提出改进安全生产管理的建议。定期检查本单位的安全生产状况，及时排查生产安全事故隐患，是安全生产管理机构及安全生产管理人员的一项常规性工作。生产经营单位作为安全生产工作的责任主体，对自身存在的问题了解得比较全面、及时，能够制订符合自身情况的整改计划。作为此项工作的具体承担者，生产经营单位内部的安全生产管理机构及安全生产管理人员应当依照生产经营单位相关规章制度，对生产经营单位生产中存在的安全隐患提出管理建议，加强内部监督，严格落实生产经营单位主体责任。

六是制止和纠正违章指挥、强令冒险作业、违反操作规程的行为。生产经营单位安全生产管理机构及安全生产管理人员必须严格按照国家相关规定、生产经营单位规章制度进行安全生产监督检查，对在生产中存在的违章指挥、强令冒险作业等违规行为及时予以制止。

七是督促落实本单位安全生产整改措施。生产经营单位对发现、查处的安全生产问题及隐患要制订详细的整改计划，落实整改责任。整改计划的执行应由本单位安全生产管理机构及安全生产管理人员具体负责。

同时，为进一步强化生产经营单位安全生产主体责任落实，完善安全管理体系，全面提升安全生产管理能力和水平，本条新增规定“生产经营单位可以设置专职安全生产分管负责人，协助本单位主要负责人履行安全生产管理职责。”近年来，湖北、江苏、北京等一些省份，在重点行业领域推行安全总监制度，安全总监享受本单位副职领导待遇。如湖北省规定，从业人员 100 人及以上，或年主营业务收入 2000 万元及以上的矿山、金属冶炼、建筑施工、交通运输、危险化学品、民用爆炸物品、粉尘涉爆、涉氨制冷、船舶修造、航空航天等行业领域的生产经营单位均应建立安全总监制度，其主要职责包括：协助本单位主要负责人履行安全生产工作职责，贯彻执行安全生产方针政策和法律、法规规章等规定；监督本单位分管业务的其他负责人按照“管业务必须管安全”的要求履行安全生产职责，贯彻执行安全生产方针政策和法律、法规规章等规定；督促生产经营单位各部门、各岗位落实安全生产责任制；组织对本单位的安全生产规章制度、操作规程、生产安全事故应急救援预案、安全投入计划、教育培训计划、重大危险源的安全管理措施和重大事故隐患治理方案进行审查并监督落实等。需要指出的是，本条规定不是强制性的，专职安全生产分管负责人的设置及其具体职责，由各地结合实际依法确定。

第二十六条 生产经营单位的安全生产管理机构以及安全生产管理人员应当恪尽职守，依法履行职责。

生产经营单位作出涉及安全生产的经营决策，应当听取安全生产管理机构以及安全生产管理人员的意见。

生产经营单位不得因安全生产管理人员依法履行职责而降低其工资、福利等待遇或者解除与其订立的劳动合同。

危险物品的生产、储存单位以及矿山、金属冶炼单位的安全生产管理人员的任免，应当告知主管的负有安全生产监督管理职责的部门。

【条文主旨】

本条是关于安全生产管理机构以及安全生产管理人员履职要求和履职保障的规定。本条共分为四款。

【核心概念】

“安全生产的经营决策”，是指决定本单位安全的生产经营目标和达到安全的生产经营目标的战略和策略，即如何实现生产经营单位科学发展、安全发展的战略和策略。这些战略和策略包括：安全投入计划，新建、改建、扩建项目计划，重大设备、设施换代更新计划，重大生产工艺流程改变计划，生产经营布局调整措施，生产经营场所、项目、设备的发包、出租计划等。

【内容导读】

本条第一款规定生产经营单位的安全生产管理机构以及安全生产管理人员应当恪尽职守，依法履行职责。恪尽职守，意思是谨慎认真地做好本职工作，严守自己的工作岗位。安全生产管理人员应当充分认识自己肩负的重大职责，对工作尽职尽责，积极、主动、认真、谨慎地履行各项安全生产管理职责，完成本职工作任务。依法履行职责中的“依法”是一个广义的概念，既包括依照本法和其他有关法律、法规的规定，还包括依照有关部门规章和规范性文件的规定。如《安全生产法》第二十五条从七个方面对生产经营单位的安全生产管理机构以及安全生产管理人员应当履行的职责作了明确规定。如2008年住房和城乡建设部颁布的《建筑施工企业安全生产管理机构设置及专职安全生产管理人员配备办法》明确规定，建筑施工企业安全生产管理机构具有以下职责：（1）宣传和贯彻国家有关安全生产法律、法规和标准；（2）编制并适时更新安全生产管理制度并监督实施；（3）组织或参与企业生产安全事故应急救援预案的编制及演练；（4）组织开展安全教育培训与交流；（5）协调配备项目专职安全生产管理人员；（6）制订企业安全生产检查计划并组织实施；（7）监督在建项目安全生产费用的使用；（8）参与危险性较大工程安全专项施工方案专家论证会；（9）通报在建项目违规违章查处情况；（10）组织开展安全生产评优评先表彰工作；（11）建立企业在建项目安全生产管理档案；（12）考核评价分包企业安全生产业绩及项目安全生产管理情况；（13）参加生产安全事故的调查和处理工作；（14）企业明确的其他安全生产管理职责。对于建筑施工企业安全生产管理机构设置以及安全生产管理人员，做到依法履职，除了严格履行安全生产法等法律赋予的职责，还要执行上述规范性文件的规定。

生产经营单位的经营决策，是决定本单位的生产经营目标和达到生产经营目标的战略和策略，即决定做什么和如何去做的过程，对生产经营单位安全生产工作影响是全面的、深远的。因此，本条第二款规定生产经营单位作出涉及生产经营活动的安全生产决策时，应当听取安全生产管理机构以及安全生产管理人员的意见。这是生产经营单位的一项义务，是加强从源头治理安全生产工作的治本之策，必须认真执行。同时，这也是法律赋予安全生产管理机构以及安全生产管理人员的一项权利和职责，安全生产管理机构以及安全生产管理人员应当严格按照有关安全生产法律、法规、国家标准等规定，积极提出相应的意见和建议。

安全生产管理人员在依法履职过程中，例如排查事故隐患、提出改进安全管理意见，制止和纠正违章指挥的行为，不可避免地会触碰到生产经营单位的经济利益，甚至还会得罪单位有关人员，如果所在单位可以动辄降低其工资、福利等待遇或者解除与其订立的劳动合同等进行打击报复，带来的结果是，安全生产管理人员正当的履职无法保障，安全生产管理的岗位将会“无人愿管”“无人愿干”。因此，本条第三款严禁生产经营单位因安全生产管理人员依法履行职责而降低其工资、福利等待遇或者解除与其订立的劳动合同。

及时准确掌握生产经营单位安全生产信息的变化情况，是负有安全生产监管职责的部门履行法定监管职责的重要前提，也是有效避免生产安全事故发生的基础。为落实本法“安全第一、预防为主、综合治理”的方针，最大限度地保证安全生产工作，在现阶段部门间信息通报和共享机制尚未有效建立的情况下，明确生产经营单位向负有安全生产监管职责的行业管理部门和应急管理部门报送信息仍然十分必要。尤其是危险物品的生产、储存单位以及矿山、金属冶炼单位的生产经营活动，安全风险较大，极易发生生产安全事故。为了加强上述单位生产经营活动安全管理工作，及时了解、掌握其安全生产管理人员的配备及调整情况，本条第四款规定，危险物品的生产、储存单位以及矿山、金属冶炼单位的安全生产管理人员的任免，应当告知主管的负有安全生产监管职责的部门。需要注意的是，这里的“告知”并非行政审批，只是提供相关信息给负有安全生产监管职责的部门。这样规定，有利于加强生产经营单位和有关主管部门就安全生产工作方面的沟通。危险物品的生产、储存单位以及矿山、金属冶炼单位有权任免安全生产管理人员，这是一项生产经营自主权利，主管的负有安全生产监管职责的部门不得干涉，更不能打击报复。

第二十七条 生产经营单位的主要负责人和安全生产管理人员必须具备与本单位所从事的生产经营活动相应的安全生产知识和管理能力。

危险物品的生产、经营、储存、装卸单位以及矿山、金属冶炼、建筑施工、运输单位的主要负责人和安全生产管理人员，应当由主管的负有安全生产监督管理职责的部门对其安全生产知识和管理能力考核合格。考核不得收费。

危险物品的生产、储存、装卸单位以及矿山、金属冶炼单位应当有注册安全工程师从事安全生产管理工作。鼓励其他生产经营单位聘用注册安全工程师从事安全生产管理工作。注册安全工程师按专业分类管理，具体办法由国务院人力资源和社会保障部门、国务院应急管理部门会同国务院有关部门制定。

【条文主旨】

本条是关于生产经营单位主要负责人和安全生产管理人员安全生产知识和管理能力的规定。本条共分为三款。

【核心概念】

“注册安全工程师”，是指通过职业资格考试取得国家注册安全工程师职业资格证书，经注册后从事安全生产管理、安全工程技术工作或提供安全生产专业服务的专业技术人员。

【内容导读】

《安全生产法》第五条规定，生产经营单位的主要负责人对本单位的安全生产工作全面负责。根据这一规定，生产经营单位的主要负责人，要组织、领导本单位的安全生产管理工作，并承担保障安全生产的责任。这就要求生产经营单位的主要负责人必须具备与本单位所从事的生产经营活动相应的安全生产知识，同时具有领导安全生产管理工作和处理生产安全事故的能力。通过对当前一些生产安全事故的原因分析可以看出，不少事故都是由于生产经营单位的负责人缺乏基本的安全知识，管理不善、现场指挥不当造成的。因此，提高生产经营单位的主要负责人的安全生产知识水平和管理能力，对于加强单位的生产安全管理、改善劳动条件、保障职工的安全和健康、促进单位安全生产、防止和减少生产安全事故的发生，都具有重要的意义。要求生产经营单位的主要负责人具备必要的安全生产知识和管理能力，也是我国安全生产工作实践中一项行之有效的制度。一般来说，生产经营单位的主要负责人在安全生产管理方面应当具备以下条件：（1）熟悉并能认真贯彻国家的安全生产方针、政策、法律、法规以及与本单位有关的安全生产标准；（2）基本掌握安全分析、安全决策及事故预测和防护知识，具有审查生产建设规划、计划、施工方案的安全决策知识；（3）具有一定的文化程度，受过一定的安全技术培训，具有一定的从事本行业工作的经验，较熟练地掌握与本单位有关的安全技术知识；（4）熟悉安全管理知识，具有一定的组织管理能力。生产经营单位的安全生产管理人员是本单位直接负责安全生产工作的人员。这些人员直接负责生产经营单位生产经营过程中的安全技术措施的制定、实施和检查，他们的安全素质的高低将直接影响生产经营单位的安全生产工作的好坏。因此，本条第一款规定生产经营单位的安全生产管理人员必须具备与本单位所从事的生产经营活动相应的安全生产知识和管理能力。

本条第二款规定，危险物品的生产、经营、储存、装卸单位以及矿山、金属冶炼、建筑施工、运输单位的主要负责人和安全生产管理人员，应当由主管的负有安全生产监管职责的部门对其安全生产知识和管理能力考核合格。危险物品的生产、经营、储存、装卸单位以及矿山、金属冶炼、建筑施工、运输单位都是危险性比较大的生产经营单位，对于这些单位的主要负责人和安全生产管理人员，应该有更加严格的要求。这里强调的"考核合格"，并非先前采取的安全资格准入（即先证后岗），而是一种能力认可，表明考核合格不再是主要负责人和安全生产管理人员任职的前提条件。从形式上看，对危险物品的生产、经营、储存、装卸单位以及矿山、金属冶炼、建筑施工、运输单位的主要负责人和安全生产管理人员的要求，好像是放松了，但实质要求并未改变，是在推进"放管服"背景下，由事前的安全资格准入转变为事中、事后的考核监管。

本条第三款是有关注册安全工程师的相关规定。对安全专业人员实行执业（职业）资格制度，也是很多国家和地区通行的做法。在美国，注册安全工程师被称为"注册安全师"（Certified Safety Professional，CSP）。注册安全师不仅是安全工程专家，他们在企业安全管理、保险公司损失控制等衍生行业中也有比较深入的研究和较强的工作能力。为解决中小企业安全生产“无人管、不会管”问题，促进安全生产管理队伍朝着专业化、职业化方向发展，我国自2002年开始实施注册安全工程师执业（职业）资格考试制度。2014年《安全生产法》修订时确立了注册安全工程师的法律地位。截至2017年11月，全国取得注册安全工程师职业资格人员有27.2万人，经注册执业的16.9万人，注册安全工程师事务所达200余家，但尚不能满足企业安全生产管理的人才需求。随着安全生产形势发生深刻变化，对注册安全工程师制度建设提出了新要求。《中共中央 国务院关于推进安全生产领域改革发展的意见》等文件，明确要求完善注册安全工程师制度，注重发挥注册安全工程师对企业安全状况诊断、评估、整改方面的作用，发展注册安全工程师事务所，规范专业服务机构从业行为，推动安全评价、检测检验、培训咨询、安全标志管理等专业机构规范发展。2017年9月，《国家职业资格目录》将注册安全工程师列入准入类专业技术人员职业资格。这大大提高了注册安全工程师的社会地位，有利于促进注册安全工程师队伍的职业化建设。2019年1月，应急管理部、人力资源社会保障部联合印发《注册安全工程师职业资格制度规定》和《注册安全工程师职业资格考试实施办法》，将注册安全工程师设置为高级、中级、初级三个级别，划分为煤矿安全、金属非金属矿山安全、化工安全、金属冶炼安全等七个专业类别。中级注册安全工程师职业资格考试全国统一大纲、统一命题、统一组织。初级注册安全工程师职业资格考试全国统一大纲，各省、自治区、直辖市自主命题并组织实施，一般应按照专业类别考试。为了缓解从业人员工学矛盾，中级注册安全工程师职业资格考试成绩滚动由2年一个周期调整为4年一个周期。同时明确专业技术人员取得中级注册安全工程师、初级注册安全工程师职业资格，即视其具备工程师、助理工程师职称，并可作为申报高一级职称的条件。

第二十八条 生产经营单位应当对从业人员进行安全生产教育和培

训，保证从业人员具备必要的安全生产知识，熟悉有关的安全生产规章制度和安全操作规程，掌握本岗位的安全操作技能，了解事故应急处理措施，知悉自身在安全生产方面的权利和义务。未经安全生产教育和培训合格的从业人员，不得上岗作业。

生产经营单位使用被派遣劳动者的，应当将被派遣劳动者纳入本单位从业人员统一管理，对被派遣劳动者进行岗位安全操作规程和安全操作技能的教育和培训。劳务派遣单位应当对被派遣劳动者进行必要的安全生产教育和培训。

生产经营单位接收中等职业学校、高等学校学生实习的，应当对实习学生进行相应的安全生产教育和培训，提供必要的劳动防护用品。学校应当协助生产经营单位对实习学生进行安全生产教育和培训。

生产经营单位应当建立安全生产教育和培训档案，如实记录安全生产教育和培训的时间、内容、参加人员以及考核结果等情况。

【条文主旨】

本条是关于生产经营单位从业人员安全生产教育和培训的规定。本条共分为四款。

【核心概念】

“劳务派遣”，又称人力派遣、人才租赁、劳动派遣，是指由劳务派遣机构与派遣劳工订立劳动合同，由实际用工单位向派遣劳工给付劳务报酬，劳动合同关系存在于劳务派遣机构与派遣劳工之间，但劳动力给付发生于派遣劳工与实际用工单位之间的一种用工形式。

【内容导读】

安全教育和培训是企业安全生产的三大对策（工程技术、教育培训、安全管理）之一，是政府安全监管的四大支柱（立法、执法、培训、保险）之一，是保障员工生命安全的重要基础工作。从业人员能否养成良好的安全行为，是检验一个企业安全生产管理水平的重要标志。通过系统的安全教育培训可以强化员工安全意识、提升全员安全能力素质，最终达到改善安全行为的目的。近年来，不少重特大安全事故的发生都与从业人员安全生产操作不熟练、不规范、不科学密切相关，为此，对从业人员进行安全生产的教育和培训尤为重要。安全生产教育和培训的对象包括生产经营单位的主要负责人和安全管理人员、特种作业人员，以及一般从业人员。《国务院关于进一步加强企业安全生产工作的通知》等文件明确要求，从业人员必须全部经过培训合格后上岗。为此，本条第一款规定，生产经营单位应当对从业人员进行安全生产教育和培训，保证从业人员具备必要的安全生产知识，熟悉有关的安全生产规章制度和安全操作规程，掌握本岗位的安全操作技能，了解事故应急处理措施，知悉自身在安全生产方面的权利和义务。这里的从业人员，包括新上岗的临时工、合同工、劳务派遣工、轮换工、协议工等。按照《生产经营单位安全培训规定》，加工、制造业等生产单位的其他从业人员，在上岗前必须经过厂（矿）、车间（工段、区、队）、班组三级安全培训教育。生产经营单位应当根据工作性质对其他从业人员进行安全培训，保证其具备本岗位安全操作、应急处置等知识和技能。在新工艺、新技术、新材料、新设备设施投入使用前，应对有关操作岗位人员进行专门的安全教育和培训。操作岗位人员转岗、离岗一年以上重新上岗者，应进行车间（工段、区、队）、班组安全教育培训，经考核合格后，方可上岗工作。

改革开放后，随着我国市场经济制度的确立，劳动用工制度不断改革，用工形式和就业形式更加灵活，为劳务派遣提供了广阔的发展空间。劳务派遣使得劳动者就业方式更加多变，使流动就业、灵活就业组织化，在一定程度上提高用工效率的同时，不签订劳动合同、不参加社会保险、违法解除劳动合同、同工不同酬等违规用工现象频繁发生在劳务派遣工身上。实践中，许多生产经营单位为了减轻劳动力成本、规避责任，大量使用被派遣劳动者，又不负责相应的安全生产教育和培训，致使被派遣劳动者不了解、不熟悉所从事生产经营活动的安全生产规章制度、操作规程和标准，违章指挥，违章作业，最终导致生产安全事故发生。此外，近些年来发生了多起中等职业学校、高等学校学生到生产经营单位实习的生产安全事故，调查发现学生不了解基本的安全生产知识，不掌握相应的操作技能，缺乏相应的应急处置能力是造成事故的主要原因。为此，本条第二款和第三款将劳务派遣人员、学校实习生亦纳入教育和培训范畴，规范了用人单位的安全生产教育和培训体系，进一步提升劳务派遣人员和学校实习生的安全意识、操作技能、风险处置和自我保护能力。

需要注意的是，实践中一些矿山企业存在井下使用劳务派遣人员的现象。使用劳务派遣人员对矿山企业有效利用人力资源、降低用工成本、转移用工风险、增加用工灵活性、调节用工供求关系有着积极的一面。但由于矿山井下工作岗位的特殊性，这样做也存在很大弊端。根据《中华人民共和国劳动合同法》（以下简称《劳动合同法》）《劳务派遣暂行规定》等法律、法规的明确规定，劳务派遣只能在临时性、辅助性或者替代性的工作岗位上实施。临时性工作岗位是指存续时间不超过6个月的岗位；辅助性工作岗位是指为主营业务岗位提供服务的非主营业务岗位；替代性工作岗位是指用工单位的劳动者因脱产学习、休假等原因无法工作的一定期间内，可以由其他劳动者替代工作的岗位。用工单位决定使用被派遣劳动者的辅助性岗位，应当经职工代表大会或者全体职工讨论，提出方案和意见，与工会或者职工代表平等协商确定，并在用工单位内公示。同时规定，用工单位应当严格控制劳务派遣用工数量，使用的被派遣劳动者数量不得超过其用工总量的10%。对此，一些领域对某些岗位使用劳务派遣人员依法作出限制，如2016年公安部、国家发展和改革委员会、工业和信息化部等联合发布的《关于规范和加强企业专职消防队伍建设的指导意见》中明确指出，企业专职消防队员不应采取劳务派遣用工。

可见，矿山井下工作岗位的特殊性与《劳动合同法》《劳务派遣暂行规定》明确的劳务派遣工作岗位的临时性、辅助性或替代性等“三性”不相符。早在2010年，山西省煤炭工业局就下发了《关于全省煤矿井下严禁使用劳务派遣人员的通知》，明确规定煤矿井下使用劳务派遣人员属违法违规用工行为，全省煤矿井下严禁使用劳务派遣人员。2019年，原国家煤矿安全监察局亦明确表示，煤矿井下属于主营岗位，原则上井下不允许使用劳务派遣工，将在3年内逐步取消井下劳务派遣工。同年12月，该局印发《煤矿整体托管安全管理办法（试行）》，明令井下不得使用劳务派遣工。

本条第四款是建立完善的安全生产教育和培训档案的规定。安全生产教育和培训档案，不仅是从业人员安全生产教育和培训轨迹的记录，也是生产安全事故发生后，查明事故原因、追究相关人员责任的重要依据。生产经营单位应当指定专人负责本单位的安全生产教育和培训档案。档案涉及的人员应当包括本单位的主要负责人、有关负责人、安全生产管理人员、特种作业人员、职能部门工作人员、班组长以及其他从业人员。档案的内容应当详细记录每位从业人员参加安全生产教育和培训的时间、内容、考核结果以及复训情况等，包括按照规定参加政府组织的安全培训的主要负责人、安全生产管理人员和特种作业人员的情况。档案应当按照有关法律、法规的要求进行保存，不得擅自修改、伪造。档案除电子文档形式保存外，原则上还应当有纸质文件形式。

第二十九条 生产经营单位采用新工艺、新技术、新材料或者使用新设备，必须了解、掌握其安全技术特性，采取有效的安全防护措施，并对从业人员进行专门的安全生产教育和培训。

【条文主旨】

本条是关于生产经营单位采用新工艺、新技术、新材料或者使用新设备安全管理的规定。

【核心概念】

“工艺”，是指劳动者利用生产工具通过对各种原材料、半成品进行加工或者处理，如切割、粉碎等，最后使之成为产品的方法，是人类在劳动中积累起来并经过总结的操作技术经验。

“技术”，是指根据生产劳动实践经验和自然科学原理而发展成的各种工艺操作方法与技能，如焊接技术、石材加工技术等。

“材料”，是指经过人类劳动取得的劳动对象，如开采出来的矿砂是冶炼金属的原材料。

“设备”，是指可供人们在生产中长期使用，并在反复使用中基本保持原有实物形态和功能的生产资料和物质资料的总称。

“新工艺、新技术、新材料、新设备”，是指在我国首次使用的工艺、技术、材料、设备。

【内容导读】

近半个世纪以来，随着科学技术突飞猛进，科技成果在各领域得到广泛应用，日益渗透人们社会生活的各个领域，同时带来环境污染、资源浪费、安全事故等诸多问题。实践中，有的事故不是生产系统中的某个部分出了问题，而是各个部分之间的联系和相互作用，让小问题变成了大事故。在这种背景下，生产经营单位对采用的新工艺、新技术、新材料或者使用的新设备，必须要了解、掌握其安全技术特性，对该工艺、技术的原理、操作规程把握清楚，了解该材料、设备的构成、性质。对采用的新工艺、新技术、新材料或者使用的新设备在生产经营过程中可能产生的危险因素的性质，可能产生的危害后果，如何预防这种危险因素造成事故的措施以及一旦发生事故时如何妥善处理等事项，都要了解和掌握。只有这样，生产经营单位才能有针对性地采取必要的防范措施，防止生产安全事故的发生和扩大。

新工艺、新技术、新材料的采用或者新设备的使用，对从业人员来说是一种陌生的东西，如果仍按照老知识、老方法来应付，就可能会出问题，引发生产安全事故。因此，生产经营单位采用新工艺、新技术、新材料或者使用新设备，还应当对相关的从业人员进行专门的安全生产教育和培训，使其掌握相关的安全规章制度和安全操作规程，具备必要的安全生产知识和安全操作技能。这既是对从业人员知情权的保障，也是保障生产安全的一项重要措施。

第三十条 生产经营单位的特种作业人员必须按照国家有关规定经专门的安全作业培训，取得相应资格，方可上岗作业。

特种作业人员的范围由国务院应急管理部门会同国务院有关部门确定。

【条文主旨】

本条是关于生产经营单位的特种作业人员安全技术培训考核的规定。本条共分为两款。

【核心概念】

“特种作业”，是指容易发生事故，对操作者本人、他人的安全健康及设备、设施的安全可能造成重大危害的作业，如电工作业、高处作业、焊接与热切割作业等。

"特种作业人员"，是指取得特种作业操作资格证书，直接从事特种作业的从业人员。

【内容导读】

实行特种作业人员安全准入管理是安全生产领域一项重要的基本制度，对提升从业人员安全素质，防范遏制生产安全事故具有重要作用。据国内外有关资料统计，由于特种作业人员违规违章操作造成的生产安全事故，占生产经营单位事故总量的比例约为 80%。因此，加强特种作业人员安全技术培训考核，对保障安全生产十分重要。

我国特种作业人员安全技术培训考核制度于 1954 年建立，距今已有 60 余年，对推动特种作业人员提高安全素质、防范遏制生产安全事故发挥了重要作用。我国的相关法律、法规，如《安全生产法》《矿山安全法》《中华人民共和国劳动法》（以下简称《劳动法》）以及《中华人民共和国矿山安全法实施条例》等，都对特种作业人员的培训考核提出了明确要求。1999 年，国家经济贸易委发布了《特种作业人员安全技术培训考核管理办法》，对特种作业人员的定义、范围、人员条件和培训、考核、管理作了明确规定。2010 年以来，原国家安全监管总局颁布实施了《特种作业人员安全技术培训考核管理规定》等一系列规章和规范性文件，对特种作业人员的安全技术培训、考核、发证、复审及其监督管理工作作了进一步规范，也起到了很好的作用。现行《特种作业目录》共 10 个作业类别、54 个操作项目（含煤矿），具体包括：（1）电工作业。这是指对电气设备进行运行、维护、安装、检修、改造、施工、调试等作业（不含电力系统进网作业）。（2）焊接与热切割作业。这是指运用焊接或者热切割方法对材料进行加工的作业（不含《特种设备安全监察条例》规定的有关作业）。（3）高处作业。这是指专门或经常在坠落高度基准面 2 米及以上有可能坠落的高处进行的作业。（4）制冷与空调作业。这是指对大中型制冷与空调设备运行操作、安装与修理的作业。（5）煤矿安全作业。（6）金属非金属矿山安全作业。(7)石油天然气安全作业。(8)冶金(有色)生产安全作业。(9)危险化学品安全作业。这是指从事危险化工工艺过程操作及化工自动化控制仪表安装、维修、维护的作业。(10)烟花爆竹安全作业。这是指从事烟花爆竹生产、储存中的药物混合、造粒、筛选、装药、筑药、压药、搬运等危险工序的作业。据初步统计，目前全国特种作业人员持证上岗人数已超过1 200万人，其中煤矿特种作业人员约260万人。

第三十一条 生产经营单位新建、改建、扩建工程项目(以下统称建设项目)的安全设施，必须与主体工程同时设计、同时施工、同时投入生产和使用。安全设施投资应当纳入建设项目概算。

【条文主旨】

本条是关于生产经营单位建设项目安全设施“三同时”的规定。

【核心概念】

“建设项目安全设施”，是指生产经营单位在生产经营活动中用于预防生产安全事故的设备、设施、装置、构(建)筑物和其他技术措施的总称。

“建设项目安全设施‘三同时’”，是指新建、改建、扩建(包括增加能力的)工程项目，安全设施必须与主体工程同时设计、同时施工、同时投产使用。

“新建”，是指从基础开始建造的建设项目，按照国家规定也包括原有基础很小，经扩大建设规模后，其新增固定资产价值超过原有固定资产价值3倍以上，并需要重新进行总体设计的建设项目；迁移厂址的建设工程(不包括留在原厂址的部分)，符合新建条件的建设项目。

“改建”，是指不增加建筑物或建设项目体量，在原有基础上，为提高生产效率，改进产品质量，改变产品方向，或改善建筑物使用功能、改变使用目的，对原有工程进行改造的建设项目。

“扩建”，是指在原有基础上加以扩充的建设项目，包括扩大原有产品生产能力、增加新产品生产能力，以及为取得新的效益和使用功能而新建主要生产场所或工程的建设活动。对于建筑工程，扩建主要是指在原有基础上加高加层（需重新建造基础的工程属于新建项目）。

【内容导读】

风险的预防与管控，是保障安全生产的关键要素。做好安全生产工作，除了发生事故后积极组织抢救，并找原因、追责任、堵漏洞之外，更重要的是要谋事在先，尊重科学、探索规律，采取有效事前控制措施，千方百计预防事故的发生，做到防患于未然。“预防为主”要求把安全生产的重心放在预防上，从建设项目立项环节即开始安全把关，进而到生产环节开展风险辨识和隐患排查治理等。早在二十世纪七十年代，中共中央《关于认真做好劳动保护工作的通知》中就明确提出，凡新建、改建、扩建的工矿企业和革新、挖潜的工程项目，都必须有保障安全生产和消除有毒有害物质的设施，这些设施要与主体工程同时设计、同时施工、同时投产，不得削减。此后，原劳动人事部劳动保护局在天津市召开的“全国劳动安全卫生设施‘三同时’经验交流会”再次强调，安全卫生设施与主体工程同时设计、同时施工、同时验收，这就是所谓的“三同时”制度或“三同时”原则。“三同时”原则要求一切企事业单位在进行新建、改建和扩建工程时，将劳动者保护、生产设备保障和其他风险预防设施必须与主体工程同时设计、同时施工、同时投入生产和使用。这是我国几十年来在经济建设中通过许许多多血的教训总结出的宝贵经验。事实证明，许多重大伤亡事故和职业病危害，都是由于未执行“三同时”原则而导致的。2006 年 4 月 30 日 18 时 24 分，陕西省商洛市镇安县一尾矿库在加高坝体扩容施工时发生溃坝事故，外泄尾矿砂量约 20 万立方米，冲毁居民房屋 76 间，22

人被淹埋，5 人获救，17 人失踪。造成此次特大尾矿库溃坝事故的直接原因是：事故单位严重违反尾矿库建设程序和技术标准，先后三次擅自加坝进行扩容，生产中违规放矿，致使干滩长度和安全超高不符合安全规定，违规在危坝上实施第四次加坝扩容时造成溃坝。

我国安全生产立法中，历来将“三同时”原则作为一项重要法律制度予以规定。我国 1992 年颁布的《矿山安全法》明确规定，矿山建设工程的安全设施必须和主体工程同时设计、同时施工、同时投入生产和使用；1994 年颁布的《劳动法》要求劳动安全卫生设施必须符合国家规定的标准。新建、改建、扩建工程的劳动安全卫生设施必须与主体工程同时设计、同时施工、同时投入生产和使用；2002 年颁布的《安全生产法》对此进行了重申，要求生产经营单位新建、改建、扩建工程项目的安全设施，必须与主体工程同时设计、同时施工、同时投入生产和使用。建设项目安全设施“三同时”包括建设项目安全预评价、建设项目安全设施设计审查、建设项目安全设施施工和竣工验收等环节。

需要注意的是，本法以及相关法律、法规虽然规定了生产经营单位建设项目安全设施“三同时”制度，但在实施中也凸显出安全设施概念不清晰、内涵不明确的问题，比如矿山建设过程中哪些项目属于安全设施，哪些项目属于矿山主体工程，一直没有界定清楚，导致设计单位设计时无从设计，安全监管部门审查时无据可依，企业组织竣工验收时不知道该验收什么。原国家安全监管总局制定了危险化学品建设项目以及金属非金属矿山建设项目的安全设施目录，明确了这两个领域建设项目安全设施的具体范围。如《金属非金属矿山建设项目安全设施目录（试行）》将矿山建设项目安全设施分为基本安全设施和专用安全设施两部分。基本安全设施是依附于主体工程而存在，属于主体工程一部分的安全设施。基本安全设施是矿山安全的基本保证。专用安全设施是指除基本安全设施以外的，以相对独立于主体工程之外的形式而存在，不具备生产功能，专用于安全保护作用的安全设施。但是，煤矿、石油天然气、金属冶炼、放射性物品、烟花爆竹等有关行业领域，目前仍未制定安全设施的具体目录。此外，由于新工艺、新装备、新材料、新技术广泛应用，新业态大量涌现，即便公布的目录也很难跟上形势的快速变化。再者，安全设施的范畴毕竟不能涵盖所有的设施和技术，一些被忽略的设施和技术也可能潜藏着未知的巨大风险或隐患。这些，都需要安全从业人员从安全生产工作需要出发，结合本单位实际具体做出判断，避免出现安全盲区。

第三十二条 矿山、金属冶炼建设项目和用于生产、储存、装卸危险物品的建设项目，应当按照国家有关规定进行安全评价。

【条文主旨】

本条是关于矿山、金属冶炼建设项目和用于生产、储存、装卸危险物品的建设项目安全评价的规定。

【核心概念】

“安全评价”，是指以实现安全为目的，应用安全系统工程原理和方法，辨识与分析工程、系统、生产经营活动中的危险、有害因素，预测发生事故或造成职业危害的可能性及其严重程度，提出科学、合理、可行的安全对策措施建议，做出评价结论的活动。安全评价可针对一个特定的对象，也可针对一定区域范围。安全评价按照实施阶段的不同分为三类：安全预评价、安全验收评价、安全现状评价。

【内容导读】

安全评价作为安全系统工程的重要组成部分，自二十世纪八十年代从国外引入，在我国经历了探索、起步和规范发展三个阶段，目前不仅成为安全系统工程的重要应用技术，而且在促进安全生产管理、事故风险控制的现代化、科学化的进程中，起到推动作用。从事矿山、金属冶炼和危险物品生产、储存、装卸等作业活动，危险因素较多、危险性较大，是事故多发的领域，且一旦发生事故，不仅会给本单位从业人员的生命安全及财产造成损害，还可能殃及周围群众的生命和财产安全。因此，国家明确要求从事此类作业活动，在项目建设期间必须进行安全评价。如按照国家有关规定，煤矿建设项目在可行性研究阶段，应当进行安全预评价；在投入生产或者使用前，应当进行安全验收评价。这里讲的"国家有关规定"，既包括建设项目安全评价的相关法律、法规和规章，如《建设项目安全设施"三同时"监督管理办法》《危险化学品建设项目安全监督管理办法》《煤矿建设项目安全设施监察规定》，也包括安全评价的相关技术标准和规范性文件，如《安全评价通则》（AQ 8001）、《安全预评价导则》（AQ 8002）、《安全验收评价导则》（AQ 8003）等。

以煤矿建设项目安全评价为例，按照国家有关规定，煤矿企业应与承担煤矿建设项目安全评价的安全中介机构签订书面委托合同，明确双方各自的权利和义务。煤矿建设项目安全预评价报告应当包括以下内容：（1）主要危险、有害因素和危害程度以及对公共安全影响的定性、定量评价；（2）预防和控制的可能性评价；（3）建设项目可能造成职业危害的评价；（4）安全对策措施、安全设施设计原则；（5）预评价结论；（6）其他需要说明的事项。

需要注意的是，按照党中央、国务院转变政府职能、深化"放管服"改革的精神，《国务院关于第三批清理规范国务院部门行政审批中介服务事项的决定》明确规定：申请人可按要求自行编制安全预评价报告，也可委托有关机构编制，审批部门不得以任何形式要求申请人必须委托特定中介机构提供服务。因此，矿山、金属冶炼建设项目和用于生产、储存、装卸危险物品的建设项目，可以由建设单位依法自行组织安全评价。

第三十三条 建设项目安全设施的设计人、设计单位应当对安全设施设计负责。

矿山、金属冶炼建设项目和用于生产、储存、装卸危险物品的建设项目的安全设施设计应当按照国家有关规定报经有关部门审查，审查部门及其负责审查的人员对审查结果负责。

【条文主旨】

本条是关于建设项目安全设施设计的规定。本条共分为两款。

【内容导读】

建设项目安全设施设计对于保障建设项目的安全运行起着至关重要的作用。需要设计单位和设计人员按照国家相关规定，根据项目条件选用适用的国家标准，以项目整体为对象，从安全的角度给出经济、可行的设计方案，进而实现项目的本质安全，从根本上降低、控制安全风险，以保障建设项目投产后的安全运行。按照“谁设计、谁负责”的原则，本条第一款规定建设项目安全设施的设计人、设计单位对安全设施设计负责，目的在于强化设计人、设计单位的安全责任意识，做到安全设施设计经过充分论证，设计内容符合国家法律、法规和强制性标准的要求，保证安全设施设计不出现问题。

矿山、金属冶炼建设项目和用于生产、储存、装卸危险物品的建设项目，由于危险性较大，其安全设施设计在建设项目中显得尤为重要。一旦出了问题，必将影响整个生产经营单位的安全生产。因此，本条第二款明确规定，上述高危行业建设项目的安全设施设计应当按照国家有关规定报经有关部门审查，审查部门及其负责审查的人员对审查结果负责。这里讲的“按照国家有关规定报经有关部门审查”，意思是安全设施设计要履行法定的行政审查程序，即我们通常所说的“行政审批”或“行政许可”，这也是国家行政机关对公民、法人或其他组织能否从事特定活动通常所采取的一种事前审查手段。按照《中华人民共和国行政许可法》（以下简称《行政许可法》）的规定，直接关系公共安全、人身健康、生命财产安全的重要设备、设施、产品、物品，需要按照技术标准、技术规范，通过检验、检测、检疫等方式进行审定的事项可以设定行政许可，取得行政许可后方可从事。对于存在或者可能存在重大危害和需要监管的行业实行严格的许可制度，也是目前国际上的一种通行做法。如英国规定，对于陆上重大危险源以及海上设施，雇主要按照1999年《重大危险源控制条例》、2005年《海上设施安全条例》等相关规定，分别编写安全报告并提交给英国职业健康与安全执行局（HSE），后者对其评估并确认符合要求后予以批准。

此外，矿山建设项目范围包括矿区范围（资源估算范围、必要的井巷工程及露采境界剥离范围）、尾矿库、工业广场等范围。其中，根据矿产资源法律、法规有关规定，矿区范围由自然资源主管部门依法确定，尾矿库的批准则由相关部门依法实施管理。由于矿山建设项目范围涉及多个部门职能，需要共同研究予以确定。

第三十四条 矿山、金属冶炼建设项目和用于生产、储存、装卸危险物品的建设项目的施工单位必须按照批准的安全设施设计施工，并对安全设施的工程质量负责。

矿山、金属冶炼建设项目和用于生产、储存、装卸危险物品的建设项目竣工投入生产或者使用前，应当由建设单位负责组织对安全设施进行验收；验收合格后，方可投入生产和使用。负有安全生产监督管理职责的部门应当加强对建设单位验收活动和验收结果的监督核查。

【条文主旨】

本条是关于建设项目安全设施施工以及验收责任的规定。本条共分为两款。

【核心概念】

“建设单位”，是指矿山、金属冶炼建设项目和用于生产、储存、装卸危险物品的建设项目的业主单位。

【内容导读】

建设项目安全设施的施工及竣工验收是安全生产“三同时”的重要环节。安全设施的建设环节具体分为施工和竣工验收两个环节，本条分两款明确规定了这两个环节的责任主体，即矿山、金属冶炼建设项目和用于生产、储存、装卸危险物品的建设项目的安全设施设计施工质量由施工单位负责；安全设施建设的竣工验收由建设单位负责。

建设项目在施工过程中，在项目的勘察、设计质量都没有问题的前提下，整个项目的质量状况最终决定于施工质量。在实践中，不少建设项目的质量问题，都发生在建设项目的施工阶段。因此，施工单位应当严把施工质量关，做好施工的各项质量控制与管理工作，严格按照批准的设计文件和技术标准进行施工。一般来讲，施工单位应当围绕以下主要方面进行施工管理：一是安全设施的施工必须按照设计编制施工组织设计或方案，否则不准开工。二是开工前必须编制分工计划，逐级向下进行施工组织设计交底，同时进行对有关部门和专业人员的横向交底，并有相应的交底记录。三是加强施工全过程控制，分别对基础施工、结构施工和装修三个阶段，进行施工组织设计实施情况的中间检查。四是工程完成时，必须及时按原安全设施设计作出技术总结，并上报原审批单位。为解决实践中存在的施工单位安全责任不明确、责任难落实的问题，本条第一款明确规定，矿山、金属冶炼建设项目和用于生产、储存、装卸危险物品的建设项目的施工单位必须按照批准的安全设施设计施工，并对安全设施的工程质量负责。

矿山、金属冶炼建设项目和用于生产、储存、装卸危险物品的建设项目具有典型的高危性，建设项目安全设施竣工验收是保障安全生产的重要环节。国家对这类建设项目安全设施的竣工验收历来有着严格的法律、法规与标准规定，一旦由于竣工验收环节出现疏漏，将会直接导致人民群众的生命财产受到最直接的损害。在 2014 年《安全生产法》修订之前，矿山、金属冶炼建设项目和用于生产、储存、装卸危险物品的建设项目的竣工验收均由负有安全生产监管职责的部门组织实施，在一定程度上保证了建设项目的安全性。根据行政审批制度改革的要求，2014 年修订的《安全生产法》取消了建设项目安全设施竣工验收的审批，相关的行政机关由原先的组织者转为竣工验收活动的“裁判员”，虽然角色进行了转变，但其责任却并不因角色的转变而减轻，必须对企业自主验收活动进行严格的合法、合规的监督检查，确保矿山、金属冶炼建设项目和用于生产、储存、装卸危险物品的建设项目安全设施竣工验收审批事项取消后，验收的标准不降低。

这里对建设单位验收活动和验收结果的监督检查，主要采取抽查的方式进行。近年来，随着“放管服”改革持续深化，国家要求行政机关把更多行政资源从事前审批转到加强事中事后监管上来，安全生产领域积极推进随机抽查，有关部门制定了随机抽查重点事项清单，一方面督促指导行政机关有计划、有针对性地开展随机抽查，不断规范监督检查执法工作；另一方面是让生产经营单位能够较为全面、准确地了解行政机关随机抽查的重点事项和依据，以便其对照自查、整改，提升安全管理水平。《建设项目安全设施“三同时”监督管理办法》规定，对安全设施竣工验收报告按照不少于总数 10% 的比例进行随机抽查；在实施有关安全许可时，对建设项目安全设施竣工验收报告进行审查。抽查和审查以书面方式为主。对竣工验收报告的实质内容存在疑问，需要到现场核查的，安全监管部门应当指派两名以上工作人员对有关内容进行现场核查。工作人员应当提出现场核查意见，并如实记录在案。

随机抽查的内容主要包括两个方面：一是对竣工验收整个过程的抽查，包括建设项目是否具备安全设施竣工验收条件；验收过程是否严格执行验收方案；验收工作是否符合科学严谨、客观真实原则；验收内容是否符合法律、法规、规章、标准的相关规定；有关安全设施是否符合设计要求，特别是安全设施设计批准后新出台的法规、标准是否执行到位。二是对竣工验收结果的抽查，即竣工验收后出具的验收结论和意见是否客观、真实。通过对这两项内容的抽查，确保企业自主开展竣工验收后标准不降低、安全有保障。

需要注意的是，随着社会发展进步，生产经营活动更加复杂。实践中，有的生产经营单位，既有单层级管理的，也有实施多层级管理的。以矿山企业为例。单层级管理的矿山企业在我国主要以小矿山为主，其作为独立法人主体，竣工验收自然应当单独完成。随着近些年我国资源整合、矿山企业兼并重组，实行多层级管理的大中型矿山企业增多。对这类矿山企业建设项目安全设施的竣工验收是由上级集团公司负责，还是由具体的各矿山自行负责，有必要予以明确。在我国的具体实践中，大多数矿山企业实际经营、决策均取决于上级公司，其技术力量、对外组织协调的能力等都依托于上级公司，且一旦发生事故，上级公司往往难辞其咎。因此，从本条的立法目的出发，对于实行多级管理的矿山企业，由项目建设单位上一级具有独立法人资格的单位（或公司总部）负责组织验收比较科学合理。对于无上级单位的，宜由建设单位自行组织验收。我国煤矿建设项目安全设施竣工验收采取了此种思路，2015 年颁布的《煤矿建设项目安全设施竣工验收监督核查暂行办法》明确规定，煤矿建设单位负责组织对煤矿建设项目安全设施进行竣工验收，并对验收结果负责；煤矿建设单位实行多级管理的，由项目建设单位上一级具有独立法人资格的单位（或公司总部）负责组织验收。

第三十五条 生产经营单位应当在有较大危险因素的生产经营场所和有关设施、设备上，设置明显的安全警示标志。

【条文主旨】

本条是关于生产经营单位安全警示标志的规定。

【核心概念】

“危险因素”，主要指能对人造成伤亡或者对物造成突发性损害的各种因素。

“安全标志”，是指用以表达特定安全信息的标志，由图形符号、安全色、几何形状（边框）或文字构成。

“警示标志”，是指提醒人们对周围环境引起注意，以避免可能发生危险的图形标志。

【内容导读】

德国著名社会学家乌尔里希·贝克曾直言：“当代中国社会因巨大的变迁正步入风险社会，甚至将可能进入高风险社会。”从理论上讲，生产经营活动涉及的每一个岗位、每一个环节甚至每一道工序，都存在安全风险，不同的是风险的高低有所差异。对风险的管控措施失当，就容易酿成事故。生产安全事故的发生虽然有其偶然性和不确定性，但大部分事故是可以预防和控制的。正因为如此，《安全生产法》把“预防为主”作为安全生产的一项基本方针予以规定，这也是现代企业安全管理应当遵循的基本原则。安全警示标志的应用，就是从安全管理的每一个方面有效地预防和控制对人身的伤害事故，防止和减少伤亡事故的发生，保障人民群众生命财产安全。一般而言，风险越高，事故发生的概率越大。只有比较严重的危险因素，才可能造成事故。因而，在有较大危险因素的生产经营场所和有关设施、设备上，设置明显的安全警示标志，及时提醒从业人员及相关人员注意危险，预防生产安全事故发生，是保障生产经营单位安全生产的一项重要措施。但如果在所有存在危险因素的生产场所都设置安全警示标志，会导致安全警示标志设置过多，造成安全管理混乱。因此，本条规定在较大危险因素的生产经营场所和有关设施、设备上，必须设置明显的安全警示标志。安全警示标志应当设置在作业场所或者有关设施、设备的醒目位置，一目了然，让每一个在该场所从事生产经营活动的从业人员或者该设施、设备的使用者，都能够直观清楚地看到，不能设置在让从业人员很难找到的地方，这样才能真正起到警示作用。而且警示标志不能模糊不清，必须易于辨识。如果安全警示标志不明显、随意设置，显然就起不到警示的作用。

对于安全警示标志的设置，包括图形、颜色等，国家颁布了《安全标志及其使用导则》（GB 2894）等相关标准，生产经营单位应当按规定设置安全警示标志。根据上述标准，安全标志分为禁止标志、警告标志、指令标志、提示标志四类，一般由安全色、几何图形和图形符号构成，其目的是要引起人们对危险因素的注意，预防生产安全事故的发生。根据现行有关规定，我国目前使用的安全色主要有四种:（1）红色，表示禁止、停止，也代表防火;（2）蓝色，表示指令或必须遵守的规定;（3）黄色，表示警告、注意;（4）绿色，表示安全状态、提示或通行。

第三十六条 安全设备的设计、制造、安装、使用、检测、维修、改造和报废，应当符合国家标准或者行业标准。

生产经营单位必须对安全设备进行经常性维护、保养，并定期检测，保证正常运转。维护、保养、检测应当作好记录，并由有关人员签字。

生产经营单位不得关闭、破坏直接关系生产安全的监控、报警、防护、救生设备、设施，或篡改、隐瞒、销毁其相关数据、信息。

餐饮等行业的生产经营单位使用燃气的，应当安装可燃气体报警装置，并保障其正常使用。

【条文主旨】

本条是关于生产经营单位安全设备管理的规定。本条共分为四款。

【核心概念】

“安全设备”，是指为了保护从业人员安全、防止生产安全事故发生以及在发生事故时用于救援而安装使用的机械设备和器械，如矿山使用的自救器、灭火设备以及各种安全监测仪器等。

【内容导读】

安全设备质量的好坏直接关系生产经营活动的安全性，以及发生事故时能否及时救援，因此，国家对这类设备作出了严格的规定，从设计、制造、安装、使用、检测、维修、改造直到报废，都制定了严格的国家标准或行业标准。为了保护生产经营单位的安全生产，必须正确使用安全设备。在我国，由于安全设备不合格，或使用不当，发生了很多事故，为此，本条从四个方面对安全设备的管理提出要求：

一是要求安全设备的设计、制造、安装、使用、检测、维修、改造和报废，必须符合国家标准或者行业标准。本条是对安全设备管理的概括性规定，涉及的设备种类、单位、环节很多，要求也比较严格，即必须符合国家标准或者行业标准，低于国家标准和行业标准的地方标准和生产经营单位标准，不能采用。从事安全设备的设计、制造、安装、使用、检测、维修、改造和报废的单位和个人，也必须按照标准进行相应的活动。这对于保证安全设备的质量和正确使用以及保证其处于正常运转状态，都具有重要的意义。

二是安全设备安装后，生产经营单位必须对安全设备进行经常性维护、保养，并定期检测，保证正常运转。在保养维护的过程中，生产经营单位必须做好相关记录，并由有关人员签字。记录的内容，一般应当包括维护、保养、检测的时间、地点、人员、安全设备的名称、保养维护的结果以及发现的问题等。需要在记录上签字的有关人员，包括直接从事维护、保养、检测的技术人员以及相关的安全生产管理人员。通过以上规定，有利于发生事故时的责任划分，为正确追究有关人员的法律责任提供第一手的证据。

2017年3月9日，A口腔医疗公司与B易购公司签订了商铺租赁合同。之后，A口腔医疗公司在承租地点装修，并将安装监控工程以包工包料的方式发包给王某等二人，两人均没有特种作业操作证（电工证）。8月19日，王某等二人进行监控安装作业，安装过程中王某在天花板内徒手剥离电线，触电身亡。诉讼过程中，B易购公司主张其未在出租房屋配电箱中安装漏电保护装置的行为不存在过错，无须对王某的死亡承担任何责任。法院认为，B易购公司将部分商铺场地出租给A口腔医疗公司，应确保出租场地用电安全、具有适租性。安装漏电保护装置可以在很大程度上避免用电事故的发生，B易购公司未安装漏电保护装置，未能确保出租场地用电安全，应依法承担相应法律责任。根据《安全生产法》及《中华人民共和国侵权责任法》相关规定，法院判决B易购公司对王某死亡50%的经济损失承担连带赔偿责任。可见，对于存在出租关系的，出租方也应对出租场地安全设备管理负责。

三是规定严禁关闭、破坏直接关系生产安全的监控、报警、防护、救生设备、设施，或者篡改、隐瞒、销毁其相关数据信息。实践中，有部分生产经营单位，从负责人到一线操作工人，对安全监控和报警设备、设施不会管、不会用，有的为了避免麻烦甚至直接将监控、报警设施予以关闭、破坏，形成重大事故隐患，导致事故发生前的关键时刻无法提前预警，也不利于事故及时救援和开展事故调查。为此，本条第三款规定，生产经营单位要按照要求配备符合标准的监控、报警、防护、救生等设备、设施，应当为其正常运行提供必要的保障条件，不得擅自拆除、闲置，更不允许关闭、破坏上述设备、设施，或者自成篡改、隐瞒、销毁其相关数据、信息。

四是要求餐饮行业使用燃气的生产经营单位要安装可燃气体报警装置，并保证其正常使用。

我国餐饮场所量多面广，绝大多数规模小、安全生产条件差，燃气泄漏爆炸事故时有发生，教训十分深刻。2012年11月23日，山西省晋中市寿阳县一火锅店发生液化石油气泄漏爆炸事故，并引发大火，造成14人死亡、47人受伤（其中17人重伤）。2012年3月6日，辽宁省盘锦市一烧烤店因钢瓶非法倒气严重超装，导致瓶体爆破引发爆炸，造成4人死亡、22人受伤（其中9人重伤）。2011年11月14日，陕西省西安市高新技术开发区内一肉夹馍店因阀门操作不当，导致液化石油气钢瓶泄漏引发爆炸，造成11人死亡、31人受伤。造成这些事故的主要原因之一，是部分餐饮企业安全生产主体责任不落实，安全投入不到位，尤其是营业场所现场防火、防爆、防泄漏等安全设备设施不完善，隐患排查治理不及时等。为了加强餐饮等场所安全管理，防范和遏制燃气事故的发生，本条第四款特别规定，餐饮等行业的生产经营单位使用燃气的，应当安装可燃气体报警装置，并保证其正常使用。

第三十七条 生产经营单位使用的危险物品的容器、运输工具，以及涉及人身安全、危险性较大的海洋石油开采特种设备和矿山井下特种设备，必须按照国家有关规定，由专业生产单位生产，并经具有专业资质的检测、检验机构检测、检验合格，取得安全使用证或者安全标志，方可投入使用。检测、检验机构对检测、检验结果负责。

【条文主旨】

本条是关于危险物品的容器、运输工具以及部分特种设备生产、检验、检测的特殊管理的规定。

【核心概念】

“特种设备”，是指由国家认定的，因设备本身和外在因素的影响容易发生事故，并且一旦发生事故会造成人身伤亡及重大经济损失的危险性较大设备。

【内容导读】

危险物品的容器、运输工具和特种设备，由于其危险性较大，在实际中与其他生产经营场所使用的工具有较大的区别，一般实行特殊管理，在生产、检测、检验方面都有更为严格的要求，本条就属于对其特殊管理的规定。根据本条规定，生产经营单位使用危险物品容器、运输工具，以及涉及人身安全、危险性较大的海洋石油开采特种设备和矿山井下特种设备，必须符合以下三方面要求：

一是生产经营单位使用的危险物品的容器、运输工具，以及涉及人身安全、危险性较大的海洋石油开采特种设备和矿山井下特种设备，必须按照国家有关规定，由专业生产单位生产。此处的“国家有关规定”是指法律、行政法规、规章以及国务院有关主管部门的规定。

二是生产经营单位使用的危险物品的容器、运输工具，以及涉及人身安全、危险性较大的海洋石油开采特种设备和矿山井下特种设备，必须经具有专业资质的检测、检验机构的检测、检验合格，取得安全使用证或者安全标志，方可投入使用。检测、检验机构资质由国务院应急管理部门认定。

三是检测、检验机构对检测、检验结果负责。检测、检验机构属于第三方中介服务机构，应当按照法律、行政法规和行业准则的规定，客观、公正地从事安全技术服务。因检测、检验原因致使生产经营单位使用不合格的危险物品的容器、运输工具，以及涉及人身安全、危险性较大的海洋石油开采特种设备和矿山井下特种设备，并造成生产安全事故的，检测、检验机构及其有关人员将承担相应的法律责任。

2014年，《特种设备安全法》实施，对人身和财产安全有较大危险性的锅炉、压力容器（含气瓶）、压力管道、电梯、起重机械、客运索道、大型游乐设施、场（厂）内专用机动车辆依法属于《特种设备安全法》适用范围。同时，该法第一百条第二款还规定，铁路机车、海上设施和船舶、矿山井下使用的特种设备以及民用机场专用设备安全的监督管理，房屋建筑工地、市政工程工地用起重机械和场（厂）内专用机动车辆的安装、使用的监督管理，由有关部门依照本法和其他有关法律的规定实施。海上设施和矿山井下使用的特种设备虽然依法属于《特种设备安全法》的适用范围，但依据《国务院安全生产委员会成员单位安全生产工作职责分工》的规定，原国家安全监管总局负责海洋石油开采特种设备和非煤矿山井下特种设备安全生产管理工作，但对石油天然气开采集输特种设备监管职责尚未有法律明确规定。考虑到目前铁路机车、船舶等生产、检测及监督管理基本成熟、定型，而海上设施尤其是海洋石油开采特种设备和矿山井下使用的特种设备的安全监管还不够完善，本条将涉及人身安全、危险性较大的海洋石油开采特种设备和矿山井下使用的特种设备的监督管理予以明确，就是为了与《特种设备安全法》的例外规定做好立法衔接。

第三十八条 国家对严重危及生产安全的工艺、设备实行淘汰制度，具体目录由国务院应急管理部门会同国务院有关部门制定并公布。法律、行政法规对目录的制定另有规定的，适用其规定。

省、自治区、直辖市人民政府可以根据本地区实际情况制定并公布具体目录，对前款规定以外的危及生产安全的工艺、设备予以淘汰。

生产经营单位不得使用应当淘汰的危及生产安全的工艺、设备。

【条文主旨】

本条是关于危及生产安全的工艺、设备实行淘汰制度的规定。本条共分为三款。

【核心概念】

“危及生产安全的工艺、设备”，是指不符合安全生产要求，极有可能导致生产安全事故发生，致使人民群众生命和财产遭受损失的工艺、设备。

【内容导读】

安全生产工作不仅涉及人的因素，在具体的生产经营过程中，工艺、设备等多个因素都影响着生产的安全性。在生产经营活动过程中，一些生产经营单位为了降低成本、减少投入，使用陈旧、落后的生产工艺和设备，危及人身安全，极易发生生产安全事故。为了预防生产安全事故的发生，在生产安全防护方面就需要投入更多的资金，但这些安全防护措施往往治标不治本，有时即使采取了防护措施，也不能杜绝生产安全事故的发生。因此，为了从根本上防止生产安全事故的发生，防止资金的浪费，应当对落后、严重危及生产安全的工艺、设备实行淘汰制度，这样既有利于保障安全生产，也体现了优胜劣汰的市场经济运行规律，有利于提高生产经营单位的工艺水平，促进设备更新。为了进一步加强对生产工艺、设备的安全管理，本条从三个方面进行了规范：

一是国家对严重危及生产安全的工艺、设备实行淘汰制度。工艺、设备在生产经营中属于物的因素，其是否适用于安全生产，是否符合当前安全生产的要求，直接制约人的因素的发挥。此款规定明确了对严重危及生产安全的工艺、设备实行淘汰的法律制度，强制生产经营单位不得使用应当淘汰的危及生产安全的工艺、设备，任何违反此规定的生产经营单位都要依法承担相应的责任。

二是国家对严重危及生产安全的工艺、设备实行淘汰目录管理，具体目录由国务院应急管理部门会同国务院有关部门制定并公布。法律、行政法规对目录的制定另有规定的，适用其规定。根据目录管理的要求，原国家安全监管总局先后于2013年、2015年、2016年和2017年，分批发布了《金属非金属矿山禁止使用的设备及工艺目录（第一批）》《金属非金属矿山禁止使用的设备及工艺目录（第二批）》《淘汰落后安全技术工艺、设备目录（2016年）》以及《金属冶炼企业禁止使用的设备及工艺目录（第一批）》。如为推动金属冶炼企业设备和工艺改善，提高金属冶炼企业安全保障能力，目录规定金属冶炼企业禁止使用以下设备及工艺，包括钢（铁）水罐非烘烤器烘烤、转炉炼钢吹炼后期补铁水增碳、爆破废钢（渣）、高炉炉身煤气取样机等。

三是省、自治区、直辖市人民政府可以作出补充规定。因各地实际情况不同，法律授权省、自治区、直辖市人民政府可以根据本地区实际情况制定并公布具体目录，对国家规定外的危及生产安全的工艺、设备予以淘汰。

第三十九条 生产、经营、运输、储存、使用危险物品或者处置废弃危险物品的，由有关主管部门依照有关法律、法规的规定和国家标准或者行业标准审批并实施监督管理。

生产经营单位生产、经营、运输、储存、使用危险物品或者处置废弃危险物品，必须执行有关法律、法规和国家标准或者行业标准，建立专门的安全管理制度，采取可靠的安全措施，接受有关主管部门依法实施的监督管理。

【条文主旨】

本条是关于生产、经营、运输、储存、使用危险物品或者处置废弃危险物品的规定。本条共分为两款。

【内容导读】

危险物品种类繁多、范围广，涉及生产、经营、运输、储存、使用及处置等六大环节。危险物品通常具有易燃易爆、有毒有害、强腐蚀性等危险特征，在气体、液体、粉尘等状态下因有较强的流动性，导致风险外溢增大，一旦发生事故往往会波及周边区域，对人民群众生命财产和社会公共安全造成灾难性的后果。2018

年 11 月 28 日零时 40 分，位于河北省张家口市望山循环经济示范园区的中国化工集团河北盛华化工有限公司氯乙烯泄漏扩散至厂外区域，遇火源发生爆燃，造成 24 人死亡、21 人受伤、38 辆大货车和 12 辆小型车损毁，直接经济损失 4 100 余万元。本起事故中的氯乙烯，是被国家列入《危险化学品目录》的一种易燃易爆、有毒有害危险化学品，吸入高浓度可有麻醉作用，表现为头晕、头疼、乏力、胸闷、气急、站立不稳等，严重时意识不清。与空气混合会形成爆炸性混合物，该混合物系极易燃气体，在高压和高温条件下，即使没有空气仍可能发生爆炸反应。为严格对危险物品安全管理，本条从三个方面进行了规定：

一是为加强对危险物品生产、经营、运输、储存、使用等各环节的安全管理，落实安全责任，国家对易燃易爆物品、危险化学品、放射性物品等实行严格审批制度。目前，包括《安全生产法》在内，国家已经制定出台了如《危险化学品安全管理条例》《民用爆炸物品管理条例》《烟花爆竹安全管理条例》《监控化学品管理条例》《易制毒化学品管理条例》及《农药管理条例》等多部法律、法规，对危险物品安全管理进行规定。以《危险化学品安全管理条例》为例，按照规定，新建、改建、扩建生产、储存危险化学品的建设项目，必须由安全监管部门进行安全条件审查。针对使用危险化学品从事生产的企业事故多发的情况，为从源头上进一步强化使用危险化学品的安全管理，国家确立了危险化学品安全使用许可制度，规定使用特定种类危险化学品从事生产且使用量达到规定数量的化工企业，应当取得危险化学品安全使用许可证，该证由设区的市级安全监管部门负责审核发放。

二是危险物品引发的生产安全事故涉及行业领域广、全生命周期链条长，生产、经营、运输、储存、使用或者处置废弃危险物品任何一个环节都存在较大风险，稍有疏忽，就可能引发重大生产安全事故。以危险化学品事故为例，据统计，近年来危险化学品事故主要发生在生产和运输环节，其次是使用、储存和处置废弃危险物品环节，销售环节相对较少。但是，危险化学品的储存环节通常因为涉及的危险物品数量多，容易构成高等级的重大危险源，发生事故时容易造成严重的损失。如 2010 年 7 月 16 日，大连中石油国际储运有限公司油库输油管线发生爆炸火灾，火线达数千米，火焰高达几十米，事故造成严重的经济损失和社会影响。为此，本条对生产经营单位管理危险物品、处置废弃危险物品的管理做出了衔接性的规定，要求生产经营单位生产、经营、运输、储存、使用危险物品或者处置废弃危险物品，必须执行有关法律、法规和国家标准或者行业标准，建立专门的安全管理制度，采取可靠的安全措施，接受有关主管部门依法实施的监督管理。对于生产、储存危险化学品的企业，还应当委托具备国家规定的资质条件的机构对本企业的安全生产条件每 3 年进行一次安全评价，提出安全评价报告。

三是规定对生产、经营、运输、储存、使用危险物品或者处置废弃危险物品审批并实施监督管理的主体为有关主管部门。危险物品安全生产链条长、环节众多，涉及多个监管部门。以危险化学品安全监管为例，其生产、储存、使用、经营、运输安全监管涉及应急管理、公安、市场监管、生态环保、交通运输、卫生、邮政等近十个部门。应急管理部门负责危险化学品安全监管综合工作，组织确定、公布、调整危险化学品目录，对新建、改建、扩建生产、储存危险化学品的建设项目进行安全条件审查，核发危险化学品安全生产许可证、危险化学品安全使用许可证和危险化学品经营许可证，并负责危险化学品登记工作。公安机关负责危险化学品的公共安全管理，核发剧毒化学品购买许可证、剧毒化学品道路运输通行证，并负责危险化学品运输车辆的道路交通安全管理。环境保护主管部门负责废弃危险化学品处置的监督管理，组织危险化学品的环境危害性鉴定和环境风险程度评估，确定实施重点环境管理的危险化学品，负责危险化学品环境管理登记和新化学物质环境管理登记；依照职责分工调查相关危险化学品环境污染事故和生态破坏事件，负责危险化学品事故现场的应急环境监测。交通运输主管部门负责危险化学品道路运输、水路运输的许可以及运输工具的安全管理，对危险化学品水路运输安全实施监督，负责危险化学品道路运输企业、水路运输企业驾驶人员、船员、装卸管理人员、押运人员、申报人员、集装箱装箱现场检查员的资格认定。铁路监管部门负责危险化学品铁路运输及其运输工具的安全管理。民用航空主管部门负责危险化学品航空运输以及航空运输企业及其运输工具的安全管理。

需要注意的是，对于废弃危险化学品，到底哪个部门负有安全生产监管职责？2019 年 3 月 21 日 14 时 48 分许，位于江苏省盐城市响水县生态化工园区的天嘉宜化工有限公司发生特别重大爆炸事故，造成 78 人死亡、76 人重伤、640 人住院治疗，直接经济损失 19.86 亿元。事发企业天嘉宜公司安全生产主体责任不落实，是引发事故的主要原因，但该案暴露出另外一个突出问题，就是废弃危险化学品安全监管盲区的问题。事故调查组认定，江苏省各级应急管理部门履行安全生产综合监管职责不到位，生态环境部门未认真履行危险废弃物监管职责，工信、市场监管、规划、住建和消防等部门也不同程度存在违规行为。由于现行法律规定不明确，长期以来，对于废弃危险化学品安全监管职责不清，出现了谁都管、谁都不管的尴尬现状。为深刻吸取事故教训，2020 年 2 月，中共中央办公厅、国务院办公厅印发《关于全面加强危险化学品安全生产工作的意见》，强调按照“管行业必须管安全、管业务必须管安全、管生产经营必须管安全”和“谁主管谁负责”原则，严格落实相关部门危险化学品各环节安全监管责任，实施全主体、全品种、全链条安全监管。应急管理部门负责危险化学品安全生产监管工作和危险化学品安全监管综合工作；按照《危险化学品安全管理条例》规定，应急管理、交通运输、公安、铁路、民航、生态环境等部门分别承担危险化学品生产、储存、使用、经营、运输、处置等环节相关安全监管责任；在相关安全监管职责未明确部门的情况下，应急管理部门承担危险化学品安全综合监督管理兜底责任。生态环境部门依法对废弃危险物品的收集、储存、处置等进行监督管理。

第四十条 生产经营单位对重大危险源应当登记建档，进行定期检测、评估、监控，并制定应急预案，告知从业人员和相关人员在紧急情况下应当采取的应急措施。

生产经营单位应当按照国家有关规定将本单位重大危险源及有关安

全措施、应急措施报有关地方人民政府应急管理部门和有关部门备案。有关地方人民政府应急管理部门和有关部门应当通过相关信息系统实现信息共享。

【条文主旨】

本条是关于生产经营单位重大危险源安全管理的规定。本条共分为两款。

【核心概念】

“危险源”，是指一个系统中具有潜在能量和物质释放危险的、可造成人员伤害、在一定的触发因素作用下可转化为事故的部位、区域、场所、空间、岗位、设备及其位置。它的实质是具有潜在危险的源点或部位，是爆发事故的源头，是能量、危险物质集中的核心，是能量从那里传出来或爆发的地方。

“重大危险源”，是指长期地或者临时地生产、搬运、使用或者储存危险物品，且危险物品的数量等于或者超过临界量的单元（包括场所和设施）。

【内容导读】

重大危险源是由危险物品组成的集合体。构成重大危险源，必须是危险物品的数量等于或者超过临界量。所谓临界量，是指一个数值，当某种危险物品的数量达到或者超过这个数值时，就有可能发生危险。重大危险源中相当一部分是属于危险化学品构成的。目前，我国已经颁布了《危险化学品重大危险源辨识》（GB 18218）国家标准，对各种危险化学品的临界量作了明确规定，依据这些临界量，可以辨识某一危险化学品的聚集场所或设施是否构成重大危险源。对重大危险源管理严格与否，直接关系到生产经营单位能否实现安全生产。因此，本条从以下几个方面做了规定：

一是生产经营单位应当对重大危险源登记建档。重大危险源是安全生产工作的重点，做好重大危险源登记建档工作是做好安全生产工作的基础。需要登记的重大危险源内容应全面，包括重大危险源的名称、地点、性质、可能造成的危险等，保证信息的完整性。我国一些省份如吉林省等，建立了重大危险源管理信息系统，生产经营单位重大危险源信息采集和登记建档按照当地重大危险源管理信息系统要求填报，并将重大危险源在地理信息系统上准确标注，保证重大危险源信息的直观性，为日常监管和事故救援提供详细、准确资料。

二是生产经营单位对重大危险源应当进行定期检测、评估、监控。检测是指通过技术手段，利用仪器工具对重大危险源具体指标、参数进行测量；评估是指对重大危险源的各种情况进行综合分析、判断，掌握危险程度；监控是指通过监控系统等装置、设备对重大危险源进行观察、监测、控制，防止其引发危险。

三是生产经营单位对重大危险源应当制定防范措施和应急预案，并告知从业人员和相关人员。由于重大危险源伴随着大量易燃易爆、有毒有害物质，一旦管理和操作失控，极易发生重大事故，甚至可能造成社会性灾难。因而，生产经营单位非常有必要针对重大危险源制定专门的防范措施和应急预案，明确一旦发生突发状况后的应急、响应、善后处置等各环节的相关部门及其职责，并细化到班组、岗位和个人，同时还要进行必要的演练，熟悉应急救援的流程。同时，生产经营单位应当告知从业人员和相关人员在紧急情况下应当采取的应急措施。这里的“相关人员”，是指一旦重大危险源管控失当发生事故时，可能受到损害的生产经营单位以外的人员，如生产经营单位周边的居民、沿途过往的人员等。

四是生产经营单位应当按照国家有关规定将本单位重大危险源及有关安全措施、应急措施报有关地方人民政府应急管理部门和有关部门备案，并按照要求提供有关信息。通过备案和提供信息，便于部门及时、全面掌握生产经营单位重大危险源的分布及具体危害情况，针对不同的危险源进行必要的监督检查，防止生产安全事故的发生。

五是建立安全生产监管信息共享制度。实施安全生产监管信息共享制度，是强化有关地方人民政府应急管理部门和有关部门协作配合，提高执法效能，进一步形成齐抓共管合力的重要举措。依照本条规定，有关地方人民政府应急管理部门和有关部门应当通过相关信息系统实现信息共享。目前，一些省份结合安全生产实际需要，积极推进区域性统一的监管信息共享平台建设，如江苏省采用大数据、云计算等信息化手段，建立的危险化学品监管信息共享平台，实现了对危险化学品生产、储存、运输、经营、使用、处置等各监管环节进行系统分析、动态研判。该平台通过建设危险化学品监管资源目录、监管信息共享资源池等工作，确保实现全省危险化学品全生命周期监管信息跨部门共享。

第四十一条 生产经营单位应当建立安全风险分级管控制度，按照安全风险分级采取相应的管控措施。

生产经营单位应当建立健全并落实生产安全事故隐患排查治理制度，采取技术、管理措施，及时发现并消除事故隐患。事故隐患排查治理情况应当如实记录，并通过职工大会或者职工代表大会、信息公示栏等方式向从业人员通报。其中，重大事故隐患排查治理情况应当及时向负有安全生产监督管理职责的部门和职工大会或者职工代表大会报告。

县级以上地方各级人民政府负有安全生产监督管理职责的部门应当将重大事故隐患纳入相关信息系统，建立健全重大事故隐患治理督办制度，督促生产经营单位消除重大事故隐患。

【条文主旨】

本条是关于生产经营单位建立并落实安全风险分级管控和隐患排查治理双重预防工作机制的规定。本条共分为三款。

【核心概念】

“风险管控”，是指风险辨识、分析、评价、控制并持续改进的动态过程。

“事故隐患排查治理”，是指以预防生产安全事故为目的，防患于未然，采取技术手段与管理措施，通过定期和不定期的检查及时发现并消除安全隐患，保证生产经营单位的安全生产符合国家法律、法规规定的活动的总称。

【内容导读】

构建安全风险分级管控和隐患排查治理双重预防机制，是经实践证明行之有效的遏制重特大事故的重要举措，也是贯彻落实《中共中央 国务院关于推进安全生产领域改革发展的意见》提出建立双重预防机制的客观要求。《安全生产法》在2021年修正过程中，及时将安全风险分级管控和隐患排查治理双重预防机制写入法律，有助于进一步树立安全风险意识，实现关口前移、预防为主、源头治理。按照本法要求，一方面，县级以上地方各级人民政府应当组织有关部门建立安全风险评估与论证制度，科学合理确定生产经营单位选址和居民生活区空间布局，对位置相邻、行业相近、业态相似的生产经营单位实施重大安全风险联防联控，落实安全风险分级管控和事故隐患排查治理双重预防工作机制；另一方面，要求生产经营单位应当定期辨识和评估本单位存在的安全风险，建立安全风险分级管控制度，制定落实安全操作规程，夯实遏制重特大事故的基础。

一是生产经营单位建立并落实安全风险分级管控制度。生产经营单位是风险管控的责任主体，应当采取合理可行的措施，排查、辨识、分析、确认、控制、消除或降低安全风险。按照《国务院安委会办公室关于实施遏制重特大事故工作指南构建双重预防机制的意见》以及国务院安委会办公室《标本兼治遏制重特大事故工作指南》等文件要求，风险等级从高到低划分为重大风险、较大风险、一般风险和低风险四个级别，分别用红、橙、黄、蓝四种颜色标示（红色为安全风险最高级）。

生产经营单位要根据风险评估的结果，针对安全风险特点，按照“分区域、分级别、网格化”原则，从组织、制度、技术、应急等方面对安全风险进行有效管控，通过隔离危险源、采取技术手段、实施个体防护、设置监控设施等措施，达到回避、降低和监测风险的目的。对安全风险分级、分层、分类、分专业进行管理，逐一落实企业、车间、班组和岗位的管控责任，尤其应强化对重大危险源和存在重大安全风险的生产经营系统、生产区域、岗位的重点管控。同时要求生产经营单位高度关注运营状况和危险源变化后的风险状况，动态评估、调整风险等级和管控措施，确保安全风险始终处于受控范围内。

二是规定了生产经营单位建立落实事故隐患排查治理制度。风险管控不到位会形成隐患，隐患治理不及时也会提高风险等级，提高事故发生的可能性、加重事故发生的严重程度。因此，风险分级管控应当与隐患排查治理有机结合，实施双重预防。生产经营单位是建立生产安全事故隐患排查治理制度的责任主体，应当采取技术、管理措施，定期组织对生产经营单位生产经营状况进行检查，及时发现并消除事故隐患。至于如何排查治理事故隐患，2007 年，原国家安全监管总局制定了《安全生产事故隐患排查治理暂行规定》，规定生产经营单位应当建立健全事故隐患排查治理和建档监控等制度，逐级建立并落实从主要负责人到每个从业人员的隐患排查治理和监控责任制。生产经营单位应当定期组织安全生产管理人员、工程技术人员和其他相关人员排查本单位的事故隐患。对排查出的事故隐患，应当按照事故隐患的等级进行登记，建立事故隐患信息档案，并按照职责分工实施监控治理。此外，一些地方还结合本地实际，制定了事故隐患排查治理的地方性法规、地方政府规章，生产经营单位应当按照上述规定建立并落实事故隐患排查治理各项制度。同时，对在检查过程中发现的事故隐患情况应当如实记录，并通过职工大会或者职工代表大会、信息公示栏等方式向从业人员通报。

三是规定了重大事故隐患治理督办制度。重大事故隐患是指可能导致重大人身伤亡或者重大经济损失的事故隐患，加强对重大事故隐患的控制管理，对于预防重特大安全事故有重要的意义。有效遏制重特大事故，构建双重预防机制，需要生产经营单位和政府负有安全生产监管职责的部门共同发力，一方面，生产经营单位应通过与政府部门互联互通的隐患排查治理信息系统，全过程记录报告隐患排查治理情况。对于排查发现的重大事故隐患，应当在制定并实施严格的隐患治理方案，做到责任、措施、资金、时限和预案“五落实”的同时，定期向负有安全生产监管职责的部门报告。特别是本单位难以解决，需要政府或者相关单位协同努力方能解决的重大事故隐患，生产经营单位应及时报告主管的负有安全生产监管职责的部门，由其协调专业力量予以解决。另一方面，县级以上地方各级人民政府负有安全生产监管职责的部门要及时督促指导企业落实主体责任，对所辖范围内的生产经营单位是否建立相应的生产安全隐患排查治理制度以及其在实践中执行的情况都应当予以监督管理，对企业报告的重大安全风险和重大危险源、重大事故隐患，要通过实行“网格化”管理明确属地基层政府及有关主管部门、安全监管部门的监管责任，加强督促指导、综合协调和执法检查，确保生产经营单位生产安全事故隐患排查治理制度落实到位。

第四十二条 生产、经营、储存、使用危险物品的车间、商店、仓库不得与员工宿舍在同一座建筑物内，并应当与员工宿舍保持安全距离。

生产经营场所和员工宿舍应当设有符合紧急疏散要求、标志明显、保持畅通的出口、疏散通道。禁止占用、锁闭、封堵生产经营场所或者员工宿舍的出口、疏散通道。

【条文主旨】

本条是关于生产经营单位设置安全距离和紧急疏散管理的规定。本条共分为两款。

【核心概念】

“安全距离”，是指为了保障生产经营活动的安全性，防止生产安全事故发生，从生产、作业活动点延伸到有效安全边界的距离大小。

【内容导读】

对生产经营场所与员工宿舍安全距离、紧急疏散的管理是确保生产设施、作业场所与周边建筑物、设施保持合理空间并在紧急疏散时保持畅通的重要措施。实践当中，一些生产经营单位为了降低成本，将员工宿舍与车间、商店、仓库等安排在同一座建筑物内，或者为防止员工在工作时间休息、盗窃产品而锁闭、封堵经营场所，一旦发生火灾、爆炸等情况，员工无法逃生，由此酿成的群死群伤的恶性事故时有发生。2007 年 10 月 21 日，福建省莆田市秀屿区某鞋面加工作坊发生火灾事故，造成 37 人死亡、19 人受伤。该起事故暴露的主要问题有：一是“三合一”建筑（车间、宿舍、仓库为一体，简称“三合一”）。着火建筑物为六层钢筋混凝土结构，其中一层为材料间，二三层为车间，四层以上为员工宿舍和食堂。二是生产经营和人员住宿共用安全出口，违反《建筑设计防火规范》有关要求。三是用铁栅栏封死窗户，影响了人员逃生，导致事故损失扩大。2017 年 11 月 18 日，北京市大兴区西红门镇发生重大火灾事故，造成 19 人死亡、8 人受伤。事发建筑系集生产、经营、储存、住宿于一体的“多合一”建筑。为深刻吸取此类事故的惨痛教训，保障生产设施、作业设施与周边建筑物、设施保持合理的空间、确保紧急疏散人员时畅通无阻，本条对生产经营场所与员工宿舍安全距离、紧急疏散的管理，从以下两方面进行规定：

一是生产、经营、储存、使用危险物品的车间、商店、仓库不得与员工宿舍在同一座建筑物内，并应当与员工宿舍保持安全距离。这一规定的目的是保障单位员工的生命财产安全。安全距离是指生产经营单位若按照规定进行距离设置，即使发生事故，也不致损害宿舍内员工的人身安全。这里讲的生产、经营、储存、使用危险物品单位的安全距离，因单位性质、危险程度等各异，目前《安全生产法》没有规定统一的标准，相关要求在国家有关技术标准和设计规范中均有规定，比如加油站与周围其他单位建筑的防火安全距离，加油站内部建筑的防火安全距离及明火作业点与其他建筑物的防火安全距离要符合设计规范的有关规定，民用爆炸物品厂房和专用仓库的设计、结构、建筑材料以及安全距离要符合国家有关标准和规范等。生产经营单位应当吸取实践中由于安全距离设置违反规定而导致生产安全事故的经验教训，严格落实关于安全距离的有关规定。

二是生产经营场所和员工宿舍应当设有符合紧急疏散要求、标志明显、保持畅通的出口、疏散通道。生产经营活动是一个复杂的过程，多种因素都可能对生产经营单位的安全生产造成影响，即使采取了防范措施，也不可能完全杜绝生产安全事故的发生。因此，生产经营单位应当事先做好将来可能发生事故的准备，并采取措施防止事故扩大。其中，保证生产经营场所和员工宿舍出口的畅通十分重要。一方面，畅通的安全出口有利于从业人员的迅速撤离；另一方面也有利于救援队伍及时进入事故现场，开展应急救援。2013 年 6 月 3 日，吉林省长春市德惠市的吉林宝源丰禽业有限公司主厂房发生特别重大火灾爆炸事故，共造成 121 人死亡、76 人受伤，造成事故的主要原因之一就是主厂房内逃生通道复杂，且南部主通道西侧安全出口和二车间西侧直通室外的安全出口被锁闭，火灾发生时人员无法及时逃生。为了从制度上解决这一问题，防止悲剧再次发生，本条规定生产经营场所和员工宿舍应当设有符合紧急疏散要求、标志明显、保持畅通的出口。这就要求生产经营场所和员工宿舍在建设时就要考虑好疏散通道、安全出口，出口应当有明显的标志，并保持清晰、易于辨认。出口应随时保持畅通，不得堆放有碍通行的物品，更不能以任何理由、任何方式，占用、锁闭、封堵生产经营场所或者员工宿舍的出口、疏散通道。

第四十三条 生产经营单位进行爆破、吊装动火、临时用电以及国务院应急管理部门会同国务院有关部门规定的其他危险作业，应当安排专门人员进行现场安全管理，确保操作规程的遵守和安全措施的落实。

【条文主旨】

本条是关于生产经营单位危险作业进行现场安全管理的规定。

【核心概念】

"危险作业"，是指作业过程中，危险性风险较大，可能导致操作人员或周边人员重伤、死亡或造成较大财产损失的作业。危险作业包括：危险设备作业、特种设备作业、高处作业、有限空间作业、动火作业、有塌方坍塌危险的土方作业、拆除工程作业、施工场所交叉作业、带电作业、临时用电作业、运行中的设备设施安全装置发生变更的作业、重要危险源（点）作业、酸洗槽或电镀槽作业、油或气管道输送作业、3人以上危险作业工序作业、10人以上危险作业场所作业等危险性较大、会对操作者本人、他人及周围建（构）筑物、设备、设施的安全可能造成危害的特殊性作业。

【内容导读】

考虑到危险作业现场情况比较复杂、危险因素较多，生产经营单位要安排专门人员进行现场管理，确认现场作业条件、作业人员上岗资格、身体状况是否符合安全作业要求等，并监督从业人员遵守操作规程、落实安全措施。实践中，由于在危险作业现场没有专门的安全管理人员进行协调、管理，导致作业人员错误操作，从而引发事故的情况时有发生。2001年7月17日，上海市某电力建筑工程公司承担安装的600吨门式起重机在吊装过程中，由于没有现场安全管理人员，各作业人员之间缺乏协调，导致操作失误，使门式起重机坠地，造成36人死亡、3人重伤的特别重大事故。为了保障危险作业的安全进行，本条明确规定生产经营单位进行爆破、吊装、动火、临时用电等危险作业应当安排专门人员进行现场安全管理，确保操作规程的遵守和安全措施的落实。这是法律的强制性规定，生产经营单位必须严格执行。

爆破、吊装、动火、临时用电是比较常见的作业方式，除此之外，国务院应急管理部门会同国务院有关部门规定的其他危险作业如有限空间作业、地下挖掘作业、悬吊作业以及临近高压线作业等，也应当参照爆破、吊装、动火、临时用电作业的工作方式，以达到保障安全的目的。为保障此类高危作业的安全，必须规定一些特殊的安全管理要求，即生产经营单位必须安排具体负责安全管理的人员进行现场管理，作业人员应当经过严格的安全教育与培训，严格按照操作规程进行作业。原国家安全监管总局发布的《工贸企业有限空间作业安全管理与监督暂行规定》中，明确提出了设立监护人员、加强监护措施等要求。安排专人监护，对于保障危险作业的现场安全特别是作业人员的安全十分重要。所谓专人，是指具有一定安全知识、熟悉危险作业特点和操作规程，并具有救援能力的人员。监护人员要严格履行现场安全管理的职责，包括监督操作人员遵守操作规程，检查各项安全措施落实情况，处理现场紧急事件，第一时间开展现场救援，确保危险作业的安全。

第四十四条　生产经营单位应当教育和督促从业人员严格执行本单位的安全生产规章制度和安全操作规程；并向从业人员如实告知作业场所和工作岗位存在的危险因素、防范措施以及事故应急措施。

生产经营单位应当关注从业人员的身体、心理状况和行为习惯，加强对从业人员的心理疏导、精神慰藉，严格落实岗位安全生产责任，防范从业人员行为异常导致事故发生。

【条文主旨】

本条是关于生产经营单位教育、督促从业人员执行安全生产规章、安全操作规程以及保障从业人员安全生产知情权的规定。本条共分为两款。

【核心概念】

“安全生产规章制度”，是指生产经营单位依据有关安全生产法律、法规以及国家标准、行业标准，结合本单位实际制定的安全生产方面的具体制度和要求，包括全员安全生产责任制度、安全投入保障制度、安全生产奖惩制度、安全生产检查制度、安全生产教育培训制度、隐患排查治理制度、危险作业管理制度、特种作业人员管理制度、劳动防护用品配备和使用制度、应急救援和事故管理制度等。

“安全操作规程”，是指根据物料性质、工艺流程、作业活动、设备使用要求等而制定的作业岗位安全生产的作业要求，是岗位作业人员现场安全作业的主要依据。

【内容导读】

安全生产规章制度和安全操作规程，具有法定性以及很强的针对性和可操作性，是从业人员从事生产经营活动，确保安全的具体规范和依据。从这个意义上说，遵守安全生产规章制度和安全操作规程，实际上就是依法进行安全生产。实践中，一些企业不制定安全生产规章制度，或者不教育和督促从业人员严格执行安全生产规章制度和安全操作规程，使从业人员盲目操作，从而导致生产安全事故的发生。因此，本条规定生产经营单位应当教育和督促从业人员严格执行本单位的安全生产规章制度和安全操作规程。生产经营单位的负责人和安全生产管理人员有权依照安全生产规章制度和安全操作规程进行安全管理，监督检查从业人员遵守规章制度的情况。对这些安全生产管理措施，从业人员必须服从管理。

生产经营单位特别是从事矿山、建筑、危险物品生产经营和公众聚集场所，往往存在着一些对从业人员生命和健康带有危险、危害的因素，譬如接触粉尘、顶板、突水、火险、瓦斯、高处坠落、有毒有害、放射性、腐蚀性、易燃易爆等场所、工种、岗位、工序、设备、原材料、产品等，都有发生人身伤亡事故的可能性。直接接触这些危险因素的从业人员往往是生产安全事故的直接受害者。许多生产安全事故人员伤亡严重的教训之一，就是从业人员对于危险因素的知情以及对应急措施的了解掌握不够。如果从业人员知道并且掌握有关安全知识和处理办法，就可以消除许多不安全因素和事故隐患，避免事故发生或者减少人身伤亡。所以，本条规定生产经营单位应当向从业人员如实告知作业场所和工作岗位存在的危险因素、防范措施以及事故应急措施。这也是保障从业人员安全生产知情权的重要措施。告知的内容主要包括作业场所和工作岗位存在的危险因素的种类、性质；对这些危险因素的防范措施；针对该作业场所和工作岗位可能导致的生产安全事故的种类和特点，事先制定的在事故发生时的应急措施。告知的形式可以是多种多样的，如组织从业人员进行学习，或者在作业场所和工作岗位设置公告栏等。

从业人员身处生产第一线，其身心健康是确保安全生产的重要因素。近年来，特定岗位从业人员因心理或精神健康问题，造成一定危害性的公共安全事件频见报道。2020 年 7 月 7 日 12 时，贵州安顺市 2 路公交汽车，在行驶至西秀区虹山水库大坝时，突然转向加速，横穿对向车道，撞毁护栏冲入水库，导致 20 人当场死亡、1 人经抢救无效死亡、15 人受伤。经查，公交车驾驶员张某因生活不如意和对拆除其承租公房不满，为制造影响，实施了此次危害公共安全的犯罪。国际劳工组织历来注重从业人员职业健康保护工作，国外发达国家普遍将对从业人员心理健康保护写入立法。为了防范从业人员行为异常导致事故发生，同时与国外立法接轨，《安全生产法》加大了对从业人员人文关怀和保护力度，要求生产经营单位应当关注从业人员的身体、心理状况和行为习惯，加强对从业人员的心理疏导、精神慰藉，严格落实岗位安全生产责任，防范从业人员行为异常导致事故发生。

第四十五条 生产经营单位必须为从业人员提供符合国家标准或者行业标准的劳动防护用品，并监督、教育从业人员按照使用规则佩戴、使用。

【条文主旨】

本条是关于生产经营单位提供劳动防护用品并监督从业人员使用的规定。

【核心概念】

“劳动防护用品”，是指由用人单位为劳动者配备的，使其在劳动过程中免遭或者减轻事故伤害及职业病危害的个体防护装备。根据《用人单位劳动防护用品管理规范》，劳动防护用品分为以下十大类：（1）防御物理、化学和生物危险、有害因素对头部伤害的头部防护用品；（2）防御缺氧空气和空气污染物进入呼吸道的呼吸防护用品；（3）防御物理和化学危险、有害因素对眼面部伤害的眼面部防护用品；（4）防噪声危害及防水、防寒等的耳部防护用品；（5）防御物理、化学和生物危险、有害因素对手部伤害的手部防护用品；（6）防御物理和化学危险、有害因素对足部伤害的足部防护用品；（7）防御物理、化学和生物危险、有害因素对躯干伤害的躯干防护用品；（8）防御物理、化学和生物危险、有害因素损伤皮肤或引起皮肤疾病的护肤用品；（9）防止高处作业劳动者坠落或者高处落物伤害的坠落防护用品；（10）其他防御危险、有害因素的劳动防护用品。

【内容导读】

劳动防护用品是保护从业人员安全所采取的必不可少的辅助措施，在某种意义上说，它是劳动者防止职业伤害的最后一项保护措施。在劳动条件差、危害程度高或集体防护措施不起作用的情况下（如在抢修或检修设备、野外露天作业、处理事故隐患等），劳动防护用品会成为保护劳动者的主要措施。从某种意义上讲，劳动防护用品的质量好坏，对于保障劳动者的人身安全至关重要，特别是特种劳动防护用品，如果质量出现问题，将直接危及作业人员的生命安全。我国《劳动法》等法律明确规定，用人单位必须为劳动者提供符合国家规定的劳动安全卫生条件和必要的劳动防护用品，对从事有职业危害作业的劳动者应当定期进行健康检查。为进一步强化用人单位劳动防护义务，保障劳动者安全健康及相关权益，同时做好与《劳动法》等法律衔接，本法规定生产经营单位必须为从业人员提供符合国家标准或者行业标准的劳动防护用品。比如接触粉尘，有毒、有害物质的劳动者，生产经营单位应当根据不同粉尘种类、粉尘浓度及游离二氧化硅含量和毒物的种类及浓度配备相应的呼吸器、防护服、防护手套和防护鞋等。在这方面，《呼吸防护 自吸过滤式防颗粒物呼吸器》（GB 2626）、《呼吸防护用品的选择、使用及维护》（GB/T 18664）、《防护服装 化学防护服的选择、使用和维护》（GB/T 24536）、《手部防护 防护手套的选择、使用和维护指南》（GB/T 29512）和《个体防护 装备足部防护鞋（靴）的选择、使用和维护指南》（GB/T 28409）等国家标准可以参照使用。用人单位应当安排专项经费用于配备劳动防护用品，不得以货币或者其他物品替代，应当为劳动者同时提供防御各类危害的劳动防护用品。需要同时配备的劳动防护用品，还应考虑其可兼容性。劳动者在不同地点工作，并接触不同的危险、有害因素，或接触不同的危害程度的有害因素的，为其选配的劳动防护用品应满足不同工作地点的防护需求。

实践中，生产经营单位依法向从业人员提供了劳动防护用品，但从业人员由于缺乏相关操作知识、安全意识不强、图省事等原因，不按照规定佩戴或使用相关的劳动防护用品，一些地方在安全生产监督检查过程中发现，部分生产经营单位从业人员不戴安全帽、不系安全绳、高处作业不系安全带、不穿防滑鞋等习惯性违章行为屡禁不止，造成严重的事故隐患，因此本条规定生产经营单位应当采取措施，使劳动者掌握劳动防护用品的使用规则，并在实践中监督、指导劳动者按照使用规则佩戴、使用劳动防护用品，使其真正发挥作用。

第四十六条 生产经营单位的安全生产管理人员应当根据本单位的生产经营特点，对安全生产状况进行经常性检查；对检查中发现的安全问题，应当立即处理；不能处理的，应当及时报告本单位有关负责人，有关负责人应当及时处理。检查及处理情况应当如实记录在案。

生产经营单位的安全生产管理人员在检查中发现重大事故隐患，依照前款规定向本单位有关负责人报告，有关负责人不及时处理的，安全生产管理人员可以向主管的负有安全生产监督管理职责的部门报告，接到报告的部门应当依法及时处理。

【条文主旨】

本条是关于生产经营单位安全生产管理人员开展安全检查的规定。本条共分为两款。

【内容导读】

检查本单位的安全生产状况，及时排查生产安全事故隐患，进而提出改进安全生产管理的建议，是生产经营单位安全生产管理人员应当履行的一项法定职责，也是有效防范生产安全事故发生的一项重要举措。为此，本条从四个方面对生产经营单位安全生产管理人员开展安全检查提出了明确要求：

一是应当根据本单位生产经营特点，对安全生产状况进行经常性检查。安全检查主要从以下几方面入手：（1）安全生产规章制度是否完备；（2）安全生产设备、设施是否符合法定条件；（3）从业人员是否具备相应的安全生产知识与操作技能；（4）从业人员在工作中是否能够遵守安全生产规章制度和操作规程；（5）检查生产经营单位是否存在安全隐患；（6）从业人员的劳动防护用品是否符合标准。

二是对检查中存在的问题应当及时处理；不能处理的，应当及时报告本单位有关负责人，有关负责人应当及时处理。这里讲的“检查中发现的安全问题”，包括事故隐患和安全生产违法行为；强调“立即处理”，是因为安全生产的特殊性，例如隐患不及时消除，每拖延一秒，危险就可能增加一倍。对于检查中发现的有些疑难复杂的问题，安全生产管理人员仅凭自己的能力和职责范围处理不了，如需要局部停产才能解决的隐患问题，有些需要其他部门配合共同完成的问题等，不能因处理不了就听之任之，而应当及时报告本单位有关负责人，由后者及时组织处理。

三是检查情况应当如实记录在案。生产经营单位的安全生产管理人员应当将检查的时间、范围、内容、发现的问题以及处理情况等详细记录在案，作为本单位安全生产档案，以备需要时查阅。

四是在检查中发现重大事故隐患，应向本单位有关负责人报告，有关负责人不及时处理的，可以向主管的负有安全生产监管职责的部门报告。重大事故隐患，是可能导致重大人身伤亡或者重大经济损失的事故隐患。近年来，我国安全生产形势保持了总体稳定、趋于好转的发展态势，但矿山、交通运输、危险化学品、建筑施工等一些行业（领域）隐患仍然比较突出，重特大事故时有发生，给人民群众生命财产造成严重损失。为此，各级政府及相关部门坚持以防范遏制重特大生产安全事故作为安全生产工作的重点，积极推进“治大隐患、防大事故”，这意味着投入和其他成本增加，不可避免地对企业的生产经营造成影响。考虑到生产经营单位安全生产管理人员与本单位存在隶属关系，当有关负责人不及时处理其报告的安全问题尤其是重大隐患时，安全生产管理人员大多无可奈何。为了真正地发挥安全生产管理人员的作用，推动生产经营单位隐患排查治理工作扎实开展，赋予安全生产管理人员越级报告的权利十分必要。本着这一思路，本条规定生产经营单位的安全生产管理人员在检查中发现重大事故隐患，在有关负责人不及时处理的情况下，有权向主管的负有安全生产监管职责的部门报告，接到报告的部门应当及时调查核实，依法进行处理。

第四十七条 生产经营单位应当安排用于配备劳动防护用品、进行安全生产培训的经费。

【条文主旨】

本条是关于生产经营单位保障用于配备劳动防护用品、进行安全生产培训的经费的规定。

【内容导读】

生产经营单位应当对从业人员进行安全生产教育和培训，必须为从业人员提供符合国家标准或者行业标准的劳动防护用品，对于提高从业人员的安全知识和安全操作技能，防止或者减轻从业人员在生产过程中遭受事故伤害、保障从业人员的劳动安全具有重要意义。为了保证这些制度的实施，生产经营单位必须安排一定的经费予以保障。

需要指出的是，保证安全生产的经费投入，也是法律赋予生产经营单位的一项法定义务。《安全生产法》明确规定，有关生产经营单位应当按照规定提取和使用安全生产费用，专门用于改善安全生产条件。生产经营单位的主要负责人应当保证本单位安全生产投入的有效实施。根据财政部、原国家安全监管总局 2012 年联合出台的《企业安全生产费用提取和使用管理办法》，企业提取的安全生产费用应当按规定范围安排使用，不得挤占、挪用，其中安全生产宣传、教育和培训，以及劳动防护用品配备，是企业安全生产费用支出的重要范围。实践中，有部分生产经营单位出于减少成本、增加利润的考虑，只愿意在能产生经济回报的生产经营性事项上投入，而在诸如开展安全生产教育和培训、为从业人员配备劳动防护用品方面压缩开支，有的甚至挪作他用。因此，本条明确规定，生产经营单位应当安排用于配备劳动防护用品、进行安全生产培训的经费，有助于从根本上保证安全生产教育和培训等制度在企业真正贯彻落实。

第四十八条 两个以上生产经营单位在同一作业区域内进行生产经营活动，可能危及对方生产安全的，应当签订安全生产管理协议，明确各自的安全生产管理职责和应当采取的安全措施，并指定专职安全生产管理人员进行安全检查与协调。

【条文主旨】

本条是关于生产经营单位交叉作业安全管理的规定。

【核心概念】

“安全生产管理协议”，是指为保障安全生产，在同一作业区域内从事生产经营活动的单位，依法签订的有关安全生产权利义务关系的协议，内容包括作业现场安全交底，明确各方安全管理责任，开展安全生产协作，协调一致采取安全防范措施等。

【内容导读】

随着经济的发展和社会化大生产的扩大，专业分工越来越细，生产经营单位之间的联系日益紧密，交叉作业越多。在一些规模比较大的生产经营场所，往往有两个以上不同的生产经营单位同时进行生产经营活动，比如大型施工工地，有多个不同的单位同时施工，安全生产更加复杂。由于各方互不隶属，彼此之间缺乏沟通协作，经常出现混杂作业、职责不清、安全管理混乱的问题，由此导致的重特大事故时有发生。2019 年 3 月 21 日，江苏扬州经济技术开发区某电缆工程项目在升降脚手架作业时发生坠落事故，造成 7 人死亡、4 人受伤。经事故调查，该工程项目存在挂靠、违法分包，项目现场安全管理混乱，违章指挥等严重问题。因而非常有必要加强交叉作业安全管理。为此，本条从两个方面进行了规定。

一方面，规定交叉作业的生产经营单位应当签订安全生产管理协议，明确各自的安全生产管理职责和应当采取的安全措施。安全生产管理协议不同于一般的业务合同，它本身与生产经营单位之间的营利业务没有直接关系，安全生产协议应该告知本单位生产的特点，作业场所存在的危险因素、防范措施以及应急措施，以使各个单位对该作业区域的安全生产状况有一个整体上的把握。同时，各单位在安全生产协议中明确各自的安全生产管理职责和应当采取的安全措施，做到职责清楚、分工明确，落实到人。原则上，各生产经营单位之间达成的协议中，有关安全生产管理职责和责任的分配可以自主决定。当某一事项双方都有安全生产管理责任时，必须明确由谁负主要责任，另一方给予配合。为了更加清晰地指引生产经营单位之间切分好相关安全生产职责，一些省份在地方立法中，进一步明确了安全生产管理协议的内容，如北京市规定，安全生产管理协议至少包括四项内容：（1）双方安全生产职责、各自管理的区域范围；（2）作业场所、作业人员、设备设施的安全生产管理责任；（3）双方有关安全生产的权利和义务；（4）生产安全事故报告和应急救援责任。

另一方面，交叉作业的生产经营单位应当指定专职安全生产管理人员进行安全检查与协调。这里的专职安全生产管理人员，可以由生产经营单位各方来制定，也可以由生产经营单位之间通过协商共同制定，但必须都是专职安全生产管理人员。

第四十九条　生产经营单位不得将生产经营项目、场所、设备发包或者出租给不具备安全生产条件或者相应资质的单位或者个人。

生产经营项目、场所发包或者出租给其他单位的，生产经营单位应当与承包单位、承租单位签订专门的安全生产管理协议，或者在承包合同、租赁合同中约定各自的安全生产管理职责；生产经营单位对承包单位、承租单位的安全生产工作统一协调、管理，定期进行安全检查，发现安全问题的，应当及时督促整改。

矿山、金属冶炼建设项目和用于生产、储存、装卸危险物品的建设项目施工单位应当加强对施工项目的安全管理，不得倒卖、出租、出借、挂靠或者以其他形式非法转让施工资质，不得将其承包的全部建设工程转包给第三人或者将其承包的全部建设工程支解以后以分包的名义分别转包给第三人，不得将工程分包给不具备相应资质条件的单位。

【条文主旨】

本条是关于生产经营单位租赁承包的安全管理的规定。本条共分为三款。

【核心概念】

“挂靠经营”，是指不具备相应资质的企业、个人通过各种途径和方式，利用其他单位的资质及名义投标或承接工程，或者有资质证书的企业通过出让、出借资质证书或者其他方式，允许其他企业或个人以本单位名义投标或承接工程等行为的统称。挂靠经营者的相关经营行为由被挂靠的单位承担相应的法律责任。

“转包”，是指施工单位承包工程后，不履行合同约定的责任和义务，将其承包的全部工程或者将其承包的全部工程支解后，以分包的名义转给其他单位或个人施工的行为。

“分包”，是指施工单位将其承包的工程的一部分或某几部分再发包给其他承包人施工，但仍承担与项目法人所签订合同初定的权利义务。

【内容导读】

随着我国市场经济的深入发展，租赁、承包工程越来越普遍。以非煤矿山为例，2010 年，国家对全国具有代表性的 223 家非煤矿山企业进行了问卷调查，涉及员工近72万人，其中外包队伍占员工总数的32.3%。例如，内蒙古自治区70%以上的地下矿山使用外包队伍；浙江省取得非煤矿山安全生产许可证的采掘施工企业134家、从业人员约30万人，这些人员分布全国各地，以承包工程项目部的形式从事非煤矿山外包施工作业活动。由于安全准入门槛低，以包代管、层层转包、包而不管的现象较为普遍，近年来发生的一些事故，暴露出发包单位与承包单位的安全责任不够明确具体，双方签订的安全生产管理协议约束性差，承包工程公司对其承包项目部监管不到位，承包项目部的安全管理薄弱等突出问题。2019年2月23日，内蒙古锡林郭勒盟西乌旗银漫矿业公司井下运送工人的车辆发生翻车事故，造成22人死亡、28人受伤。事故调查结果显示，发生事故的企业在网上非法购置运输车辆，且该车辆没有国家规定的安全标志，没有经过相关机构的检测检验，企业把运输地面人员的车辆用于井下运输也是严重违规行为。调查组还发现，发生事故的企业把安全生产责任全部转包给了外包施工队伍，外包施工单位严重违法违规，变相出卖资质，对分公司或项目部只收取管理费，不行使任何管理职责，其所属分公司或项目部人员东拼西凑。本着从实际出发的原则，本条对承包、租赁等活动的安全管理进行了规定。

一是禁止生产经营单位将生产经营项目、场所、设备发包或者出租给不具备安全生产条件或者相应资质的单位或者个人。这里的安全生产条件或者相应资质，是证明承包方、承租方安全能力的重要依据和门槛。在实际生活中，生产经营活动的种类很多，不同的活动其规模以及技术要求的复杂程度也有很大的差别，对从事该活动的生产经营单位的经济、技术条件也就相应有不同的要求。比如，《建设工程安全生产管理条例》规定，从事建设工程的新建、扩建、改建和拆除等活动的施工单位，应当具备国家规定的注册资本、专业技术人员、技术装备和安全生产等条件，依法取得相应等级的资质证书，并在其资质等级许可的范围内承揽工程。对于承揽矿山建设和闭坑工程的施工单位，除了《建筑业企业资质等级标准》规定的资质要求外，国家还对金属非金属矿山的生产、作业工程的资质等级做出具体规定。

二是生产经营单位与承包单位、承租单位必须明确约定各自的安全生产管理职责。明确职责是做好安全生产工作的前提。当有多个承包单位、承租单位时，如果彼此之间的安全生产管理职责不明确，往往会形成平时谁也不管、彼此推卸责任或互相扯皮的现象。因此，非常有必要通过法律明确，生产经营项目、场所发包或者出租给其他单位的，生产经营单位应当与承包单位、承租单位签订专门的安全生产管理协议，或者在承包合同、租赁合同中约定各自的安全生产管理职责。生产经营单位与承包单位、承租单位就安全生产管理问题进行约定的方式有两种：一种是签订专门的安全生产管理协议；另一种是不签订专门的协议而是在承包合同、承租合同中对各自的安全生产管理职责进行约定。在约定中，生产经营单位可以与承包单位、承租单位就各自在安全生产管理中的权利、义务以及事故发生时的责任承担等问题进行协商确定。

三是生产经营单位对承包单位、承租单位的安全生产工作统一协调、管理。实践中，一些生产经营单位往往将项目、场所、设备承包或出租给多个不同的生产经营单位，各承包、承租单位彼此互不通气，由此引发的事故屡见不鲜。对于涉及发包、出租等安全生产问题，不是涉及某一个单位，而是整个的生产经营单位，因此单靠某一个承租或承包单位是不可行的，必须有生产经营单位统一协调和管理，这样才能保证整体项目、场所的安全生产。

四是严禁非法转让施工资质、违法分包转包等行为。目前，一些地方外包工程存在大量挂靠现象，一些施工队通过交付管理费后以项目部身份挂靠有资质的承包单位，并利用承包单位的施工资质承揽外包工程，造成不符合条件的施工队进入外包施工领域。此外，一些矿山企业不履行安全生产主体责任，将承揽的工程项目以各种形式违法转包、分包，如将施工工程发包给个人或不具备相应资质的施工单位，将一个单位工程的施工支解成若干部分发包给不同的施工单位总承包等，导致较大以上事故时有发生，这种现象是法律所禁止的。为了保证工程质量和施工安全，维护市场秩序和工程参标的合法权益，本条第三款明确规定，矿山、金属冶炼建设项目和用于生产、储存、装卸危险物品的建设项目施工单位应当加强对施工项目的安全管理，不得倒卖、出租、出借、挂靠或者以其他形式非法转让施工资质，不得将其承包的全部建设工程转包给第三人或者将其承包的全部建设工程支解以后以分包的名义分别转包给第三人，不得将工程分包给不具备相应资质条件的单位。

第五十条 生产经营单位发生生产安全事故时，单位的主要负责人应当立即组织抢救，并不得在事故调查处理期间擅离职守。

【条文主旨】

本条是关于生产经营单位主要负责人组织事故抢救职责的规定。

【内容导读】

本法第五条明确规定，生产经营单位的主要负责人对本单位的安全生产工作全面负责。按照这一规定，生产经营单位的主要负责人不仅负有采取各种措施、防止发生生产安全事故的责任，而且负有在发生事故后组织抢救、减少事故造成的损害的责任。本着这一原则，本条规定，生产经营单位发生生产安全事故时，单位的主要负责人应当立即组织抢救。

生产经营单位的主要负责人作为本单位的“一把手”以及安全生产工作的第一责任人，在事故发生后，应当坚守岗位，组织事故抢救，并积极配合有关部门进行事故调查和处理。一方面，生产经营单位的主要负责人对本单位的场地、布局、设备、人员以及其他生产经营状况比较熟悉，有其在场，可以比较顺利地进行事故抢救、事故原因的调查和对事故的处理；另一方面，生产经营单位的主要负责人是本单位安全生产方面的第一责任人，应对本单位发生的生产安全事故负责。特别是如果本单位发生的生产安全事故属于责任事故，且有关人员的行为涉嫌构成刑法规定的重大责任事故罪、重大劳动安全事故罪以及其他犯罪的规定，还可能要追究单位主要负责人的刑事责任。因此，单位的主要负责人不得擅离职守，而应坚守岗位并配合事故调查处理。

第五十一条 生产经营单位必须依法参加工伤保险，为从业人员缴纳保险费。

国家鼓励生产经营单位投保安全生产责任保险；属于国家规定的高危行业、领域的生产经营单位，应当投保安全生产责任保险。具体范围和实施办法由国务院应急管理部门会同国务院财政部门、国务院保险行业监督管理机构和相关行业主管部门制定。

【条文主旨】

本条是关于生产经营单位依法参加工伤保险以及投保安全生产责任保险的规定。本条共分为两款。

【核心概念】

"工伤保险"，是指实行社会统筹，设立工伤保险基金，在职工因工负伤、致残、死亡或者患职业病时，给职工本人或其供养亲属（近亲属）提供经济补偿和实行社会化管理服务的一种社会保障制度。

"安全生产责任保险"，是指保险机构对投保的生产经营单位发生的生产安全事故造成的人员伤亡和有关经济损失等予以赔偿，并且为投保的生产经营单位提供生产安全事故预防服务的商业保险。

【内容导读】

保险是现代国家管理社会的重要产品和手段。社会保险是政府通过立法强制实施，由劳动者、劳动者所在的工作单位或社区以及国家三方面共同筹资，帮助劳动者及其亲属在遭遇年老、疾病、工伤、生育、失业等风险时，防止收入的中断、减少或丧失，以保障其基本生活需求的社会保障制度。社会保险由国家成立的专门性机构进行基金的筹集、管理及发放，不以营利为目的，包括医疗保险、养老保险、失业保险、工伤保险和生育保险。

德国是世界上最早建立工伤保险制度的国家。早在1885年德国就颁布了《工伤事故保险法》，并不断进行完善。我国目前已经建立的社会保险包括养老保险、失业保险、医疗保险、生育保险以及工伤保险等。其中工伤保险是与生产经营单位的安全生产工作关系最为密切的社会保险。我国《工伤保险条例》明确规定，中华人民共和国境内的企业、事业单位、社会团体、民办非企业单位、基金会、律师事务所、会计师事务所等组织和有雇工的个体工商户应当依照本条例规定参加工伤保险，为本单位全部职工或者雇工缴纳工伤保险费。依法参加工伤保险，为从业人员缴纳保险费，是法律明确规定的一项义务，生产经营单位必须严格遵守。

安全生产责任保险是商业保险在安全生产领域的一种特殊形态，它既不同于通过社会统筹建立工伤保险基金的工伤社会保险，也不同于一般的雇主责任保险。安全生产责任保险是在综合分析研究工伤社会保险、各种商业保险利弊的基础上，借鉴国际上一些国家通行的做法和经验，提出并发展的一种新的保险险种和制度，即以发生保险合同载明的安全事故对第三者依法应承担的赔偿责任为保险标的的保险。安全生产责任保险除了具备商业保险基本的风险控制、损失补偿等属性外，还兼具工伤社会保险所具有的公益性、强制性等特征。现阶段，我国安全生产事故总量依然较大，高危行业安全问题比较突出。特别是当前我国工伤保险覆盖面不全、赔付额较低，难以有效满足高危企业赔偿需求。例如，2011年“7·23”甬温线动车追尾特大交通事故每人赔偿高达90多万元。另外，许多事故伤及从业人员以外的第三者，不在工伤保险的保障范围，无法获得工伤保险赔偿。通过引入安全生产责任保险，可以补偿因生产安全事故而遭受经济损失的被保险人。

2005年，原国家安全监管总局等三部委作出在高危行业推行风险抵押金的规定，煤矿等企业在申请安全生产许可证时要缴纳30万~600万元的风险抵押金用于事故的抢险救援和善后处理。由于风险抵押金缴存标准高、占用资金量大、缺乏激励作用、效果不够明显等原因，在国家推行安全生产责任保险后，一些省、市通过地方立法允许企业选择投保安全生产责任保险，替代风险抵押金制度，此举受到企业欢迎。此后，《国务院关于进一步加强企业安全生产工作的通知》《国务院关于坚持科学发展安全发展促进安全生产形势持续稳定好转的意见》等文件，对积极稳妥地推进安全生产责任保险作出部署。2016 年 12 月 9 日出台的《中共中央 国务院关于推进安全生产领域改革发展的意见》明确提出，取消安全生产风险抵押金制度，建立健全安全生产责任保险制度，在矿山、危险化学品、烟花爆竹、交通运输、建筑施工、民用爆炸物品、金属冶炼、渔业生产等高危行业领域强制实施，切实发挥保险机构参与风险评估管控和事故预防功能。从实践看，广东、辽宁、甘肃、吉林等省份充分利用地方立法权的优势，先后在地方安全生产条例中，增加规定了“安全生产责任保险”的相关条款。如修订后的《辽宁省安全生产条例》规定，在矿山、危险化学品、烟花爆竹、交通运输、建筑施工、民用爆炸物品、金属冶炼、渔业生产等高危行业和重点领域强制实施安全生产责任保险。鼓励其他生产经营单位参加安全生产责任保险。

关于高危行业领域，除矿山、危险化学品、烟花爆竹、交通运输、建筑施工等传统领域外，一些新领域比如渔业生产的安全生产形势也较为严峻。近年来，随着大船、新船和铁船比例逐年增大，单船人员数量也在增加，重特大事故隐患突出，造成的损失和对生命的威胁持续增大；海上航运持续繁忙，习惯航路和主要渔场交叉重叠；全球气候变化异常，极端灾害性天气多发，不可控因素增多，对渔业安全生产的威胁越来越大。据统计，2015—2018 年，全国共发生渔业船舶水上事故 922 起，死亡（失踪）1 065 人。为了全面贯彻落实《中共中央 国务院关于推进安全生产领域改革发展的意见》精神，在吸取地方立法经验的基础上，本条规定，高危行业、领域的生产经营单位，必须投保安全生产责任保险。同时，也鼓励其他生产经营单位投保安全生产责任保险。

这里讲的安全生产责任保险的“具体办法”，是指原国家安全监管总局、保监会、财政部三部门联合印发的《安全生产责任保险实施办法》，坚持风险防控、费率合理、理赔及时的原则，按照政策引导、政府推动、市场运作的方式推行安全生产责任保险工作，具体规定了安全生产责任保险的承保与投保、事故预防与理赔、激励与保障等内容。如安全生产责任保险实行差别费率和浮动费率。建立费率动态调整机制，费率调整根据以下因素综合确定:（1）事故记录和等级。费率调整根据生产经营单位是否发生事故、事故次数和等级确定，可以根据发生人员伤亡的一般事故、较大事故、重大及以上事故次数进行调整。（2）其他。投保生产经营单位的安全风险程度、安全生产标准化等级、隐患排查治理情况、安全生产诚信等级、是否被纳入安全生产领域联合惩戒“黑名单”、赔付率等。

第三章　从业人员的安全生产权利义务

第五十二条　生产经营单位与从业人员订立的劳动合同，应当载明有关保障从业人员劳动安全、防止职业危害的事项，以及依法为从业人员办理工伤保险的事项。

生产经营单位不得以任何形式与从业人员订立协议，免除或者减轻其对从业人员因生产安全事故伤亡依法应承担的责任。

【条文主旨】

本条是关于生产经营单位与从业人员订立劳动合同必须载明劳动安全事项的规定。本条共分为两款。

【核心概念】

“劳动合同”，是指市场经济体制下用人单位与劳动者进行双向选择、确定劳动关系、明确双方权利和义务的协议，是保护劳动者合法权益的基本依据。依法订立的劳动合同具有约束力，用人单位与劳动者应当履行劳动合同规定的义务。

【内容导读】

劳动合同必备条款是劳动合同中与劳动者切身利益关系最密切的内容，各国劳动法对劳动合同的必备条款都有规定。实践中，有些劳动者和用人单位对于如何签订劳动合同，劳动合同中应具有哪些内容缺少必要的知识和经验，随意签订了劳动合同，而且合同的内容不规范、不完善，从而带来一系列的问题，影响劳动关系的和谐稳定，也不利于安全生产工作的开展。对此，我国《劳动法》明确规定，劳动合同应当以书面形式订立，并具备以下条款：（1）劳动合同期限；（2）工作内容；（3）劳动保护和劳动条件……《劳动合同法》亦明确规定，劳动合同应当具备以下条款：（1）用人单位的名称、住所和法定代表人或者主要负责人；（2）劳动者的姓名、住址和居民身份证或者其他有效身份证件号码；（3）劳动合同期限；（4）工作内容和工作地点；（5）工作时间和休息休假；（6）劳动报酬；（7）社会保险；（8）劳动保护、劳动条件和职业危害防护；（9）法律、法规规定应当纳入劳动合同的其他事项。

这里提到的劳动保护，是用人单位为了防止劳动过程中的安全事故，采取各种措施来保障劳动者的生命安全和健康，就是本条强调的保障从业人员劳动安全、防止职业危害的事项。在劳动生产过程中，存在着各种不安全、不卫生的因素，如不采取措施加以保护，将会发生工伤事故。如矿井作业可能发生瓦斯爆炸、冒顶、水火灾害等事故；建筑施工可能发生高处坠落、物体打击和碰撞等。所有这些都会危害劳动者的安全健康，妨碍工作的正常进行。为依法保障从业人员人身安全健康的权利，并与《劳动法》《劳动合同法》等法律做好衔接，本条针对劳动合同情况作出了强制性规定，这是生产经营单位必须履行的一项义务。

我国法律之所以作上述规定，主要是考虑到劳动合同与一般的民事合同不同，民事合同是由平等的民事主体经过平等协商而签订的，其合同内容可以由双方根据意思自治的原则，在遵守国家法律的前提下达成；而劳动合同的签订双方——用人单位和劳动者显然地位上不平等，用人单位通常处于强势，而劳动者一方通常处于弱势，因此需要法律来对劳动合同的必备条款加以具体规定，以保护劳动者的合法权益不受侵犯。实践中，个别生产经营单位在“劳动合同”中将伤残甚至死亡风险推给职工个人，这种做法既不符合宪法以及劳动法等有关法律规定，也严重违反社会公德，应属于无效的合同条款。

需要注意的是，实践中，个别用人单位与劳动者订立的合同中未载明有关劳动安全的事项，这并不必然导致合同无效。对于用人单位提供的劳动合同文本未载明本法规定的有关保障从业人员劳动安全、防止职业危害的事项，以及依法为从业人员办理工伤保险的事项的行为，既包括未载明法律规定的劳动合同必备条款一项的，也包括几项的。对于这种情况，按照《劳动合同法》的规定，如果劳动合同缺乏必备条款，不影响劳动合同的履行，但劳动行政部门应依照《劳动合同法》的有关规定，责令用人单位改正，给劳动者造成伤害的，用人单位应当承担赔偿责任。如果有关必备条款没有约定或者约定不明确的，按照集体劳动合同规定，没有集体合同或者集体合同未规定劳动条件等标准的，适用国家有关规定。

第五十三条 生产经营单位的从业人员有权了解其作业场所和工作岗位存在的危险因素、防范措施及事故应急措施，有权对本单位的安全生产工作提出建议。

【条文主旨】

本条是关于生产经营单位从业人员安全生产知情权的规定。

【核心概念】

“安全生产知情权”，是指从业人员所享有的对关系到其切身利益的信息有知晓的权利，而相关义务人有及时通知及披露的义务。

【内容导读】

知情权是联合国1948年《人权宣言》所确立的基本人权之一。从业人员岗位具有特殊性，用人单位向从业人员告知作业场所、工作岗位危险因素、防护措施及事故应急措施，是保障从业人员知情权的重要内容。由于技术条件的限制，用人单位尤其是一些高危行业在生产过程中往往存在着一些对从业人员人身安全与健康的致害因素，如接触粉尘、顶板、瓦斯、有毒有害、放射性、腐蚀性等岗位、工种和原料、设备，具有潜在的发生事故的可能性。如果从业人员事先不了解这些作业场所、工作岗位以及设备设施等存在的危险因素，就会忽视采取防护措施，也可能在发生事故时无从应对，从而可能造成悲剧的发生。实践中发生的大量生产安全事故，其深刻的教训之一就是从业人员对于危险因素及其应急措施了解不够。

改革开放初期，我国沿海地区鞋厂林立，一些企业怕招不到工人，有意隐瞒胶水含苯有毒的事实，以至工人在没有防护的情况下直接用手接触胶水，结果导致再生性障碍贫血病的发生。事件发生后，当地政府痛加整顿，规定凡不告知职工实情者将予以严惩。尽管如此，此类事件仍未完全杜绝。2013 年 8 月 31 日，位于上海市丰翔路一公司发生液氨泄漏事故，造成 15 人死亡、25 人受伤。事发单位是一家集水产进出口贸易、物流、收购、加工、冷藏、销售为一体的综合性大型企业。匪夷所思的是，该企业招聘职工居然没有进行过安全生产培训。事发之后，一些受伤职工表示："对于加工厂需要氨气制冷，我们并不清楚，而入职之后，公司也没做过任何消防方面的培训，更别说对液氨知识的介绍。"可见，保障从业人员对其所在的作业场所、工作岗位存在的危险因素和事故应急措施的知情权，对于提高其自我保护能力，维护人身安全与健康权益具有十分重要的现实意义。"前车之覆，后车之鉴"。为从根本上解决这一问题，本条明确规定，生产经营单位的从业人员有权了解其作业场所和工作岗位存在的危险因素、防范措施及事故应急措施，有权对本单位的安全生产工作提出建议。

本条强调从业人员安全生产的知情权，对生产经营单位而言就意味着安全生产告知的义务，告知的内容包括作业场所和工作岗位存在的危险因素的种类、性质；对这些危险因素的防范措施；针对该作业场所和工作岗位可能导致的生产安全事故的种类和特点，事先制定的在事故发生时的应急措施。告知的形式可以是多种多样的，如组织从业人员进行学习，或者在作业场所和工作岗位设置公告栏等。

第五十四条 从业人员有权对本单位安全生产工作中存在的问题提出批评、检举、控告；有权拒绝违章指挥和强令冒险作业。

生产经营单位不得因从业人员对本单位安全生产工作提出批评、检举、控告或者拒绝违章指挥、强令冒险作业而降低其工资、福利等待遇或者解除与其订立的劳动合同。

【条文主旨】

本条是关于生产经营单位从业人员拒绝违章指挥和强令违章冒险作业权的规定。本条共分为两款。

【核心概念】

“强令冒险作业”，是指生产经营单位负有指挥和管理职责的人员对于存在危及作业人员人身安全的危险因素而又没有相应的安全保护措施的作业，不顾从业人员的生命安全和健康，强令从业人员进行作业。这里讲的“强令”，既包括利用组织、管理、指挥的职权强制他人违章作业，也包括采取威逼、胁迫、恐吓等手段，强制他人违章作业。

【内容导读】

从业人员身处生产经营的第一线，他们对安全生产情况尤其是安全管理中的问题和事故隐患最为了解。只有依靠他们并且赋予其必要的安全生产监督权和自我保护权，才能做到预防为主，防患于未然，才能保障从业人员的人身安全和健康。实践中，一些生产经营单位的主要负责人不重视安全生产，对安全问题熟视无睹，不听取从业人员的正确意见和建议，使本来可以发现、及时处理的事故隐患不断扩大；有的生产经营单位盲目追求短期效益、赶工期、抢进度，出现企业负责人或者管理人员违章指挥或强令从业人员冒险作业的现象，由此导致的事故时有发生，造成人员大量伤亡。2015 年 8 月 31 日，位于山东东营市利津县某化工厂苯储罐爆炸起火，事故造成 13 人死亡、25 人受伤，直接经济损失 4 326 万元。经事故调查组及有关专家深入调查，此次爆炸事故的直接原因是企业在配套装置尚未建成的情况下，违反规定组织对混二硝基苯装置进行投料试车，出现异常后，车间负责人违章指挥，安排操作人员违规向地面排放物料，导致易燃易爆物品起火燃烧引发爆炸。此外，还有的生产经营单位竟然对批评、检举、控告本单位安全生产问题的从业人员进行打击报复，严重侵犯了从业人员安全生产的基本权利。为保障从业人员合法权益，本条从两个方面进行了规定。

一是规定从业人员有权对本单位安全生产工作中存在的问题提出批评、检举、控告，有权拒绝违章指挥和强令冒险作业。依法赋予从业人员拒绝违章指挥、强令冒险作业权，是保护从业人员生命安全和健康权利的重要保障。《劳动法》规定，劳动者对用人单位管理人员违章指挥、强令冒险作业，有权拒绝执行。这里规定的违章指挥，主要是指生产经营单位的负责人、生产管理人员和工程技术人员违反规章制度，不顾从业人员的生命安全和健康，指挥从业人员进行生产活动的行为。违章指挥、强令冒险作业都对从业人员生命安全和健康构成极大威胁。为了保护自己的生命安全和健康，对于生产经营单位的这种行为，劳动者有权予以拒绝。需要注意的是，这里的从业人员包括安全生产管理人员。一般而言，生产经营单位与本单位职工个人签订劳动合同，这是企业内部经营管理的一种方式。安全生产管理人员身份的转变，并未改变生产经营单位和职工之间的劳动关系本质，也未改变安全生产管理人员的职工身份，因此生产经营单位应按照国家现行法律、法规保障安全生产管理人员的合法权益。

二是规定生产经营单位不得因从业人员对本单位安全生产工作提出批评、检举、控告或者拒绝违章指挥、强令冒险作业而降低其工资、福利等待遇或者解除与其订立的劳动合同。根据《劳动合同法》规定，用人单位免除自己的法定责任、排除劳动者权利的，或者违反法律强制性规定的，劳动合同无效。因此，生产经营单位如果降低从业人员的工资、福利等待遇或者解除与其订立的劳动合同，则该类行为归于无效，对降低的工资要给从业人员补发，对福利予以恢复。解除合同的行为无效，原劳动合同依然具有法律效力。

第五十五条 从业人员发现直接危及人身安全的紧急情况时，有权停止作业或者在采取可能的应急措施后撤离作业场所。

生产经营单位不得因从业人员在前款紧急情况下停止作业或者采取紧急撤离措施而降低其工资、福利等待遇或者解除与其订立的劳动合同。

【条文主旨】

本条是关于从业人员在紧急情况下的停止作业和紧急撤离权的规定。本条共分为两款。

【核心概念】

“紧急撤离权”，是指当从业人员人身安全面临工作场所内现实或者紧迫的危险，而用人单位又未尽到保护义务时，法律允许从业人员享有从作业场所紧急撤离的权利。

【内容导读】

由于生产经营场所的自然和人为的危险因素的存在，经常会在生产经营过程中发生一些意外的或人为的直接危及从业人员人身安全的危险情况，将会或者可能会对从业人员造成人身伤害。此时，如果不停止作业或者撤离作业场所，就极有可能造成重大的人身伤亡。2013 年 3 月 29 日 21 时 56 分，吉林省吉煤集团某煤业公司发生特别重大瓦斯爆炸事故，造成 36 人死亡、12 人受伤。在事故现场连续 3 次发生瓦斯爆炸的情况下，部分工人已经逃离危险区（其中有 6 名密闭工升井，坚决拒绝再冒险作业），但现场指挥人员不仅没有采取措施撤人，而且强令其他工人返回危险区域继续作业，并从地面再次调人入井参加作业。在第四次瓦斯爆炸时，造成重大人员伤亡。为深刻吸取事故经验教训，《国务院关于进一步加强企业安全生产工作的通知》等文件明确提出，赋予企业生产现场带班人员、班组长和调度人员在遇到险情第一时间下达停产撤人命令的直接决策权和指挥权。因此，本条第一款赋予从业人员在紧急情况下可以停止作业以及撤离作业场所的权利，这是从业人员可以自行做出的一项保障生命安全的重要决定，企业必须无条件落实。比如，从业人员发现直接危及人身安全的紧急情况，如果继续作业很有可能会发生重大事故时（如矿井内瓦斯浓度严重超标），有权停止作业；或者事故马上就要发生，不撤离作业场所就会造成重大伤亡时，可以在采取可能的应急措施后撤离作业场所。

这里讲的紧急撤离权包括两层含义：一是停止作业马上撤离作业场所；二是在采取可能的应急措施后撤离作业场所。需要注意的是，行使权利的选择权在从业人员，不要求从业人员应当在采取可能的应急措施后或者在征得有关负责人员同意后撤离作业场所。当然，在条件允许的情况下，从业人员可以事先报告或者采取可能的应急措施后再撤离作业场所。紧急情况下的停止作业和紧急撤离权是属于从业人员的法定权利，行使该项权利，不得因此受到对其不利的处分。因此，本条第二款明确规定，生产经营单位不得因从业人员在紧急情况下停止作业或者采取紧急撤离措施而降低其工资、福利等待遇或者解除与其订立的劳动合同。

需要注意的是，在实际生产经营活动中，从业人员如何判断“直接危及人身安全的紧急情况”，采取什么“可能的应急措施”，需要根据现场具体情况来判断。从业人员应正确判断险情危及人身安全的程度，行使这一权利既要积极，又要慎重。因此，应不断加强从业人员安全培训教育，特别是应急处置能力的培训教育，全面提升从业人员的基本素质，使从业人员掌握本岗位所需要的应急管理知识，提高第一时间应急处置技能，不断增强事故防范能力。此外，对于本身具有一定风险的特殊职业的从业人员，比如飞行人员、船舶驾驶人员、车辆驾驶人员等，根据有关法律、国际公约和职业惯例，在发生危及人身安全的紧急状况时，因为其肩负的特殊职责，能先行撤离从业场所或岗位。

第五十六条 生产经营单位发生生产安全事故后，应当及时采取措施救治有关人员。

因生产安全事故受到损害的从业人员，除依法享有工伤保险外，依照有关民事法律尚有获得赔偿权利的，有权提出赔偿要求。

【条文主旨】

本条是关于生产经营单位开展应急抢救以及从业人员享受工伤保险和伤亡求偿权的规定。本条共分为两款。

【内容导读】

生产经营单位在生产经营过程中发生事故，往往会造成人员伤亡、财产损失或环境污染。为了减少事故造成的人员伤亡和经济损失，必须加强应急管理，其中一个重要方面就是根据应急预案，组织应急救援工作。发生事故后，生产经营单位是第一救援力量，必须进行初期处置，避免事态扩大。《生产安全事故应急条例》明确规定，发生生产安全事故后，生产经营单位应当立即启动生产安全事故应急救援预案，采取下列一项或者多项应急救援措施，并按照国家有关规定报告事故情况：（1）迅速控制危险源，组织抢救遇险人员；（2）根据事故危害程度，组织现场人员撤离或者采取可能的应急措施后撤离；（3）及时通知可能受到事故影响的单位和人员；（4）采取必要措施，防止事故危害扩大和次生、衍生灾害发生；（5）根据需要请求邻近的应急救援队伍参加救援，并向参加救援的应急救援队伍提供相关技术资料、信息和处置方法；（6）维护事故现场秩序，保护事故现场和相关证据；（7）法律、法规规定的其他应急救援措施。可见，发生生产安全事故后，生产经营单位应当及时采取措施救治相关人员是一项法定义务。

从业人员在生产经营作业过程中是否依法享有工伤保险和获得民事赔偿的权利，是与从业人员切身利益最为相关的问题。法律在多大程度上赋予从业人员这项权利并保证其行使，可以看出一部法律对于从业人员安全生产权利保护的程度。《劳动合同法》虽有关于从业人员与生产经营单位订立劳动合同，以及关于载明劳动保护、社会保险的事项的规定，但没有关于从业人员可以依法获得民事赔偿的规定。受限于我国的安全生产水平较低，生产安全事故多发的现状，对事故受害者的抚恤、善后等经济补偿的规定不完善，很多生产经营单位没有给从业人员投保，现行的抚恤标准较低，不足以补偿受害者伤亡的经济损失。一旦发生事故，容易出现生产经营单位推脱责任，或是受限于企业的经营状况，难以实现给受害人的补偿。为此，本条第二款规定，因生产安全事故受到损害的从业人员，除依法享有工伤保险外，依照有关民事法律尚有获得赔偿权利的，有权提出赔偿要求。对于本条规定，可以从两个方面进一步理解：

一方面，依法为从业人员缴纳工伤保险费（高危行业还应当投保安全生产责任保险）和给予民事赔偿，是生产经营单位的法定义务。生产经营单位不得以任何形式免除该项义务，不得变相以抵押金、担保金等名义强制从业人员缴纳工伤保险费；另一方面，发生生产安全事故后，从业人员首先依照劳动合同和工伤保险的约定，享有相应的赔付金。如果工伤保险金等不足以补偿受害者的人身损害及经济损失的，依照有关民事法律应当给予赔偿的，从业人员或其近亲属有要求相关责任单位或人员给予赔偿的权利，后者必须履行相应的赔偿义务，否则，受害者或其近亲属有权向人民法院起诉给付。需要指出的是，从业人员获得工伤保险赔付和民事赔偿的金额标准、领取和支付程序，必须符合法律、法规和国家的有关规定。从业人员和生产经营单位均不得自行确定标准，不得非法提高或者降低标准。

第五十七条 从业人员在作业过程中，应当严格落实岗位安全责任，遵守本单位的安全生产规章制度和操作规程，服从管理，正确佩戴和使用劳动防护用品。

【条文主旨】

本条是关于生产经营单位从业人员自律遵规的义务规定。

【内容导读】

生产经营单位从业人员有自律遵规的义务，即从业人员在作业过程中，应当遵守本单位的安全生产规章制度和操作规程，服从管理，正确佩戴和使用劳动防护用品。生产经营单位的安全生产规章制度和操作规程，是保证从业人员人身安全和健康，保证生产活动顺利进行的重要保障，没有健全和严格执行的安全生产规章制度，安全生产就成了一句空话。对生产安全事故的分析表明，大多数事故都是责任事故，都是因生产经营单位或者从业人员的违法行为导致的。2014 年 4 月 29 日，江西某矿业公司发生一起生产安全事故，造成 3 人死亡、2 人重伤，直接经济损失约 450 万元。经事故调查组查明，事故直接原因是爆破员违反《爆破安全规程》有关规定，在不清楚爆破点接线方式，未采取有效的爆破警戒、爆破前撤人等安全措施的前提下，独自起爆造成的责任事故。为了杜绝习惯性规章，督促从业人员养成遵章守纪的习惯，《安全生产法》一方面要求生产经营单位应当教育和督促从业人员严格执行本单位的安全生产规章制度和安全操作规程，另一方面也对从业人员严格遵守本单位的安全生产规章制度和操作规程，服从管理做了明确规定。这里讲的“生产经营单位的安全生产规章制度和操作规程”，是生产经营单位的安全生产管理方面的规章制度和操作规程，也就是《安全生产法》第四十四条规定的内容。

劳动防护用品是保障从业人员生命安全和健康的最后一道防线，正确佩戴和使用劳动防护用品，对于从业人员来说，既是权利也是义务。但在基层实践中，往往存在一些从业人员视劳动防护用品为“负担”，在作业时或者不佩戴和使用，或者佩戴和使用不规范，致使劳动防护用品无法起到保护从业人员生命安全和健康的作用。为了规范用人单位劳动防护用品的使用和管理，保障从业人员人身安全健康及相关权益，根据《安全生产法》《中华人民共和国职业病防治法》等法律、行政法规的规定，原国家安全生产监管总局制定了《用人单位劳动防护用品管理规范》，强制性要求用人单位应当健全管理制度，加强劳动防护用品配备、发放、使用等管理工作。从业人员在作业过程中，必须按照安全生产规章制度和劳动防护用品使用规则，正确佩戴和使用劳动防护用品；未按规定佩戴和使用劳动防护用品的，不得上岗作业。

第五十八条 从业人员应当接受安全生产教育和培训，掌握本职工作所需的安全生产知识，提高安全生产技能，增强事故预防和应急处理能力。

【条文主旨】

本条是关于生产经营单位从业人员接受安全生产教育和培训的义务的规定。

【内容导读】

生产经营活动的复杂性和多样性，决定了从业人员必须具备一定的安全生产知识、安全生产技能以及应急处置能力，才能保障安全生产。要达到这一目的，就必须接受系统的安全生产教育和培训。随着生产经营领域的不断扩大以及新材料、新技术、新装备的大量使用，生产经营活动对从业人员的安全素质要求越来越高。要适应日趋复杂的生产经营活动对安全生产技术知识和能力的要求，从业人员需要具备更加系统的安全知识，熟练的安全生产技能，以及对不安全因素和事故隐患、突发事件的预防、处置能力，新招聘、转岗的人员必须接受专门的安全生产教育和业务培训。实践中，部分企业不重视安全教育培训，有的工人没有经过专门的安全生产教育，不具备应有的安全生产素质，习惯性规章较为普遍；有的不熟悉安全生产操作规程，一旦发生紧急情况往往不知所措，由此导致的事故教训十分惨痛。2015年10月1日，位于北京大兴区某食品公司院内，5名作业人员拆除食堂隔断墙时，墙体发生坍塌，造成2人死亡、2人重伤。现场作业人员违反《建筑拆除工程安全技术规范》相关规定，采用掏掘方式对隔断墙实施拆除作业，导致墙体失稳坍塌，是造成这起事故的直接原因。经事故调查组调查，在拆除作业前，现场作业人员未进行安全生产教育和培训。有鉴于此，本条明确规定，从业人员应当接受安全生产教育和培训，掌握本职工作所需的安全生产知识，提高安全生产技能，增强事故预防和应急处理能力，这既是从业人员的权利，也是其法定义务。实践中，对于不接受安全生产教育和培训的从业人员，生产经营单位有权拒绝安排其上岗作业。

第五十九条 从业人员发现事故隐患或者其他不安全因素，应当立即向现场安全生产管理人员或者本单位负责人报告；接到报告的人员应当及时予以处理。

【条文主旨】

本条是关于生产经营单位从业人员危险报告义务的规定。

【内容导读】

从业人员直接进行生产经营作业，他们是事故隐患以及其他不安全因素的第一当事人。实践中，许多生产安全事故是由于从业人员在现场发现隐患或不安全因素后没有及时报告，从而延误了采取措施进行紧急处置的最佳时机，使得小隐患演化为大事故。如果从业人员有安全意识特别是责任意识，对身边的隐患和不安全因素保持警觉，发现后及时报告，许多隐患在酿成事故之前完全可以采取措施，避免或降低损失。所以，发现并及时报告事故隐患或者其他不安全因素，是贯彻“安全第一、预防为主、综合治理”的安全生产方针，强化事前防范的重要举措。根据本条规定，从业人员一旦发现事故隐患或者其他不安全因素，应当立即向现场安全生产管理人员或者本单位负责人报告，不得隐瞒不报或者拖延上报。从业人员报告的越早，越有利于采取防范和处置措施，事故隐患或者其他不安全因素造成危害的可能性就越小。因此，事故隐患或者其他不安全因素的报告贵在及时、重在及时。同时，现场安全生产管理人员或者本单位负责人接到报告后，应当根据具体情况，按照轻重缓急及时予以处理，有能力立即采取措施的，应当立即采取措施消除隐患，有些整改难度比较大，需要局部或全部停产的，要及时作出相应的处理决定，以免延误时机。

第六十条 工会有权对建设项目的安全设施与主体工程同时设计、同时施工、同时投入生产和使用进行监督，提出意见。

工会对生产经营单位违反安全生产法律、法规，侵犯从业人员合法权益的行为，有权要求纠正；发现生产经营单位违章指挥、强令冒险作业或者发现事故隐患时，有权提出解决的建议，生产经营单位应当及时研究答复；发现危及从业人员生命安全的情况时，有权向生产经营单位建议组织从业人员撤离危险场所，生产经营单位必须立即作出处理。

工会有权依法参加事故调查，向有关部门提出处理意见，并要求追究有关人员的责任。

【条文主旨】

本条是关于工会组织安全生产监督权的规定。本条共分为三款。

【内容导读】

工会在生产经营单位安全管理中扮演重要角色，是推进安全生产治理体系和治理能力现代化的重要一环。本条第一款规定，工会有权对建设项目的安全设施与主体工程同时设计、同时施工、同时投入生产和使用进行监督，提出意见。从业人员从事生产劳动，必须有相应的劳动条件和安全卫生设施，以确保其生命安全和身体健康，这是安全生产工作的基本内容。党和国家对这项工作十分重视，有关法律、法规对此提出了具体、明确的要求。根据国家有关规定，新建企业、扩建企业、技术改造工程的主体工程应与安全卫生设施同时设计、同时施工、同时投入生产和使用，以保障职工的身体健康和生命安全。如《安全生产法》第三十一条规定：生产经营单位新建、改建、扩建工程项目的安全设施，必须与主体工程同时设计、同时施工、同时投入生产和使用。为确保这一规定的切实执行，本法还规定了建设项目安全设施设计审查与竣工验收的制度。工会在贯彻《工会法》和《安全生产法》的过程中，可以在建设项目的任何一个环节提出意见，要求企业按照国家规定增加或补建安全设施，要求施工部门依法改善劳动条件，对未按国家规定同时配套安全设施的，可以建议停止施工、投产，待安全设施配套时再行施工等。需要说明的是，本条规定与行政机关对于新建、扩建企业和技术改造工程中的安全设施与主体工程同时设计、同时施工、同时投入生产和使用进行监督检查和验收是不同的，行政机关的行为是一种基于行政管理职能的行政行为，而工会的这种监督是一种群众性的监督。

本条第二款规定，工会有权纠正生产经营单位违法行为并提出改进意见。我国《工会法》明确规定，维护职工合法权益是工会的基本职责。维护职工在安全生产方面的合法权益，保障职工在生产经营活动中的人身安全，是各级工会履行其基本职责的重要内容。依照本法和《工会法》《劳动法》等法律的规定，工会在维护职工安全生产权益方面的主要职责包括：对生产经营单位违反安全生产法律、法规，侵犯从业人员合法权益的行为，工会有权要求纠正；发现生产经营单位违章指挥、强令冒险作业或者发现事故隐患时，工会有权提出解决的建议，生产经营单位应当及时研究答复；发现危及从业人员生命安全的情况时，有权向生产经营单位建议组织从业人员撤离危险场所，生产经营单位必须立即作出处理。这里包括两层含义：

一方面，工会发现生产经营单位违章指挥、强令冒险作业或者发现事故隐患时，有权提出解决的建议，建议生产经营单位停止违章指挥，改变让工人冒险作业的指令，采取有力措施消除生产过程中存在的明显事故隐患，以确保职工的生命健康。生产经营单位应当及时研究工会的意见，不得推诿，并将处理结果通知工会。另一方面，工会在生产过程中发现危及职工生命安全的情况时，有权向现场指挥人员建议将职工撤离即将发生事故的危险现场。企业或现场指挥人员应及时研究工会的建议，果断地作出处理决定，避免伤亡事故的发生。需要说明的是，工会对解决生产经营单位行政方面违章指挥，对职工撤离即将发生事故的危险现场，规定的都是向生产经营单位行政方面提出“建议”，而不是去直接下令制止或组织撤离。这是因为，按照《中华人民共和国企业法》《中华人民共和国公司法》等有关规定，企业、公司的生产经营管理权是厂长、经理等主要负责人的职责，同时保障安全生产也是主要负责人的职责。涉及生产的指挥和组织问题，应当由生产经营单位作出决定。工会为了维护职工的生命和健康，有提出解决问题的建议权，企业行政方面应当及时研究、答复工会的建议。工会的建议权，与生产经营单位的经营管理权目标是一致的。因为如果发生了事故，不仅会造成职工生命和健康的损害，而且也会给企业造成损失。工会行使这一权利，防患于未然，不仅保障了职工的生命安全，而且也保护了企业的利益不受损害。

本条第三款规定，有权依法参加事故调查，向有关部门提出处理意见，并要求追究有关人员的责任。生产经营单位发生因工伤亡事故和其他危害职工健康问题，直接关系职工切身利益的，工会作为职工群众组织，应当关心这些问题，因此，工会参加有关调查是非常必要的，任何组织和个人不得阻挠工会参加调查。多年来，工会组织一直参与生产安全事故调查和处理工作，发挥了重要作用，实践证明效果是良好的。此外，工会参与事故调查，也是其履行法定职责的具体体现。根据《工会法》规定，工会有权对企业、事业单位侵犯职工合法权益的问题进行调查，有关单位应当予以协助。职工因工伤亡事故和其他严重危害职工健康问题的调查处理，必须有工会参加。工会应当向有关部门提出处理意见，并有权要求追究直接负责的主管人员和有关责任人员的责任。对工会提出的意见，应当及时研究，给予答复。本条从安全生产专门立法的角度重申了这一规定。为了落实工会参与事故调查处理的规定，我国《生产安全事故报告和调查处理条例》还明确规定，事故调查组的组成单位包括工会，而且工会属于“常务会员单位”。对于一些事故单位未建立工会组织，一般由该单位的上级工会组织派员参与事故调查处理；如事故单位无上级主管部门，则由所在地区（如街道、乡、镇）工会派员参与事故调查处理。当然，工会有权向有关部门提出关于事故处理的意见，主要是指在查清事故原因、分清事故责任的基础上，要求追究有关人员责任的意见。

第六十一条 生产经营单位使用被派遣劳动者的，被派遣劳动者享有本法规定的从业人员的权利，并应当履行本法规定的从业人员的义务。

【条文主旨】

本条是关于被派遣劳动者享有安全生产平等权利义务的规定。

【内容导读】

用工单位根据自身工作和发展的需要，通过正规劳务派遣公司，使用派遣所需要的各类人员，这是一种新的用人方式。目前，劳务派遣领域中对劳务派遣工进行身份歧视的问题比较突出，集中体现为劳务派遣工与正式工之间虽从事相同的工作但工资待遇相差较大。有的企业劳务派遣工与正式工的基本工资相差30%~40%，在缴纳社会保险费方面，劳务派遣工与正式工也有差别，正式工的社会保险是按照企业上年度平均工资的标准缴纳的，而劳务派遣工的社会保险是按照当地最低工资标准缴纳的。有的用工单位是将劳务派遣工的工资待遇和劳务派遣单位的管理费一并交给劳务派遣单位，再由劳务派遣单位根据自己的薪酬制度确定劳务派遣工的工资待遇。实践中，由于劳务派遣工的特殊地位，具有临时性的特点，很多用工单位不把劳务派遣工的劳动保护问题当成重要事情去对待，有的仅仅是规定了派遣员工一旦出现工伤事故，工伤保险待遇赔偿不足部分则应由真正用工受益方即用工单位负责承担。因此，本法规定被派遣劳动者享有与用工单位的劳动者同等的安全生产权利。这不仅是一个法律问题，也是一个社会问题。

用工单位应当保证劳务派遣工和正式工享有同等的安全生产权利，并应当履行《安全生产法》规定的从业人员的义务，主要是指本法第三章“从业人员的安全生产权利义务”的有关内容，具体而言：（1）从业人员与生产经营单位订立的劳动合同应当载明与从业人员劳动安全有关的事项，以及生产经营单位不得以协议免除或者减轻安全事故伤亡责任；（2）从业人员对危险因素、防范措施及事故应急措施的知情权和建议权；（3）对安全问题的批评、检举和控告权，并有权拒绝违章指挥和强令冒险作业；（4）有权在发现直接危及人身安全的紧急情况时停止作业或者在采取可能的应急措施后撤离作业场所；（5）享有因生产安全事故而遭受损坏的赔偿权利。被派遣劳动者应履行的义务有：遵守安全生产法律、法规以及规章制度，照章操作；接受安全生产培训；对事故隐患或者不安全因素进行报告等。

需要注意的是，实践中，不少企业基于人力成本，减少招聘、劳动合同管理、劳动争议解决等方面的考虑，会选择使用劳务派遣的用工形式。根据现行法律、法规，使用劳务派遣用工受到一些限制。比如，用工单位只能在临时性、辅助性或者替代性的工作岗位上使用被派遣劳动者，用工单位使用被派遣劳动者数量不得超过其用工总量的10%。那么，一旦用工单位使用劳务派遣的岗位和人数不符合上述条件，首先面临的问题是劳务派遣双方签订的劳务派遣协议的法律效力问题。

甲橡塑制品公司与乙劳务公司签订劳务派遣合同，郑某依据上述劳务派遣合同，由乙公司派遣到甲公司，在产品包装岗位工作，后因病去世，甲公司为此向郑某家属赔偿35万元。甲、乙公司发生纠纷诉至法院，甲公司主张包装岗位是该公司日常业务的组成部分，非临时性、辅助性岗位，甲、乙公司之间的劳务派遣行为明显违背了《劳动合同法》的相关规定，应为无效。甲公司向郑某家属赔偿的35万元，是其直接损失，应由乙公司赔偿。根据《民法典》等相关规定，民事法律行为应当具备下列要件：一是行为人具有相应的民事行为能力；二是意思表示真实；三是不违反法律或者社会公共利益。上述要件，缺一不可，否则将导致民事法律行为无效或者不成立。本案中，甲乙双方签订的劳务派遣协议书是当事人的真实意思表示。我国《劳动合同法》等相关法律、法规虽然规定用工单位应当严格控制劳务派遣用工数量，但是对于违反派遣用工比例的，法律只是赋予行政部门依法给予行政处罚权，并未规定劳务派遣协议书无效。因此，甲公司的主张没有获得法院支持。从这一案例可以看出，不符合法律规定的合同要件，并不意味着劳务派遣合同无效。在此情况下，用人单位使用被派遣劳动者，后者的安全生产权益理应依法得到保护。

第四章　安全生产的监督管理

第六十二条　县级以上地方各级人民政府应当根据本行政区域内的安全生产状况，组织有关部门按照职责分工，对本行政区域内容易发生重大生产安全事故的生产经营单位进行严格检查。

应急管理部门应当按照分类分级监督管理的要求，制定安全生产年度监督检查计划，并按照年度监督检查计划进行监督检查，发现事故隐患，应当及时处理。

【条文主旨】

本条是关于县级以上地方各级人民政府以及应急管理部门有关职责的规定。本条共分为两款。

【核心概念】

"安全生产监督检查计划"，俗称"安全生产执法计划"，是指应急管理部门依照《安全生产法》等法律、法规、规章和本级人民政府规定的安全生产监管职责，根据各自的监管权限、行政执法人员数量、监管的生产经营单位状况、技术装备和经费保障等实际情况，为实施安全生产监督检查工作而预先拟订的工作计划。

【内容导读】

“天下之事，不难于立法，而难于法之必行。”随着安全生产依法治理的推进，行政执法越来越成为整个法治建设链条中最关键的环节。加强安全生产监管执法，不仅是解决安全生产突出问题，防范化解重大安全风险的实际需要，也是保护人民群众生命财产安全和维护社会稳定的内在要求。从实践中发生的重特大事故案例教训看，我国安全生产监管执法仍然存在责任不明确、制度不完善、程序不规范、计划不科学等问题。为解决安全生产监管执法失之于宽、失之于软等突出问题，本条从以下两个方面做出规定：

一是对于县级以上地方各级人民政府履行安全生产监管职责提出的要求，具体包括：

（1）全面了解掌握本行政区域安全生产状况。这是组织好有关部门开展安全生产监督检查的前提，决定组织检查的频次、规模、范围以及参加检查的部门和人员数量、专业等。县级以上地方各级人民政府应当根据本行政区域内生产经营活动的特点、分布区域、人员结构等情况，分析可能发生生产安全事故的来源、危害程度以及影响范围。

（2）按照各有关部门的职责分工组织安全检查。职权法定是依法行政的基本要求。行政机关职权获得的方式包括：宪法、法律、行政法规以及部门“三定”规定。本法第十条对应急管理部门和其他有关部门的安全生产监管职责作了初步划分，各级政府部门“三定”对部门职责进行了进一步细化。县级以上地方各级人民政府应当根据有关部门的职责分工，组织开展相应行业、领域的安全检查。有关部门应当根据政府的统一安排，依照法律、法规和部门“三定”的规定进行安全检查，既要避免重复执法，又要避免因为职责交叉不明确造成的监管缺位、越位。

（3）确定安全检查重点。《国务院关于加强和规范事中事后监管的指导意见》明确规定，对直接涉及公共安全和人民群众生命健康等特殊重点领域，依法依规实行全覆盖的重点监管，强化全过程质量管理，加强安全生产监管执法，严格落实生产、经营、使用、检测、监管等各环节质量和安全责任，守住质量和安全底线。这就要求县级以上地方人民政府在调查研究的基础上，对本行政区域内的生产经营单位，结合其所属行业领域、生产经营规模、安全生产管理状况、安全生产标准化等因素，划分出不同的安全风险等级，将存在重大危险源、发生过重大以上生产安全事故的生产经营单位列为重点，确保一个执法年度内实现对重点生产经营单位监督检查全覆盖。一般来讲，这些生产经营单位既包括性质上比较危险的单位，如矿山、建筑施工单位和危险物品的生产、经营、储存、装卸单位等，也包括一旦发生事故将造成重大人身伤亡的其他生产经营单位，如客车客船运输企业、游乐场、歌舞厅、大型商场等公众聚集经营场所，还包括在保障安全生产上存在重大问题的生产经营单位。

（4）检查必须严格，禁止搞形式、走过场。监督检查应当根据部门和岗位职责，严格按照有关法律、法规和规章和有关国家标准、行业标准的规定进行检查，采用“双随机、一公开”（即随机抽取检查对象，随机选派执法检查人员，抽查情况及查处结果及时向社会公开）以及暗查暗访等方式严格检查，不能降低检查的标准和要求，真正做到有法必依、执法必严、违法必究。

二是对应急管理部门制定并实施安全生产年度监督检查计划作出规定，具体包括：

（1）各级应急管理部门均需要编制安全生产监督检查计划。依法编制安全生产监督检查计划，开展执法检查，既是贯彻安全发展理念和安全生产责任制的重要抓手，也是落实“管行业必须管安全、管业务必须管安全”的重要手段。从广义上讲，安全生产执法是指负有安全生产监管职责的部门及其委托的行政执法机构依法履行安全生产监管职责的活动，既包括日常监督检查，查处非法违法行为，也包括行政许可、行政强制、调查处理事故、核查投诉举报等工作。本条的安全生产监督检查计划，主要指狭义的行政执法。

2017 年，原国家安全监管总局制定下发《安全生产年度监督检查计划编制办法》（以下简称《办法》），其中规定了县级以上地方各级安全监管部门编制安全生产年度监督检查计划的原则、考量因素、内容及相应的编制程序。按照《办法》规定，编制年度监督检查计划应当综合考虑下列因素：1）行政执法人员的数量和能力；2）本部门监督检查职责范围内生产经营单位的数量、分布、生产规模及其安全生产状况；3）重点检查的行业领域及生产经营单位状况；4）道路交通状况以及执法车辆、技术装备配备和执法经费情况；5）影响年度监督检查计划执行的其他因素。年度监督检查计划包括重点检查、一般检查两个部分，以重点检查为主。重点检查的比例一般不低于60%。同时规定，对安全生产条件较好的生产经营单位，不得在一年内安排多次监督检查。对监督检查中发现的安全生产条件较差的生产经营单位，属于重点生产经营单位的，可以在当年适当增加检查频次；属于一般生产经营单位的，可以在当年再次开展监督检查，必要时纳入重点生产经营单位管理。年度监督检查计划主要内容如下：1）工作目标和主要任务。2）行政执法人员数量和总法定工作日、监督检查工作日、其他执法工作日、非执法工作日。3）重点检查安排：①重点检查单位范围、数量、名称、行业领域；②在年度监督检查计划中的占比；③对有关重点检查单位的计划检查次数；④时间安排；⑤其他事项。

（2）各级应急管理部门应当按照年度监督检查计划进行监督检查。安全生产行政执法的信息来源，包括安全生产监督检查计划、安全生产举报投诉信息、有关单位或人员交办报请移送的信息以及涉及生产安全事故的执法信息。其中，安全生产监督检查计划是应急管理部门开展监督检查最重要的依据，主要解决了安全生产执法人员为什么检查、去哪里检查、检查什么以及检查到什么程度的问题。安全生产监督检查计划一旦编制完成，应强化其刚性约束，必须严格遵照实施。要根据监督检查计划编制现场检查方案，明确检查的区域、内容、重点及方式。年度执法工作计划及其落实情况，要通过适当方式向社会公开，接受社会监督。

（3）应急管理部门发现事故隐患，应当及时处理。这里讲的及时处理，具体分为两种情形：一种情形是，应急管理部门发现的事故隐患，属于本部门职权范围的事项，可以采取现场处理措施，如责令生产经营单位立即（限期）消除隐患，作出行政处罚直至行政强制的决定；另一种情形是，应急管理部门发现的事故隐患，不属于本部门职责范围的事项，应当及时移送其他有关部门并形成记录备查。

第六十三条　负有安全生产监督管理职责的部门依照有关法律、法规的规定，对涉及安全生产的事项需要审查批准（包括批准、核准、许可、注册、认证、颁发证照等，下同）或者验收的，必须严格依照有关法律、法规和国家标准或者行业标准规定的安全生产条件和程序进行审查；不符合有关法律、法规和国家标准或者行业标准规定的安全生产条件的，不得批准或者验收通过。对未依法取得批准或者验收合格的单位擅自从事有关活动的，负责行政审批的部门发现或者接到举报后应当立即予以取缔，并依法予以处理。对已经依法取得批准的单位，负责行政审批的部门发现其不再具备安全生产条件的，应当撤销原批准。

【条文主旨】

本条是关于负有安全生产监管职责的部门必须依法履行审批、验收等行政许可职责的规定。

【核心概念】

“安全生产行政许可”，即通常所说的安全生产行政审批，是指负有安全生产监管职责的部门根据公民、法人或者其他组织的申请，经依法审查，准予其从事直接关系人身和财产安全等特定活动的具体行政行为。

【内容导读】

行政审批是现代国家管理社会政治、经济、文化等各方面事务的一种重要的事前控制手段，已被日益广泛地运用于许多行政管理领域，对于保障、促进经济和社会发展发挥了重要作用，成为一种国家管理行政事务的不可缺少的重要制度。根据《行政许可法》的规定，直接关系公共安全、人身健康、生命财产安全的事项，要实行事前许可制度。如易燃性、爆炸性、放射性、毒害性、腐蚀性等危险化学品的生产、储存、运输、使用、销售，以及其他直接关系人身健康、生命财产安全的产品、物品的生产、经营等活动，都要经过批准。为了严格规范安全生产行政许可工作，本条从三个方面做出规定。

一是明确涉及安全生产的事项必须经过审查批准或者验收。为防止和减少生产安全事故、保障人民群众生命和财产安全，对于一些涉及安全生产的事项，由政府负有安全生产监管职责的部门依法进行事前审查批准，包括批准、核准、许可、注册、认证、颁发证照等；对于一些高危行业的建设项目的安全设施，要由有关监督管理部门进行检查验收。如按照职责权限，应急管理部门依法对下列事项实施行政许可：（1）非煤矿山、金属冶炼建设项目和用于生产、储存危险化学品的建设项目安全设施的设计审查；（2）危险化学品生产、储存建设项目安全条件审查；（3）非煤矿山企业、危险化学品和烟花爆竹生产企业的安全生产许可；（4）危险化学品经营许可证核发；（5）危险化学品（化工企业）安全使用许可证核发；（6）第一类的非药品类易制毒化学品生产许可证、经营许可证核发；（7）烟花爆竹经营（批发、零售）许可证核发；（8）特种作业操作资格认定；（9）安全评价检测检验机构资质认定；（10）法律、行政法规和国务院设定的其他行政许可。

二是审查批准或者验收要严格依据法律、法规和国家标准或者行业标准规定的安全生产条件和程序进行。行政许可的基本性质是对特定活动采取的一种事前控制的管理手段，行政许可并不是一经申请即可取得，而要经过行政机关的依法审查，因而它不同于行政处罚、行政强制等事中或事后所采取的手段。关于法定的安全生产条件，按照《行政许可法》的规定，法律、行政法规可以设定行政许可。此外，国家制定的强制性标准中规定了安全生产设备、工艺和技术等具体要求，这些规定和要求，共同构成了政府负有安全生产监管职责的部门审查批准或者验收涉及安全生产事项的条件，如国务院《安全生产许可证条例》，企业取得安全生产许可证，应当具备下列安全生产条件：（1）建立、健全安全生产责任制，制定完备的安全生产规章制度和操作规程；（2）安全投入符合安全生产要求；（3）设置安全生产管理机构，配备专职安全生产管理人员；（4）主要负责人和安全生产管理人员经考核合格；（5）特种作业人员经有关业务主管部门考核合格，取得特种作业操作资格证书；（6）从业人员经安全生产教育和培训合格；（7）依法参加工伤保险，为从业人员缴纳保险费；（8）厂房、作业场所和安全设施、设备、工艺符合有关安全生产法律、法规、标准和规程的要求；（9）有职业危害防治措施，并为从业人员配备符合国家标准或者行业标准的劳动防护用品；（10）依法进行安全评价；（11）有重大危险源检测、评估、监控措施和应急预案；（12）有生产安全事故应急救援预案、应急救援组织或者应急救援人员，配备必要的应急救援器材、设备；（13）法律、法规规定的其他条件。

此外，政府负有安全生产监管职责的部门审查批准或者验收涉及安全生产的事项时，应当依照法定程序，一般经过申请→受理→审查→作出决定等步骤。负有安全生产监管职责的部门收到申请人材料后，应进行形式审查：对于不需许可的或不属于本部门职权范围的不予受理；对于材料不齐全或不符合法定形式的，5 日内制作材料补正告知书，一次告知申请人需要补正的全部材料；符合条件的应当受理申请，并出具受理通知书。“审查”的方式包括：（1）形式审查；（2）实地核实；（3）听取意见；（4）召开专家论证、评审会；（5）采取检验、检测、勘验等措施。除可以当场作出行政许可决定的外，负有安全生产监管职责的部门应当自受理行政许可申请之日起 20 日内作出行政许可决定。20 日内不能作出决定的，经本行政机关负责人批准，可以延长 10 日，并应当将延长期限的理由告知申请人。但是，法律、法规另有规定的，依照其规定。

三是加强安全生产行政许可实施后事中事后监管。行政机关能否依法实施行政许可，与人民群众的利益密切相关，也直接影响到政府的形象。一段时间以来，部分单位和工作人员在实施行政许可中存在的一个主要问题，就是行政许可把关不严，许可程序意识淡薄，未落实许可证注销、吊销和定期公告制度等。一些企业和个人为了谋取利益，未经批准擅自从事生产经营建设活动，有的行政许可已经失效，仍继续从事相关活动。因此，严格安全生产行政许可审查程序，加强行政许可实施后事中事后监督检查，是行政机关的一项重要职责。《行政许可法》以及《国务院关于加强和规范事中事后监管的指导意见》明确规定：除法律、法规另有规定外，各部门对负责审批或指导实施的行政许可事项，负责事中事后监管。这里具体包括两种情形：一种情形是，负责行政审批的部门在监督检查时，发现直接关系公共安全、人身健康、生命财产安全的重要设备、设施存在安全隐患的，或者未依法取得批准或者验收合格的生产经营单位擅自从事有关活动的。由于主管部门监管缺失，安全生产管理力量薄弱，这类活动存在大量安全风险和隐患，极易发生生产安全事故，应当立即予以取缔，并依法予以处理。除了日常监督检查之外，实践中，负责行政审批的部门还会接到有关单位或者个人举报安全生产事故隐患和违法行为的信息，对这类举报信息，依照职责核查属实后，也应当依法予以处理。另一种情形是，对已经依法取得批准的单位，负责行政审批的部门发现其不再具备安全生产条件的，应当撤销原批准。安全生产条件是生产经营单位保障安全生产的必备条件，也是行政审批部门审批的依据。生产经营单位如果不重视安全生产，在生产过程中不注意保持其安全生产条件，不进行必要的安全生产投入，致使其在生产经营过程中不再符合安全生产的条件的，也就失去保障安全生产的基础。依照本条规定，负责审批的部门发现已经依法取得批准的单位不再具备安全生产条件的，应当撤销原批准。

第六十四条　负有安全生产监督管理职责的部门对涉及安全生产的事项进行审查、验收，不得收取费用；不得要求接受审查、验收的单位购买其指定品牌或者指定生产、销售单位的安全设备、器材或者其他产品。

【条文主旨】

本条是关于禁止对涉及安全生产的事项进行审查、验收时收取费用的规定。

【核心概念】

“行政收费”，是指行政机关凭借国家行政权所确立的地位，为个人和组织提供一定的公益服务，或授予其国家资源和资金的使用权而收取的费用。

【内容导读】

我国行政机关的各种收费主要有车辆通行费、港口建设费、排污费和教育附加费等。随着费改税工作的推行，曾有的一些费种已依法转为税，如车辆购置税。行政机关无论收取何种费用，都必须严格依法进行，不得自立名目、擅自订立征收标准和范围。我国的行政收费曾一度混乱无序。在行政许可实施过程中，同样也曾存在乱收费的情况，收费成为一些行政机关设定和实施行政许可的内在动因。为了从源头上预防和治理腐败，《行政许可法》明确规定，行政机关实施行政许可和对行政许可事项进行监督检查，不得收取任何费用。

按照本条规定，负有安全生产监管职责的部门在实施安全生产行政许可及其监督检查过程中，有两项禁止性义务。

一是对安全生产事项的审查、验收不得收取费用。负有安全生产监管职责的部门依照有关法律、法规的规定，有权对一些涉及安全生产的事项进行审查、验收。这种审查、验收行为，是由法定的政府部门代表国家行使监督管理权的行政行为，不得向被审查、验收的单位收取费用。这既有利于防止行政腐败现象的发生，也有利于避免实践中乱收费用。如果允许监管部门向被审查、验收的单位收取费用，势必会加重被审查、验收单位的负担，还可能诱发腐败，影响审查、验收的客观性。

二是不得要求被审查、验收的单位购买其指定的产品。负有安全生产监管职责的部门和接受审查、验收的单位之间是监督和被监督管理的关系，二者之间不应存在经济关系或者其他利益关系。实践中，确有极少数监管部门或者其工作人员，为了谋取自己的经济利益或者其他利益，要求接受审查、验收的单位购买其指定品牌或者指定生产、销售单位的安全设备、器材或者其他产品，并以此作为能否取得审查、验收通过的条件。虽然行政机关没有直接向申请人收取费用，但实际上通过申请人购买指定产品或服务的提供者间接地得到好处，是一种比较隐蔽的违法行为。这种以权谋私的行为，滋生腐败，严重影响了监管的客观性、公正性，损害了国家机关依法行政的形象。为此，本条明确规定，禁止负有安全生产监管职责的部门以任何形式要求接受审查、验收的单位购买其指定品牌或者指定生产、销售单位的安全设备、器材或者其他产品。

第六十五条 应急管理部门和其他负有安全生产监督管理职责的部门依法开展安全生产行政执法工作，对生产经营单位执行有关安全生产的法律、法规和国家标准或者行业标准的情况进行监督检查，行使以下职权：

（一）进入生产经营单位进行检查，调阅有关资料，向有关单位和人员了解情况；

（二）对检查中发现的安全生产违法行为，当场予以纠正或者要求限期改正；对依法应当给予行政处罚的行为，依照本法和其他有关法律、行政法规的规定做出行政处罚决定；

（三）对检查中发现的事故隐患，应当责令立即排除；重大事故隐患排除前或者排除过程中无法保证安全的，应当责令从危险区域内撤出作业人员，责令暂时停产停业或者停止使用相关设施、设备；重大事故隐患排除后，经审查同意，方可恢复生产经营和使用；

（四）对有根据认为不符合保障安全生产的国家标准或者行业标准的设施、设备、器材以及违法生产、储存、使用、经营、运输的危险物品予以查封或者扣押，对违法生产、储存、使用、经营危险物品的作业场所予以查封，并依法作出处理决定。

监督检查不得影响被检查单位的正常生产经营活动。

【条文主旨】

本条是关于负有安全生产监管职责的部门安全生产行政执法职权的规定。本条共分为两款。

【核心概念】

“安全生产行政执法”，是指负有安全生产监管职责的部门及其委托的行政执法机构依法履行安全生产监管职责的活动，既包括日常监督检查，查处非法违法行为，又包括行政许可、行政强制、调查处理事故、核查投诉举报等工作。

“随机抽查”，是指负有安全生产监管职责的部门在实施安全生产监督检查工作中，依据法律、法规等相关规定，随机抽取检查对象的执法方式。随机抽查可分为“定向抽查”和“不定向抽查”。“定向抽查”是指按照被检查对象的行业领域、隶属关系、生产经营规模、风险等级等特定条件，随机确定待查对象名单，对其进行执法检查。“不定向抽查”是指不设定条件，随机确定待查对象名单，对其进行执法检查。

【内容导读】

职权法定是依法行政的基本要求。对负有安全生产监管职责的部门而言，法律、法规赋予的职权，既是权力，更是义务，还是责任。为了贯彻职权法定原则，确保“法无授权不可为，法定职责必须为”，本条从以下三个方面对负有安全生产监管职责的部门安全生产行政执法职权进行了规定。

一是明确了安全生产行政执法的主体。目前，我国安全生产监管体制基本建立，但仍存在监管机构不健全、执法力量薄弱、能力不适应的问题。据统计，省、市、县三级安全生产监管部门人员平均编制为83.2名、28.8名和15.4名，其中事业编制约占28%。为此，《国务院办公厅关于加强安全生产监管执法的通知》以及《中共中央 国务院关于推进安全生产领域改革发展的意见》均明确要求，必须切实加强安全生产监管机构以及执法队伍建设，特别强调将安全生产监管部门纳入行政执法序列，确立起执法主体的地位。本条规定，旨在进一步突出各级负有安全生产监管职责的部门在安全生产行政执法工作中的合法地位，明确其是本级人民政府负责安全生产行政执法的部门。

二是明确了安全生产行政执法的职权。根据本条规定，负有安全生产监管职责的部门依法负有的安全生产行政执法职权包括行政检查权、行政处罚权、现场处理权和行政强制权。

（1）行政检查是指行政机关在履行行政管理职责过程中，对一定范围内行政相对人是否遵守法律、法规以及是否执行行政决定、命令等情况，进行的调查、了解、检验、检测等具体行政行为。

（2）行政处罚是行政机关依法对违反行政管理秩序的公民、法人或者其他组织，以减损权益或者增加义务的方式予以惩戒的行为。行政处罚具有以下特点：1）行政处罚的主体是行政机关或法律、法规授权的其他行政主体；2）行政处罚的对象是作为行政相对方的公民、法人或其他组织；3）行政处罚的前提是相对方实施了违反行政法律规范的行为；4）行政处罚是一种以惩戒违法为目的、具有制裁性的具体行政行为。行政处罚是目前我国安全生产行政执法领域运用最多的行政行为之一。《中华人民共和国行政处罚法》（以下简称《行政处罚法》）规定了警告，罚款，没收违法所得、没收非法财物，责令停产停业，暂扣或者吊销许可证件，行政拘留等行政处罚的种类。

（3）现场处理是对行政检查中发现的安全生产违法行为或者事故隐患，安全生产行政执法人员应当依法进行现场处置。现场处理依不同情形，包括当场予以纠正，责令限期改正，责令立即停止作业（施工），责令立即停止使用相关设施、设备，责令立即排除事故隐患，责令从危险区域撤出作业人员，责令暂时停产停业等。现场处理措施依据法律、法规的授权实施，是安全生产行政执法人员在检查实施过程中的法定职权之一，其性质属于行政命令。行政相对人应当遵照现场处理决定，执行相应的措施；对现场处理措施有异议的，可以依法申请救济。

（4）行政强制是行政机关或司法机关对不履行行政法义务的行政相对人人身或财产施加强制，促使其履行义务的行政行为。行政强制分为行政强制措施和行政强制执行。依据相关法律、法规，安全生产行政强制的种类包括：对有根据认为不符合保障安全生产的国家标准或者行业标准的设施、设备、器材以及违法生产、储存、使用、经营、运输的危险物品予以查封或者扣押，对违法生产、储存、使用、经营危险物品的作业场所予以查封；临时查封易制毒化学品有关场所、扣押相关的证据材料和违法物品；扣押用于违法生产、使用危险化学品的原材料、设备工具；通知有关部门、单位强制停止供电，停止供应民用爆炸物品；法律、法规规定的其他安全生产行政强制。

三是规定了安全生产行政执法的要求。根据保障安全生产的特点，本条除依法赋予负有安全生产监管职责的部门在监督检查中可以行使的四项安全生产行政执法职权外，还规定了行使这些职权的具体条件、应遵循的基本要求。安全生产监督检查主要是针对违法行为、事故隐患的，总的目的是确保安全生产。为此，本条还确立了一条重要的规则，即监督检查不得影响被检查单位的正常生产经营活动。这里所规定的“正常生产经营活动”，是指没有违反安全生产要求、履行了安全生产义务的生产经营活动。

第六十六条 生产经营单位对负有安全生产监督管理职责的部门的监督检查人员（以下统称安全生产监督检查人员）依法履行监督检查职

责，应当予以配合，不得拒绝、阻挠。

【条文主旨】

本条是关于生产经营单位配合安全生产监督检查的规定。

【内容导读】

“法立，有犯而必施；令出，唯行而不返。”负有安全生产监管职责的部门的执法人员依法履行监督检查职责的行为，是代表国家执行公务的行为，具有法定性和强制性。生产经营单位有接受负有安全生产监管职责的部门依法进行的监督检查的义务，对监督检查人员依法履行监督检查职责应提供便利条件，予以积极配合，不得拒绝、阻挠，这样才能保证监督检查的顺利进行。实践中，一些生产经营单位拒绝接受依法进行的监督检查，不允许监督检查人员进入本单位进行检查；有的生产经营单位不向监督检查人员提供有关资料或情况，甚至对监督检查人员作出的决定不予执行。这些情形，严重影响了安全生产监督检查工作的顺利开展，给生产经营单位安全生产埋下了隐患，也损害了行政执法的权威。为此，本条明确规定，生产经营单位对负有安全生产监管职责的部门的执法人员依法履行监督检查职责，应当予以配合，包括允许监督检查人员进入相关场所实施现场检查，为监督检查人员依法履行职务提供便利条件，满足监督检查人员依法提出的调阅有关资料，检查有关设施、设备，找生产经营单位负责人或有关人员谈话了解有关情况等属于检查职权范围内的合法要求。生产经营单位不履行这项法定义务时，应承担相应的法律责任。当然，安全生产监督检查人员必须依法履行监督检查职责，不得滥用职权、提出不合理的要求。对于违反法律规定的检查要求，生产经营单位有权予以拒绝，并有权向有关部门举报。

第六十七条 安全生产监督检查人员应当忠于职守，坚持原则，秉公执法。

安全生产监督检查人员执行监督检查任务时，必须出示有效的行政执法证件；对涉及被检查单位的技术秘密和业务秘密，应当为其保密。

【条文主旨】

本条是关于安全生产监督检查人员的履职基本要求的规定。本条共分为两款。

【核心概念】

“行政执法证件”，是指行政机关或执法组织的执法人员开展执法活动时出示的有效身份证件。

【内容导读】

法律赋予了负有安全生产监管职责的部门相应的行政职权，对于及时监督检查生产经营单位切实履行安全生产主体责任，有效防止和减少生产安全事故，促进安全生产形势的稳定好转发挥了积极作用。但同时，在工作中也存在一些不容忽视的问题：有的负有安全生产监管职责的部门法制观念不强，行政执法中“重实体、轻程序，重结果、轻过程”的问题比较突出；有的行政处罚事实不清、证据不足，适用法律规范不够准确等问题时有发生；一些地方由于执法不当所引发的行政申诉、行政复议和行政诉讼案件的数量逐年增多。根据行政法的基本理论，行政权力的行使应当受到相应的约束。负有安全生产监管职责的部门在履行监督检查职权的同时，也应当贯彻依法行政、合理行政以及高效便民等行政法的基本原则，确保具体行政行为合法、合理、有效。为此，本条从以下两个方面作出规定。

一方面，执法人员应当忠于职守，坚持原则，秉公执法。所谓忠于职守，即忠于职责与忠于操守，要求国家工作人员要自觉担当起岗位职能设定的工作责任，优质高效地履行好各项义务，这也是国家对公职人员的基本要求。针对安全生产监督检查人员，忠于职守就是必须忠实于所担负的安全生产的监管工作，对本职工作要兢兢业业、认真负责，以高度的责任感完成对安全生产监管工作。所谓坚持原则，就是必须按照法定的要求、法定的标准说话办事，自觉抵御各种不正之风和腐败现象的侵蚀，做到有法必依、执法必严、违法必究。所谓秉公执法，就是要求必须做到执法上的公平、公正，不徇私情，不滥用职权，严格依法办事，履行法定的职责。此外，在对生产经营单位进行监督检查时，负有安全生产监管职责部门的行政执法人员，对其所了解和掌握的涉及被检查单位的技术秘密和商业秘密，应当予以保密，不得泄露，否则应按照相关法律、法规接受处罚。

另一方面，监督检查应严格遵循法定程序。“正义不仅要实现，而且要以看得见的方式实现。”树立程序正义理念，严格遵循法定程序，是规范执法的重要制度保障。负有安全生产监管职责部门的监督检查人员开展监督检查应严格遵循的法定程序，包括监督检查人员不少于两人、表明执法身份、执法过程记录等。本条规定安全生产监督检查人员执行监督检查任务时，必须出示有效的行政执法证件，其目的是为了向行政相对人表明执法者的身份和执法的合法性，防止他人假冒执法人员侵犯行政相对人的合法权益。安全生产监督检查人员执行职务时不依法出示行政执法证件的，被监督检查的单位有权拒绝检查。随着安全生产行政执法规范化建设发展，近年来，一些行政机关还推广使用标准化用语进一步规范现场执法活动，如《应急管理部办公厅关于印发〈安全生产行政执法规范用语指引〉的通知》规定，在实施现场检查前，安全生产监督检查人员应规范告知行政相对人执法检查事项。如根据 ×× 工作计划（或举报投诉），今天依法对你单位进行安全生产执法检查，执法流程包括启动会、现场执法检查、总结会等环节。请你单位主要负责人、安全管理人员和有关岗位员工全程参加。

第六十八条 安全生产监督检查人员应当将检查的时间、地点、内容、发现的问题及其处理情况，作出书面记录，并由检查人员和被检查单位的负责人签字；被检查单位的负责人拒绝签字的，检查人员应当将情况记录在案，并向负有安全生产监督管理职责的部门报告。

【条文主旨】

本条是关于安全生产检查人员进行监督检查记录的规定。

【内容导读】

行政执法记录是确保行政执法活动合法有效的重要保证。《国务院办公厅关于全面推行行政执法公示制度执法全过程记录制度重大执法决定法制审核制度的指导意见》明确要求，行政执法机关要通过文字、音像等记录形式，对行政执法的启动、调查取证、审核决定、送达执行等全部过程进行记录，并全面系统归档保存，做到执法全过程留痕和可回溯管理。对于安全生产工作而言，监督检查涉及方方面面，需要认真进行，每一个环节都应慎之又慎，不得马马虎虎，避免出现差错。安全生产的监督检查工作又是一项具有连续性的工作，安全生产的监督检查人员之间需要对自己的检查工作有一定交接手续，防止监督检查工作出现断档，不断改进监督检查工作存在的问题和不足。同时，一旦发生生产安全事故，也便于查清和确定相关责任。为此，本条明确规定，安全生产监督检查人员应当将检查的时间、地点、内容、发现的问题及其处理情况，作出书面记录，具体有两方面要求。

一方面，检查记录的方式为书面形式，应当使用专门的行政执法文书。目前，应急管理部组织制定了《现场检查记录》等相关执法文书供安全生产监督检查人员使用。安全生产监督检查人员制作《现场检查记录》应当符合下列要求：一是检查场所。注明场所名称，对多个独立场所，应分别作出准确的描述。二是检查时间。检查时间应具体到检查起止时间的年、月、日、时、分。三是检查情况。按照检查过程详细记录检查的内容、方法、结果等。检查情况要客观、准确，如实记载行政执法人员在现场观察到的实际情况，反映其客观的原始状态。涉及专业性检查时，应当使用专业性规范用语。对于检查发现的问题，应有法律、法规、规章或者国家标准、行业标准作为依据。

另一方面，检查记录须由检查人员和被检查单位的负责人签字。检查人员和被检查单位的负责人在检查记录上签字，有利于促使他们提高工作的责任心，同时，签字也为一旦发生生产安全事故时确定和分清责任提供了有效的依据。为了保证监督检查记录的准确性和有效性，有关人员都应当在检查记录中签字。被检查单位的负责人拒绝签字的，检查人员应当将情况记录在案，并向负有安全生产监管职责的部门报告。

第六十九条 负有安全生产监督管理职责的部门在监督检查中，应当互相配合，实行联合检查；确需分别进行检查的，应当互通情况，发现存在的安全问题应当由其他有关部门进行处理的，应当及时移送其他有关部门并形成记录备查，接受移送的部门应当及时进行处理。

【条文主旨】

本条是关于负有安全生产监管职责的部门在监督检查中相互配合的规定。

【核心概念】

“联合执法”，也称“综合执法”，是指两个或两个以上不同职能的行政主体分别派出一定数量的工作人员组成联合执法队伍，共同进行行政管理或开展监督检查等活动的统称。

“安全生产案件移送”，是指负有安全生产监管职责的部门依照有关法律、法规和部门“三定”规定等相关规定，将安全生产执法过程中发现的违法案件按程序移交给有管辖权的行政机关或司法机关依法处理的行为。

【内容导读】

现代行政管理的内容越来越多，行政机关的分工越来越细。尤其是随着我国工业化、城镇化持续推进，各类事故隐患和安全风险交织叠加，安全生产法律、法规还没有完全配套的情况下，政府的单一部门执法力度在某些执法活动中越来越显得单薄无力，甚至无法开展。开展联合检查，实施联合执法，对于加大安全生产监管力度，优化执法资源配置，不断提升执法效能无疑具有十分重要的意义。为此，本条明确规定，负有安全生产监管职责的部门在监督检查中，应当互相配合，实行联合检查。

一是实行联合检查为原则，以分别检查为例外。生产经营单位安全生产事项繁多，涉及方方面面，按照“管行业必须管安全、管业务必须管安全、管生产经营必须管安全”的原则，许多部门都负有安全生产监管职责。以危险化学品安全管理为例，根据中共中央办公厅、国务院办公厅印发的《关于全面加强危险化学品安全生产工作的意见》以及《危险化学品安全管理条例》相关规定，应急管理、交通运输、公安、铁路、民航、生态环境等部门分别承担危险化学品生产、储存、使用、经营、运输、处置等环节相关安全监管责任。如果上述监管部门都分别对危险化学品企业进行监督检查，难免会造成多头检查、重复检查的问题，不仅增加行政成本，也使得企业疲于应付，加重其负担，甚至影响正常的生产经营活动。安全生产工作具有整体性，各部门分别检查、互不通气、各自为战，割裂了安全生产工作的整体联系，不利于提高检查的效果。从实践看，安全生产领域非法、违法情形复杂，有些安全生产违法行为单纯依靠单一专业执法力量难以纠正、制止、查处，此外还有各类安全生产大检查、隐患排查治理、专项督查活动，以及各级党委、政府交办的重要安全生产工作，需要多部门协调配合、共同开展。通过开展联合检查，可以进一步优化负有安全生产监管职责的部门的资源配置，实现同类事项综合执法，避免对企业的重复执法、多头监管，减轻企业负担，这也是落实简政放权、放管结合、优化服务改革目标的必然要求。

二是安全生产案件移送。安全生产案件移送包括两种具体情况：一种情况是一般行政案件的移送，另一种情况是安全生产涉嫌犯罪案件的移送。

（1）一般行政案件的移送。具体情形包括：1）涉嫌超层越界开采、无证勘查开采矿产资源等违法行为的，应当依法移送自然资源部门；2）涉嫌非法违法用工的，应当依法移送人力资源和社会保障部门；3）涉嫌未批先建建设项目的，应当依法移送有管辖权的审批部门；4）涉嫌违法生产、经营、使用特种设备、安全防护计量器具以及烟花爆竹产品质量、危险化学品及其包装物容器（不包括储存危险化学品的固定式大型储罐）产品质量不符合要求的，应当依法移送市场监督管理部门；5）涉嫌生产经营单位防雷设施未按照要求检验检测，应当依法移送气象等主管部门；6）涉嫌未按规定配备消防设施设备或者安全出口、防火间距、“三合一”场所以及仓库的耐火等级等不符合消防要求的，应当依法移送消防救援机构或住房和城乡建设部门；7）涉嫌职业病危害因素的，应当移送卫生健康主管部门；8）属于其他行政机关职责范围的事项，依法移送其他部门处理。

（2）涉嫌犯罪案件的移送。负有安全生产监管职责的部门在日常执法、事故调查中，发现违法事实涉及的金额、违法事实的情节、违法事实造成的后果等涉嫌构成犯罪的，必须及时向公安机关移送。为了建立健全安全生产行政执法与刑事司法衔接工作机制，依法惩治安全生产违法犯罪行为，保障人民群众生命财产安全和社会稳定，2019 年 4 月 16 日，应急管理部、公安部、最高人民法院、最高人民检察院联合印发《安全生产行政执法与刑事司法衔接工作办法》，明确涉嫌安全生产犯罪案件主要有七类，分别是：重大责任事故案件；强令违章冒险作业案件；重大劳动安全事故案件；危险物品肇事案件；消防责任事故、失火案件；不报、谎报安全事故案件；非法采矿，非法制造、买卖、储存爆炸物，非法经营，伪造、变造、买卖国家机关公文、证件、印章等涉嫌安全生产的其他犯罪案件。上述涉嫌安全生产犯罪案件的立案追诉标准，按照最高人民法院、最高人民检察院《关于办理危害生产安全刑事案件适用法律若干问题的解释》和最高人民检察院、公安部有关犯罪案件追诉标准等规定执行。

以《中华人民共和国刑法》(以下简称《刑法》)规定的重大责任事故罪的移送为例，移送的具体标准如下：

(1)违法行为。在生产、作业中违反有关安全管理的规定，因而发生重大伤亡事故或者造成其他严重后果的。

(2)安全生产法律、法规相关规定。《安全生产法》第九十四条、第九十六条、第一百零一条、第一百零七条，《矿山安全法》第四十七条，《生产安全事故报告和调查处理条例》第三十八条，《矿山安全法实施条例》第五十六条。

(3)移送依据。《刑法》第一百三十四条第一款、《行政执法机关移送涉嫌犯罪案件的规定》和《生产安全事故报告和调查处理条例》。

(4)移送标准。最高人民法院、最高人民检察院《关于办理危害生产安全刑事案件适用法律若干问题的解释》第六条第一款规定，实施刑法第一百三十二条、第一百三十四条第一款、第一百三十五条、第一百三十五条之一、第一百三十六条、第一百三十九条规定的行为，因而发生安全事故，具有下列情形之一的：

1)造成死亡一人以上，或者重伤三人以上的；

2)造成直接经济损失一百万元以上的；

3)其他造成严重后果或者重大安全事故的情形。

三是将移送的情况形成文字记录，以便备查。移送部门一定应当按法律要求形成书面记录，并请接受移送的部门签字或者盖章确认，这样有利于明确责任，防止日后推诿。如果在移送过程中有关部门之间发生争议，应当及时提请政府协调。接受移送的部门应当根据安全问题的性质、严重程度等，及时采取相应的措施予以处理。如果置之不理，出现问题应按渎职处理，依法追究渎职者的法律责任。

第七十条 负有安全生产监督管理职责的部门依法对存在重大事故

隐患的生产经营单位作出停产停业、停止施工、停止使用相关设施或者设备的决定，生产经营单位应当依法执行，及时消除事故隐患。生产经营单位拒不执行，有发生生产安全事故的现实危险的，在保证安全的前提下，经本部门主要负责人批准，负有安全生产监督管理职责的部门可以采取通知有关单位停止供电、停止供应民用爆炸物品等措施，强制生产经营单位履行决定。通知应当采用书面形式，有关单位应当予以配合。

负有安全生产监督管理职责的部门依照前款规定采取停止供电措施，除有危及生产安全的紧急情形外，应当提前二十四小时通知生产经营单位。生产经营单位依法履行行政决定、采取相应措施消除事故隐患的，负有安全生产监督管理职责的部门应当及时解除前款规定的措施。

【条文主旨】

本条是关于停止供电、停止供应民用爆炸物品安全生产强制措施的规定。本条共分为两款。

【核心概念】

“安全生产行政强制”，是指负有安全生产监管职责的部门为预防和制止安全生产违法行为，或者为保证行政决定的履行而对行政相对人采取的强制行为。行政强制分为行政强制措施和行政强制执行。

【内容导读】

在党中央、国务院正确领导下，各地区、各部门和各单位齐心协力，勇于进取，不断推动安全生产工作取得新进展。在经济社会快速发展的情况下，全国生产事故起数、死亡人数连续十三年“双下降”。当前，我国仍处于工业化、城镇化加快发展过程中，各类事故隐患和安全风险交织叠加，安全生产基础薄弱的现状尚未从根本上得到改变，安全生产总体上仍处于爬坡期、过坎期、脆弱期，稍有放松就可能反弹回潮。造成目前安全生产形势依然严峻的原因是多方面的，其中很重要一条就是安全生产行政决定执行难，安全生产执法力度不够。当行政相对人拒绝执行停产停业的行政处罚时，负有安全生产监管职责的部门由于未被赋予强制实施的权力，既不能强制执行，又没有其他行之有效的应对措施。而申请法院强制执行又因程序复杂、时间漫长，无法实现迫使存在重大事故隐患的生产经营单位暂时停产停业、立即排除重大隐患的根本目的，客观上使得一些本该立即整治的重大事故隐患仍然存在，形成潜在重大事故风险，稍有不慎，就可能造成巨大的人员伤亡和财产损失。近年来，因企业拒不执行有关部门下达的停产停业指令，造成重大人员伤亡的事故时有发生，如造成78人死亡、76人重伤、640人住院治疗，直接经济损失19.86亿元的江苏某化工有限公司“3·21”特别重大爆炸事故。在事故发生前，该公司曾多次因为环保违法行为被相关部门处罚，但每一次处罚都没能让其“悬崖勒马”。可见，依法赋予负有安全生产监管职责的部门安全生产强制停产停业措施权，不仅是降低事故发生率、保护人民群众生命健康权的现实需求，也是切实强化监管执法力度、解决执行难的可靠保障。从国外情况看，美国、英国、德国、日本、俄罗斯、韩国等工业发达国家，为了有效保障公共安全、人身安全，在相关领域大多采取不同的行政强制方式保障有关行政决定的贯彻实施。

鉴于行政强制措施对行政相对人影响巨大，安全生产强制停产停业措施应遵循“合法、慎用”的原则，在内容上，本条设定了三个实施的前提条件和四个执行程序规定。

（1）实施主体为负有安全生产监管职责的部门。本措施排除“政府”实施，若由“政府”来实施，需要由负有安全生产监管职责的部门进行申报、审批等程序，将会使实施过程复杂、时限长；且政府并不具备安全生产管理的专业技能，可能无法判断生产经营单位是否有“发生生产安全事故的现实危险”，不能准确地进行批复、实施本措施。

（2）实施前提包括三种具体情形：一是负有安全生产监管职责的部门作出停产

停业、停止施工、停止使用的决定。负有安全生产监管职责的部门已经依法作出停产停业、停止施工、停止使用的行政处罚，说明为保障公共安全，保护工人的生命健康，保护企业的财产，确有停产停业、停止施工、停止使用的必要，负有安全生产监管职责的部门经过法定程序已经依法作出相关决定。安全生产监督检查的重要目的之一就是发现事故隐患并及时处理。因此，负有安全生产监管职责的部门作出停产停业、停止施工、停止使用的行政决定是本条款实施的首要前提。二是生产经营单位拒不执行。生产经营单位拒不执行，是行政相对人对行政处罚的拒绝执行，是对依法行政行为的消极违反，阻碍行政主体依法行政。三是存在重大事故隐患，有发生生产安全事故的现实危险。按照事故致因理论，存在重大事故隐患的生产经营单位继续生产经营可能会造成严重危害及恶劣影响，所以应该采取行政强制措施将其制止，以降低社会危害性。这里讲的“现实危险”，是从一般人的生活经验法则出发，对行为的对象行为发生时的现场环境，行为引起的外界变动等因素进行综合判断，通过现有事实证据，足以证明发生重大伤亡事故的可能性远大于不发生重大伤亡事故，即可判定存在“现实危险”。

（3）实施的目的是为保证安全。安全生产停产停业强制措施的最终目的之一就是为了避免生产经营单位发生重大安全事故，从而保证其生产经营活动的正常进行。因此，在负有安全生产监管职责的部门实施行政强制措施的过程中更要以保证安全为前提。在实施停止供电方式的强制措施的情况下，要严格遵守安全断电程序，以保障实现安全生产的行政强制目的。

（4）实施程序有严格限制。按照有关法律、法规的要求，为防止行政权力的滥用，在赋予行政机关行政权力的同时，也必须在程序上规范和制约行政权力的行使。实施安全生产强制停产停业措施，应当履行以下法定程序：一是经本部门主要负责人批准。实施前需由本部门主要负责人批准，可实现行政机关的内部监督，更严谨地判断停止供电、停止供应民用爆炸物等行为实施的必要性。二是本行政强制措施的实施过程为通知有关单位采取措施，确定了本措施实施的方式方法为“通知”。三是必须采取书面形式。书面形式为本条实施的形式要件。书面形式具有意思表示准确、有据可查、便于预防纠纷的优点。四是采取停止供电措施，应当提前二十四小时通知生产经营单位。停止供电可能会对安全造成一些不可预计的影响，要求提前二十四小时通知生产经营单位，以做好停电准备，避免不必要的危险和损失发生。但是，有危及生产安全的紧急情形的除外。在紧急情形下可不必须提前二十四小时通知，采取紧急停止供电措施，以避免生产安全事故的发生，减少损失。

第七十一条 监察机关依照监察法的规定，对负有安全生产监督管理职责的部门及其公职人员履行安全生产监督管理职责实施监察。

【条文主旨】

本条是关于安全生产公职人员监察制度的规定。

【核心概念】

“监察机关”，是监察法规定行使国家监察职能的专责机关。根据党中央关于深化国家监察体制改革的部署，监察机关与党的纪律监察机关合署办公，从而实现党对国家监察工作的领导，是实现党和国家自我监督的政治机关，不是行政机关、司法机关。

【内容导读】

为强化行政权力监督和制约，防止出现权力真空和监管缺失，本条规定了安全生产职务犯罪监察制度。伴随着国家监察体制改革，职务违法和职务犯罪案件由监察机关办理。在本轮改革中，不仅检察机关的职务犯罪侦查权转移给监察委员会，而且检察机关职务犯罪侦查部门的检察官也几乎成建制地转录到监察委员会，实现了职务犯罪侦查职能与侦查人员的"双转隶"。《中华人民共和国监察法》(以下简称《监察法》)明确规定，各级监察委员会是行使国家监察职能的专责机关，依法对所有行使公权力的公职人员进行监察，调查职务违法和职务犯罪，开展廉政建设和反腐败工作，维护宪法和法律的尊严。按照《监察法》规定，监察委员会依法履行监督、调查、处置职责，具体包括：对公职人员开展廉政教育，对其依法履职、秉公用权、廉洁从政从业以及道德操守情况进行监督检查；对涉嫌贪污贿赂、滥用职权、玩忽职守、权力寻租、利益输送、徇私舞弊以及浪费国家资财等职务违法和职务犯罪进行调查；对违法的公职人员依法作出政务处分决定；对履行职责不力、失职失责的领导人员进行问责；对涉嫌职务犯罪的，将调查结果移送人民检察院依法审查、提起公诉；向监察对象所在单位提出监察建议。需要注意的是，监察机关行使的是调查权，不同于侦查权。《监察法》规定的执法主体是与党的纪律监察机关合署办公的国家监察机关，监督调查对象是行使公权力的公职人员，而不是普通的刑事犯罪嫌疑人；调查的内容是职务违法和职务犯罪，而不是一般刑事犯罪行为，包括涉嫌贪污贿赂、滥用职权、玩忽职守、权力寻租、利益输送、徇私舞弊以及浪费国家资财等职务违法和职务犯罪行为，基本涵盖了公职人员的腐败行为类型。

第七十二条 承担安全评价、认证、检测、检验职责的机构应当具备国家规定的资质条件，并对其作出的安全评价、认证、检测、检验结果的合法性、真实性负责。资质条件由国务院应急管理部门会同国务院有关部门制定。

承担安全评价、认证、检测、检验职责的机构应当建立并实施服务公开和报告公开制度，不得租借资质、挂靠、出具虚假报告。

【条文主旨】

本条是关于安全生产社会服务机构资质条件和禁止义务的规定。本条共分为两款。

【核心概念】

“承担安全评价、认证、检测、检验职责的机构”，是指向社会开放的，接受生产经营单位或者负有安全生产监管职责的部门等的委托，对有关的安全生产条件、安全产品、安全设备等进行技术性评价、技术性检验、安全认证等，并出具相关报告的机构。

【内容导读】

党的十九届四中全会指出，必须加强和创新社会治理，完善党委领导、政府负责、民主协商、社会协同、公众参与、法治保障、科技支撑的社会治理体系，建设人人有责、人人尽责、人人享有的社会治理共同体。安全生产社会服务机构在安全生产治理中发挥重要作用，已成为安全生产治理共同体的重要一环。为了规范安全生产社会服务机构行为，强化其安全生产诚信意识和责任意识，本条从以下三个方面进行了规定。

一是安全生产社会服务机构应当具备国家规定的资质条件。该机构的报告对于生产经营单位的安全生产，对于监管部门的监管，具有相当重要的作用。为保证安全评价、认证、检测、检验结果的客观、公正、准确，一个重要的条件是，承担安全评价、认证、检测、检验职责的机构应具备“国家规定的资质条件”，包括对必要的技术人员、管理人员的资格方面的要求，对必要的检测、检验设备方面的要求，对必要的组织机构的要求，对建立健全有关检测、检验操作规程的要求等。这里所讲的“国家规定”，包括了法律的规定、行政法规的规定和国务院有关部门依法制定的行政规章的规定，资质具体条件由国务院应急管理部门会同国务院有关部门制定。

二是安全生产社会服务机构制定和实施服务公开制度，并对其作出的安全评价、认证、检测、检验结果负责。实践中，一些不具备资质条件的社会性中介机构为了谋取经济利益，置人民群众的生命和财产安全于不顾，进行所谓的“安全评价”“认证”“检测”“检验”等活动，给安全生产造成严重威胁，在这方面有不少血的教训。因此，对于承担安全评价、认证、检测、检验职责的机构应当保证其作出的安全评价、认证、检测、检验结果的客观性、真实性、公正性，要制定和实施服务公开制度，并对其作出的安全评价、认证、检测、检验结果负责。这里包括两方面的含义：一是安全评价、认证、检测、检验的机构接受委托进行有关的安全评价、认证、检测、检验，必须做到客观、公正，执行规定的程序和操作规则，保证结果的准确性；二是安全评价、认证、检测、检验机构要对自己作出的安全评价报告和检测、检验结果的合法性、真实性、准确性负责，对出具的安全评价报告或者检测、检验结论不实的，要承担相应的法律责任。

三是严禁安全生产社会服务机构租借资质、违法挂靠、弄虚作假等行为。安全评价、检测、检验等安全生产技术服务资质是国家法定的事项，任何机构或个人必须依照法定条件和程序取得资质，方可从事相应的安全生产技术服务活动，转租或出借资质是严重违法行为。目前，规范有序的安全生产社会化服务市场尚未完全形成，部分机构或个人受经营状况影响和利益驱使，违法转租或出借资质，违法出具虚假报告，非法从事安全生产技术服务活动，不仅扰乱了公平竞争的市场秩序，也给安全生产工作带来严重负面影响。天津港“8·12”瑞海公司危险品仓库特别重大火灾爆炸事故调查发现，天津中滨海盛安全评价监测有限公司作为中介及技术服务机构弄虚作假、违法违规进行安全审查、评价和验收，提供虚假证明文件，使得瑞海公司取得危险化学品经营资质，并在继续经营过程中造成“8·12”特大火灾爆炸事故的重大人员、财产损失。因此，本法严禁安全生产社会服务机构租借资质、违法挂靠、弄虚作假等行为，强化诚信意识，维护公平公正、竞争有序的技术服务体系。

第七十三条 负有安全生产监督管理职责的部门应当建立举报制度，公开举报电话、信箱或者电子邮件地址等网络举报平台，受理有关安全生产的举报；受理的举报事项经调查核实后，应当形成书面材料；需要落实整改措施的，报经有关负责人签字并督促落实。对不属于本部门职责，需要由其他有关部门进行调查处理的，转交其他有关部门处理。

涉及人员死亡的举报事项，应当由县级以上人民政府组织核查处理。

【条文主旨】

本条是关于负有安全生产监管职责的部门受理、核查安全生产举报的规定。本条共分为两款。

【核心概念】

"安全生产举报"，是指公民、法人或者其他组织采用书信、电子邮件、传真、电话、走访等形式，向负有安全生产监管职责的部门反映情况，提出生产经营单位存在事故隐患、安全生产非法违法行为以及不报、迟报、谎报、瞒报生产安全事故等举报投诉事项，依法由负有安全生产监管职责的部门查处活动的统称。

"吹哨人"（Whistleblower）是一个舶来词汇，原本指的是英国警察在发现罪犯时，吹响警报向同行和路人示警，后被用来指称举报人。"吹哨"（Whistle-blowing）在我国也可以翻译为举报、检举、告发或者揭弊，既包括内部告发，也包括外部举报。

【内容导读】

建立良好的社会秩序、维护社会公平正义是全社会的共同责任。社会监督是《安全生产法》依法确立的安全生产工作机制之一。社会公众对安全生产问题进行关注并向有关部门反映相关信息，以实现切实维护人民群众生命和财产安全的目的。《国务院关于加强和规范事中事后监管的指导意见》强调，发挥社会监督作用，建立“吹哨人”、内部举报人等制度，对举报严重违法违规行为和重大风险隐患的有功人员予以重奖和严格保护。

在安全生产领域建立举报制度，对于及时发现并有效查处生产经营单位违法违规行为，提高监管效率，有效遏制重特大事故发生具有十分重要的现实意义。负有安全生产监管职责的部门在建立举报制度时，应通过以下方式进行制定落实。

一是公开举报电话、信箱或者电子邮件地址等网络举报平台，即要向社会公开监督举报的联系方式。目前，负有安全生产监管职责的部门建立了安全生产举报投诉制度，开通了“12350”举报投诉电话。“12350”举报投诉电话是全国统一的安全生产举报投诉特服电话号码，接受安全生产事项举报投诉。公开的面要广，要让多数人知悉，应通过影响面较广的媒体对外公开，比如可通过电视、广播、报纸等形式进行。公开受理举报的单位的电话、信箱或者电子邮件地址应当具体、明确，便于记忆。对受理举报的事项要公开，应当包括受理对生产经营单位违反有关安全生产法律、法规行为的举报，以及对负有安全生产监管职责的部门的工作人员不依法行政的举报等。

二是受理单位应调查核实举报内容。负有安全生产监管职责的部门不能将建立举报制度作为形式，要对举报的内容进行调查核实，一旦核实就应当形成书面文字、写出报告。对不属于本部门职责，需要由其他有关部门进行调查处理的，接到举报的单位应当按照职责分工，转交其他有关部门处理。

三是督促落实。受理举报的部门在调查核实以后，应当依法作出处理决定。比如，要求存在生产安全事故隐患的单位提出整改措施，要求存在事故安全隐患的单位负责人作出书面保证等。需要注意的是，实践中有关安全生产的举报涉及行政机关及其工作人员，负有安全生产监管职责的部门在办理这类举报事项时，应同时遵照《信访条例》规定的程序和要求。另外，举报人举报的事项应当客观真实，举报人对其提供材料内容的真实性负责，不得捏造、歪曲事实，不得诬告、陷害他人。

需要指出的是，涉及人员死亡的生产安全事故的举报事项，往往存在着严重瞒报行为。由于时过境迁，瞒报事故核查存在涉及单位人员多、调查取证难度大、责任认定困难等一系列复杂问题，需要司法机关通过侦查手段开展相关工作，单纯凭行政手段难以核清，不利于开展相关工作，揭开真相。从以往瞒报事故的核查处理看，均是由政府牵头组织，司法机关及相关部门参加，即便如此，有的案件多年都难以查清事实。为此，本条规定涉及人员死亡的举报事项，应当由县级以上人民政府组织核查处理。

第七十四条 任何单位或者个人对事故隐患或者安全生产违法行为，均有权向负有安全生产监督管理职责的部门报告或者举报。

因安全生产违法行为造成重大事故隐患或者导致重大事故，致使国家利益或者社会公共利益受到侵害的，人民检察院可以根据民事诉讼法、行政诉讼法的相关规定提起公益诉讼。

【条文主旨】

本条是关于负有安全生产举报调查处理以及公益诉讼的规定。本条共分为两款。

【核心概念】

“公益诉讼”，是指公民、法人或其他组织根据法律授权，就侵犯国家利益、社会公益的行为提起诉讼，由法院依法处理的活动。实践中，一般将公益诉讼分为民事公益诉讼和行政公益诉讼。

【内容导读】

人民是推动历史前进的真正动力。举报制度体现了依靠群众原则，是行政机关发现问题、纠正违法行为的重要途径。安全生产关系广大人民群众的切身利益，公众关心安全生产，对良好社会秩序的需求越来越迫切。面临严峻的安全生产形势，安全生产违法行为的普遍性和执法力量有限性之间存在矛盾，负有安全生产监管职责的部门只有依靠群众、为了群众，才能做好安全生产工作。因此，本条赋予社会公众举报权利，并增加了公益诉讼制度。

一是明确了社会公众举报权利以及相关制度保障。举报主体是没有限制的，任何单位或者个人都可以举报事故隐患或者安全生产违法行为。举报不一定要求内容完全客观、准确，但也不能滥用权利，更不得捏造或者诬告。有关行政机关应当依法保护公众的举报权利，建立举报的具体制度，方便公众举报。举报对象主要是生产经营单位存在的事故隐患或者违法行为，也可以是行政乱作为、不作为。对于生产经营单位的违法行为，可以向负有安全生产监管职责的部门举报。

此外，建立举报信息核查和反馈机制是完善举报制度的重要方面，只有举报的相关信息得到及时的处理，并及时向举报人反馈，才能真正发挥该制度的功效，同时激发更多社会公众加入举报队伍中。负有安全生产监管职责的部门负有对安全生产举报事项调查核实的法定职责，调查核实结束后，应依法督促存在问题的生产经营单位落实整改措施，并及时向举报人反馈情况。2020 年 9 月 16 日，应急管理部印发《生产经营单位从业人员安全生产举报处理规定》，要求“生产经营单位从业人员在举报其所在单位的重大事故隐患、安全生产违法行为时，应当提供真实姓名以及真实有效的联系方式；否则，应急管理部门可以不予受理”。此外，“应急管理部门受理生产经营单位从业人员安全生产举报后，应当及时核查；对核查属实的，应当依法依规进行处理，并向举报人反馈核查、处理结果。举报事项不属于本单位受理范围的，接到举报的应急管理部门应当告知举报人向有处理权的单位举报，或者将举报材料移送有处理权的单位，并采取适当方式告知举报人”。

二是规定了安全生产公益诉讼制度。公益诉讼作为公共利益受损的司法救济手段，对于监督行政机关依法履行职权，完善现行安全生产监管体制大有裨益。为加强对公共利益的维护，全国人大常委会于 2015 年 7 月 1 日授权最高人民检察院在生态环境和资源保护、国有资产保护、国有工地使用权出让、食品药品安全等领域开展公益诉讼试点。随后，《中共中央 国务院关于推进安全生产领域改革发展的意见》，进一步将公益诉讼拓展到安全生产领域，明确提出“研究建立安全生产民事和行政公益诉讼制度”。为强化对安全生产公共利益的社会监督，本条第二款明确规定，因安全生产违法行为造成重大事故隐患或者导致重大事故，致使国家利益或者社会公共利益受到侵害的，人民检察院可以根据民事诉讼法、行政诉讼法的相关规定提起公益诉讼。

目前，我国安全生产领域社会组织发展迟缓，相比而言，检察公益诉讼发展态势良好。与其他主体相比，检察机关作为法律监督机关，与被监督的地方及其负有安全生产监管职责的部门没有利害关系，加上过硬的法律专业素质，有先天的条件和能力依法监督行政机关依法履职，让安全生产违法者付出应有的法律代价，及时矫正受侵害的社会关系。此外，借助检察机关的法律监督力量，加强对侵害社会公共利益的安全生产违法问题的监督制约，形成体制内外共同监督的合力，不仅有利于提升负有安全生产监管职责的部门依法履职的主动性和自觉性，而且有助于进一步形成安全生产的高压态势，这也是破解当前安全生产突出问题、建立齐抓共管的工作机制的客观需要。从法理上讲，检察机关在我国整体法律监督体制中，发挥协同和补充监督的作用，作为“最后一道防线”，检察机关应坚持“不重复监督”以及“不代行行政权”的原则，即当发现行政机关违法或不作为时，首先应当建议行政机关纠正或建议其上级机关或监察机构予以处理，在所有手段不奏效时，可以依法提起行政公益诉讼。检察建议作为安全生产行政公益诉讼诉前程序的地位和作用，在推动解决安全生产隐患方面已有所彰显。如内蒙古赤峰市某旗危险废物安全隐患案中，两村民违法在家中私设高压储罐储存液态二氧化碳，对该村 547 名村民的人身和财产安全构成严重威胁。该旗人民检察院通过诉前程序发出检察建议书，督促该旗安全监管局依法全面履职，及时地消除了安全隐患，避免了事故的发生。

第七十五条 居民委员会、村民委员会发现其所在区域内的生产经营单位存在事故隐患或者安全生产违法行为时，应当向当地人民政府或者有关部门报告。

【条文主旨】

本条是关于基层群众自治组织安全生产举报的规定。

【内容导读】

安全生产涉及社会各个方面和千家万户，仅靠负有安全生产监管职责的部门单打独斗是难以实现的，还必须调动社会的力量进行监督，并发挥各有关部门的职能作用，齐抓共管，综合治理。居民委员会、村民委员会是居民、村民自我管理、自我教育、自我服务的基层群众性自治组织。居民委员会、村民委员会办理本居住地、本村的公共事务和公益事业，调解民间纠纷，协助维护社会治安，向人民政府反映村民的意见、要求和提出建议。居民委员会协助人民政府或者它的派出机关做好与居民利益有关的工作，村民委员会协助乡、民族乡、镇的人民政府开展工作。虽然政府和有关机构已经建立了安全生产信息收集系统，但是由于生产经营单位点多面广、行业领域繁多，安全生产问题表现形式多样，发展趋势复杂，仅仅依靠政府和相关专业机构的途径是不够的。居民委员会、村民委员会作为基层群众性自治组织，与群众的联系最为密切，而且两者都有义务协助基层政府开展工作，因而本法规定居民委员会、村民委员会发现其所在区域内的生产经营单位存在事故隐患或者安全生产违法行为时，应当向当地人民政府或者有关部门报告。

按照《中华人民共和国城市居民委员会组织法》规定，不设区的市、市辖区的人民政府或者它的派出机关对居民委员会的工作给予指导、支持和帮助。居民委员会协助不设区的市、市辖区的人民政府或者它的派出机关开展工作。乡、民族乡、镇的人民政府对村民委员会的工作给予指导、支持和帮助，但是不得干预依法属于村民自治范围内的事项。村民委员会协助乡、民族乡、镇的人民政府开展工作。据此，本条所称的“当地人民政府或者有关部门”，主要是指不设区的市、市辖区的人民政府或者它的派出机关，乡、民族乡、镇的人民政府，以及政府负有安全生产监管职责的部门。

第七十六条 县级以上各级人民政府及其有关部门对报告重大事故隐患或者举报安全生产违法行为的有功人员，给予奖励。具体奖励办法由国务院应急管理部门会同国务院财政部门制定。

【条文主旨】

本条是关于安全生产举报奖励的规定。

【内容导读】

俗话说，“堡垒最容易从内部攻破”。举报安全生产违法或者事故隐患信息，往往具有信息翔实准确、可信程度高等特点，能够帮助负有安全生产监管职责的部门及时发现违法行为，精准开展行政执法工作。与此同时，这类举报也存在举报人容易遭受打击报复、举报风险较高等问题。山东广播电视台有一档节目叫《问政山东》，曝光了山东省某市安全监管部门工作人员泄露举报人信息一事，引起舆论关注。事件中，栏目记者在发现非法排放的露天采坑后，将情况反映给了当地安全监管部门。十分钟后，就有人打电话威胁记者。举报权是公民行使监督权的一种具体形式，属于公民基本权利范畴。举报本身体现了公民的权利意识以及对国家机关的信任，当这种信任被打破时，就不能再发挥举报权的应有作用。为有效激励更多的人参与到安全生产的监督工作中，提高安全生产事故举报制度的应用性，只有对举报人员给予重奖，并严格维护其合法权益，才能调动举报人员的积极性，倒逼生产经营单位落实主体责任、提高安全生产工作水平。为此，本条明确规定，县级以上各级人民政府及其有关部门对报告重大事故隐患或者举报安全生产违法行为的有功人员，给予奖励。

依照本条的规定，县级以上各级人民政府及其有关部门，对报告重大事故隐患或者举报安全生产违法行为的有功人员，应当给予奖励。比如由于报告或者举报属实，经过监督管理部门的检查和督促处理，有效地避免重大安全生产事故的发生，该报告人或举报人员就应当受到奖励。而对于奖励的具体规定，本条授权国务院应急管理部门会同国务院财政部门共同制定，发布施行。根据法律授权，应急管理部经商财政部同意，制定了《生产经营单位从业人员安全生产举报处理规定》。该规定明确，应急管理部门对受理的生产经营单位从业人员安全生产举报，以及信息员提供的线索，按照安全生产领域举报奖励有关规定核查属实的，应当给予举报人或者信息员现金奖励，奖励标准在安全生产领域举报奖励有关规定的基础上按照一定比例上浮，具体标准由各省级应急管理部门、财政部门根据本地实际情况确定。因生产经营单位从业人员安全生产举报，或者信息员提供的线索直接避免了伤亡事故发生或者重大财产损失的，应急管理部门可以给予举报人或者信息员特殊奖励。近年来，一些地方结合当地安全生产工作实际，出台了安全生产举报奖励具体细则，如《韶关市举报烟花爆竹违法行为奖励办法》规定，举报非法生产、储存、运输、经营烟花爆竹等违法行为，经查证属实的，对举报人予以案值金额 20% 的奖励，奖励金额最高不超过人民币 2 万元。案值金额以政府价格主管部门价格认定机构的认定结论为准；举报非法燃放烟花爆竹行为，经查证属实的，对举报人予以 300 元奖励。

第七十七条 新闻、出版、广播、电影、电视等单位有进行安全生产公益宣传教育的义务，有对违反安全生产法律、法规的行为进行舆论监督的权利。

【条文主旨】

本条是关于安全生产公益宣传的规定。

【内容导读】

安全生产是人民群众高度关注的热点问题之一，是社会和谐的基本要求和社会管理的重要组成部分。做好安全生产工作，需要全社会各方面的共同努力和长期奋斗，其中也离不开新闻、出版、广播、电影、电视等广大传统媒体单位以及互联网、移动传媒、微信、微博等众多新兴媒体单位的支持和配合。当前，全国安全生产形势仍然比较严峻，重特大事故时有发生。为了强化全民的安全意识，切实落实“安全第一、预防为主、综合治理”的方针，促进全国安全生产状况的稳定好转，必须把安全生产宣传教育作为全社会的一项重要工作。为了确保安全生产宣传教育取得实效，加强对安全生产违法行为的监督，本条明确规定新闻、出版、广播、电影、电视等单位有进行安全生产公益宣传教育的义务，并有权对违反安全生产法律、法规的行为进行舆论监督。需要说明的是，安全生产宣传教育具有一定的公益属性，对新闻、出版、广播、电影、电视等单位而言，开展安全生产宣传教育是一项法定义务，对政府及其负有安全生产监管职责的部门提出的安全生产宣传教育任务，新闻、出版、广播、电影、电视等单位应当积极配合，并且原则上不应当收取费用。

为在全社会营造“安全发展”“关爱生命，关注安全”的舆论环境和社会氛围，应急管理等部门每年六月份组织“安全生产月”暨“安全生产万里行”活动，动员各地区、各行业、各单位以及地方媒体深入基层、面向职工群众，组织开展宣讲报告、展览、研讨交流、歌咏比赛、文艺演出、影视放映、送安全科技成果和安全文化到基层等各具特色的区域性宣传教育活动，让安全生产公益广告上街头、进企业、进商场、进车站（机场、码头）、进医院、进公交，努力营造全社会关注安全、关爱生命的舆论氛围。此外，一些地方还组织对安全生产典型违法案例进行曝光，达到“惩治一个，震慑一片”的效果，如浙江省宁波市规定：对造成危害后果较重、社会负面影响大且具有普遍性、典型性问题的违法案件，各地应当通过官方网站、主流媒体等平台及时曝光。有关负责人表示，“各地一般每季度在本单位官方网站、微博和微信公众号等平台集中曝光不少于5家，全年不少于20家。鼓励各地在当地主流媒体、主流网站予以集中曝光。网站公开曝光保留的时长一般为一年。”

第七十八条 负有安全生产监督管理职责的部门应当建立安全生产违法行为信息库，如实记录生产经营单位及其有关从业人员安全生产违法行为信息；对违法行为情节严重的生产经营单位及其有关从业人员，应当及时向社会公告，并通报行业主管部门、投资主管部门、自然资源主管部门、生态环境主管部门、证券监督管理机构以及有关金融机构。有关部门和机构应当对存在失信行为的生产经营单位及其有关从业人员采取加大执法检查频次、暂停项目审批、上调有关保险费率、行业或者职业禁入等联合惩戒措施，并向社会公示。

负有安全生产监督管理职责的部门应当加强对生产经营单位行政处罚信息的及时归集、共享、应用和公开，对生产经营单位作出处罚决定后七个工作日内在监督管理部门公示系统予以公开曝光，强化对违法失信生产经营单位及其有关从业人员的社会监督，提高全社会安全生产诚信水平。

【条文主旨】

本条是关于安全生产失信联合惩戒的规定。

【核心概念】

“失信惩戒”，是指由信用市场各授信主体共同参与，以企业和个人征信数据库记录为依据，通过信用记录和信用信息的公开，来降低市场交易中信息不对称程度，约束社会各经济主体信用行为的社会机制，是信用管理体系中的重要组成部分。

【内容导读】

古人云：“人而无信，不知其可也。”企业无信，则难求发展；社会无信，则人人自危；政府无信，则权威不立。诚信缺失已成为制约经济社会发展的一大问题。如果失信不受惩罚，失信行为必然会屡禁不止。建立失信惩戒机制，其目的就是通过经济手段和道德谴责手段并用，惩罚市场经济活动中失信者，将有严重经济失信行为的企业和个人从市场的主流中剔除出去。《国务院关于印发社会信用体系建设规划纲要（2014—2020 年）的通知》明确规定，建立安全生产信用公告制度，完善安全生产承诺和安全生产不良信用记录及安全生产失信行为惩戒制度。以煤矿、非煤矿山、危险化学品、烟花爆竹、特种设备生产企业以及民用爆炸物品生产、销售企业和爆破企业或单位为重点，健全安全生产准入和退出信用审核机制，促进企业落实安全生产主体责任。为强化安全生产失信联合惩戒，本条从以下四个方面作出规定。

一是规定负有安全生产监管职责的部门建立安全生产违法行为信息库。《安全生产法》将建立安全生产违法行为信息库作为负有安全生产监管职责的部门的安全生产工作职责之一。违法信息库的建立对相关部门之间加强信息沟通起到了重要作用，加大了生产经营单位的违法成本，有利于生产经营单位更好地履行安全生产的相关法律义务。建立安全生产违法信息库最早规定于《安全生产非法违法企业信息发布管理办法》，其明确规定了生产经营单位非法违法信息发布的原则、目的、条件以及发布频率。但作为安全监管系统的内部规定，其效力有限，对于各行业管理部门、投资主管部门等并无约束力，不利于在更高层面对企业的非法违法信息进行掌握汇总并根据违法信息采取相应处罚措施。《关于加强企业安全生产诚信体系建设的指导意见》，进一步要求各级安全监管监察部门或行业主管部门通过事故调查、执法检查、群众举报核查等途径，收集记录相关单位名称、案由、违法违规行为等信息。《国务院办公厅关于加强安全生产监管执法的通知》明确要求，地方各级人民政府要将企业安全生产诚信建设作为社会信用体系建设的重要内容，建立健全企业安全生产信用记录并纳入国家和地方统一的信用信息共享交换平台。要实行安全生产“黑名单”制度并通过企业信用信息公示系统向社会公示，对列入“黑名单”的企业，在经营、投融资、政府采购、工程招投标、国有土地出让、授予荣誉、进出口、出入境、资质审核等方面依法予以限制或禁止。

二是规定了违法信息部门共享制度。联合惩戒制度本质上是跨部门违法信息发现制度，其核心在于跨部门违法信息的共享，各部门在接收到违法信息后，能否对违法行为进行处罚取决于法律、法规中是否赋予其处罚权。本条强调“对违法行为情节严重的生产经营单位及其有关从业人员，应当向社会公告，并通报行业主管部门、投资主管部门、自然资源主管部门、生态资源主管部门、证券监督管理机构以及有关金融机构”，使生产经营单位意识到其在安全生产上的违法违规将直接影响到企业其他方面的运转，从而督促其依法依规履行安全生产的相关规定，落实企业主体责任。

三是规定相关部门要加强联动，依法对失信企业进行联合惩戒约束。为加快推进安全生产诚信体系建设，建立健全失信联合惩戒机制，促进各类生产经营单位诚实守信、合法经营，国家发展改革委、人民银行、原国家安全监管总局、中央文明办、科技部、财政部等十八部门针对安全生产领域失信生产经营单位及其有关人员开展联合惩戒形成了合作备忘录，明确了联合惩戒的对象为在安全生产领域存在失信行为的生产经营单位，及其法定代表人、主要负责人、分管安全的负责人、负有直接责任的有关人员等。合作备忘录规定了二十九项惩戒措施，具体包括：依法暂停审批其新的重大项目申报，核减、停止拨付或收回政府补贴资金；依法限制参与建设工程招投标；依法限制取得政府性资金支持；依法限制生产经营单位取得或者终止其基础设施和公用事业特许经营；依法限制、暂停企业债券、公司债券和股票发行；暂停审批存在失信行为的生产经营单位科技项目；在全国企业信用信息公示系统上公示存在失信行为的生产经营单位行政处罚信息等。

四是加大公开曝光和公众监督力度。《国务院关于建立完善守信联合激励和失信联合惩戒制度加快推进社会诚信建设的指导意见》要求，对重点领域和严重失信行为实施联合惩戒，明确规定将严重危害人民群众身体健康和生命安全的安全生产领域的严重失信行为作为重点，建立健全信用信息归集共享和使用机制以及信用信息公示机制。为此，本条规定，一方面，负有安全生产监管职责的部门应当加强对生产经营单位行政处罚信息的及时归集、共享和应用，促进行政处罚信息与社会信用信息互动融合，最大限度地发挥守信联合激励和失信联合惩戒作用；另一方面，加大公开曝光力度，对生产经营单位作出处罚决定后七个工作日内在监管部门公示系统予以公开曝光。公示的行政处罚信息，除涉及国家秘密或者其他依法不予公开信息外都应予以公开，方便公民、法人和其他组织查询查看，接受群众和社会监督，提高全社会安全生产诚信水平。

第五章　生产安全事故的应急救援与调查处理

第七十九条　国家加强生产安全事故应急能力建设，在重点行业、领域建立应急救援基地和应急救援队伍，并由国家安全生产应急救援机构统一协调指挥；鼓励生产经营单位和其他社会力量建立应急救援队伍，配备相应的应急救援装备和物资，提高应急救援的专业化水平。

国务院应急管理部门牵头建立全国统一的生产安全事故应急救援信息系统，国务院交通运输、住房和城乡建设、水利、民航等有关部门和县级以上地方人民政府建立健全相关行业、领域、地区的生产安全事故应急救援信息系统，实现互联互通、信息共享，通过推行网上安全信息采集、安全监管和监测预警，提升监管的精准化、智能化水平。

【条文主旨】

本条是关于应急救援队伍和应急管理系统建设的规定。本条共分为两款。

【内容导读】

党的十九届四中全会通过的《中共中央关于坚持和完善中国特色社会主义制度 推进国家治理体系和治理能力现代化若干重大问题的决定》指出："构建统一指挥、专常兼备、反应灵敏、上下联动的应急管理体制，优化国家应急管理能力体系建设，提高防灾减灾救灾能力。"安全生产是应急管理的基本盘、基本面。安全生产应急体系建设是提升应急管理能力的前提基础，也是生产安全事故应急救援工作顺利实施的重要组织保障，主要包括应急救援指挥系统、应急救援日常值班系统、应急救援信息系统、应急救援技术支持系统、应急救援组织和经费保障。实践中，一旦矿山、危险化学品等领域发生重特大生产安全事故，生产经营单位往往无能为力，当地政府难以协调大量应急资源，亟待国家组织开展应急救援。本条从两个方面对加强安全生产应急体系建设进行了规定。

一是加强应急救援队伍建设。应急救援队伍是我国应急体系的重要组成部分，是防范和应对各类突发事件的重要力量。多年来，我国基层应急救援队伍不断发展，在应急工作中发挥着越来越重要的作用。但是，基层应急救援队伍建设中还存在着组织管理不规范、任务不明确、进展不平衡等问题。《国务院办公厅关于加强基层应急队伍建设的意见》就加强基层综合性应急救援队伍建设、完善基层专业应急救援队伍体系、完善基层应急队伍管理体制机制和保障制度进行了部署。

应急救援队伍可分为专业应急救援队伍和非专业应急救援队伍。专业应急救援队伍是指专门负责突发事件的应急救援和处置工作的队伍，主要有防汛抗旱、抗震救灾、森林消防、海上搜救、铁路事故救援、矿山救护、核应急、医疗救护、动物疫情处置等专业人员组成的队伍。2018 年下半年，根据中央改革部署，武警消防救援和森林消防部队集体转隶到应急管理部，组建国家综合性消防救援队伍，主要承担森林和草原火灾扑救、抢险救援、特种灾害救援等综合性应急救援任务。国家综合性消防救援队伍组建一年内，完成 120 多万次应急救援任务，营救疏散 66 万多名遇险群众。成功处置山东寿光洪涝、云南麻栗坡泥石流、金沙江和雅鲁藏布江 4 次堰塞湖、山西沁源森林火灾、江苏响水化工厂爆炸、四川长宁 6.0 级地震、贵州水城山体滑坡、“利奇马”超强台风等重特大灾害事故，圆满完成“一带一路”国际合作高峰论坛、中华人民共和国成立 70 周年庆典等重大消防安保任务。非专业应急救援队伍并非为突发事件应对而设，也没有从事危机救援和危机控制的职责，但某些突发事件发生时，临时需要他们来承担一些应急救援和应急控制的任务，例如由政府或有关部门招募建立的由成年志愿者组成的应急救援队伍等。

根据本法的规定，国家加强生产安全事故应急能力建设，在重点行业、领域建立应急救援基地和应急救援队伍，鼓励生产经营单位和其他社会力量建立应急救援队伍，配备相应的应急救援装备和物资，提高应急救援的专业化水平。重点行业、领域的应急救援基地是由国家规划，由国家、地方和重点行业、领域的生产经营单位共同投资建设的，能够承担规划服务区域内特别重大和复杂的生产安全事故处置任务的重要救援队伍；具备重点行业、领域的应急救援人才储备、技术储备、装备储备和救援人员培训与演习训练功能。国家应急救援基地在负责本单位生产安全事故应急救援任务的同时，还要承担其他国家指定区域的生产安全事故救援任务。我国目前已经建立了多个国家级矿山救援基地和危险化学品救援基地，地方各级人民政府应积极推动矿山、危险化学品应急救援基地和中央企业应急救援队伍项目建设，继续加快地方特别是矿山、化工产业聚集区骨干应急救援队伍建设步伐，推动高危行业企业尤其是中小微企业专兼职应急救援队伍建设。同时，积极配合有关部门推进公路交通、民航、铁路交通、水上搜救、船舶溢油、建筑施工、电力、核工业、旅游等重点行业、领域充分发挥组织优势、技术优势、人才优势，建设专业特色突出、布局配置合理的应急救援基地和队伍，基本实现安全生产应急救援力量在全国重要区域、行业领域全覆盖。鼓励应急救援基地在做好本单位应急救援工作的同时，积极参与社会应急救援工作。

二是建立全国统一的生产安全事故应急救援信息系统。建立统一的应急救援信息系统对事故应急救援工作具有重要意义。事故往往来势凶猛，常使情势处在千钧一发的紧要关头，及时掌控与了解与事故应急相关的真实信息，是正确、及时进行预测、预警，快速进行处置和救援的基本前提。因此，具备条件的有关部门、行业、地区，以至整个国家的层面，都应当充分利用现代化的科学技术，整合现有的信息汇集途径和传输渠道，建立高效统一、安全可靠、反应迅速的信息平台。这些信息平台并不是各自为政、孤立静止的，而是相互连接、沟通顺畅的，最终形成一个统一的、覆盖全国的应急信息系统。信息报告的渠道畅通与否和传递效率的高低，不仅对监测与预警有决定性的意义，并且直接影响到应急处置与救援等各项工作。及时、准确地汇集、储存、分析和传输相关信息，是风险防范体系的基础，有利于掌握安全生产工作的动态和发展趋势，有利于政府及有关部门采取积极有效的措施，最大限度地减少各类事故的发生以及造成的损失，保护人民群众的生命和财产安全，为积极有效开展事故救援创造条件。此外，统一的信息系统不仅是监测和预警的综合信息中心，而且是生产安全事故处置和救援的指挥联动系统。它有利于掌握事故发生的具体地点、危害程度、扩散状况、所需资源等，能有效减少危机来临时的破坏程度，同时有助于做好评估工作，总结经验教训。因此，本条明确规定国务院应急管理部门牵头建立全国统一的生产安全事故应急救援信息系统，国务院交通运输、住房和城乡建设、水利、民航等有关部门和县级以上地方人民政府建立健全相关行业、领域、地区的生产安全事故应急救援信息系统，实现互联互通、信息共享，通过推行网上安全信息采集、安全监管和监测预警，提升监管的精准化、智能化水平。

第八十条 县级以上地方各级人民政府应当组织有关部门制定本行政区域内生产安全事故应急救援预案，建立应急救援体系。

乡镇人民政府和街道办事处，以及开发区、工业园区、港区、风景区等应当制定相应的生产安全事故应急救援预案，协助人民政府有关部门或者按照授权依法履行生产安全事故应急救援工作职责。

【条文主旨】

本条是关于地方各级人民政府制定事故应急救援预案的规定。本条共分为两款。

【核心概念】

“应急救援预案”，也称“应急预案”，是指各级人民政府及其部门、基层组织、企事业单位、社会团体等为依法、迅速、科学、有序应对突发事件，最大限度地减少突发事件及其造成的损害而预先制定的工作方案。

【内容导读】

“凡事预则立，不预则废”。生产安全事故在时间上是突然发生的，为在关键时刻最大限度地减少损失，必须反应迅速，协调一致，及时有效地采取应对措施。为“下好先手棋，打好主动仗”，必须在平时制定完备的应急预案，及时识别潜在的事故风险，了解事故的发生机理，明确应急救援的范围和体系，确保事故应急预防、预警、应急保障等工作有章可循，提高事故及时响应和处置能力，最大限度地减少其造成的损失。

应急预案按照制定主体划分，分为政府及其部门应急预案、单位和基层组织应急预案两大类。政府及其部门应急预案由各级人民政府及其部门制定，包括总体应急预案、专项应急预案、部门应急预案等。总体应急预案是应急预案体系的总纲，是政府组织应对突发事件的总体制度安排，由县级以上各级人民政府制定。专项应急预案是政府为应对某一类型或某几种类型突发事件，或者针对重要目标物保护、重大活动保障、应急资源保障等重要专项工作而预先制定的涉及多个部门职责的工作方案，由有关部门牵头制定，报本级人民政府批准后印发实施。部门应急预案是政府有关部门根据总体应急预案、专项应急预案和部门职责，为应对本部门（行业、领域）突发事件，或者针对重要目标物保护、重大活动保障、应急资源保障等涉及部门工作而预先制定的工作方案，由各级政府有关部门制定。

生产安全事故应急预案的管理实行属地为主、分级负责的原则。县级以上地方各级人民政府统一领导本行政区域内的生产安全事故应急工作。县级以上地方各级人民政府应急管理部门负责本行政区域内应急的综合协调管理工作。县级以上地方各级人民政府其他负有安全生产监管职责的部门按照各自的职责负责有关行业、领域应急管理工作。按照本条规定，县级以上地方各级人民政府应当根据有关法律、法规、规章和标准的规定，结合本地区生产经营活动的特点、安全生产工作实际情况、危险性分析情况和可能发生的生产安全事故的特点，组织应急管理部门和其他负责相关行业、领域的专项安全生产监管的有关部门制定本行政区域内的生产安全事故应急预案。乡、镇人民政府以及街道办事处处于安全生产第一线，是生产安全事故应急的前哨。《生产安全事故应急条例》明确规定，乡、镇人民政府以及街道办事处等地方人民政府派出机关，应当针对可能发生的生产安全事故的特点和危害，制定相应的生产安全事故应急救援预案。为做好立法衔接，本条新增了乡镇人民政府和街道办事处，以及开发区、工业园区、港区、风景区等应当制定相应的生产安全事故应急救援预案，协助人民政府有关部门依法履行生产安全事故应急救援工作职责。应急救援预案对应急组织和人员的职责分工应当明确，并有具体的落实措施；应当有明确、具体的事故预防措施和应急程序，并与其应急能力相适应；有明确的应急保障措施，并能满足本地区应急工作要求。地方各级人民政府编制应急救援预案，应当组织有关应急救援专家对应急预案进行审定，必要时，可以召开听证会，听取社会有关方面的意见。

第八十一条　生产经营单位应当制定本单位生产安全事故应急救援预案，与所在地县级以上地方人民政府组织制定的生产安全事故应急救援预案相衔接，并定期组织演练。

【条文主旨】

本条是关于生产经营单位制定事故应急预案的规定。

【核心概念】

生产经营单位应急预案分为综合应急预案、专项应急预案和现场处置方案。

“综合应急预案”，是指生产经营单位为应对各种生产安全事故而制定的综合性工作方案，是本单位应对生产安全事故的总体工作程序、措施和应急预案体系的总纲。

“专项应急预案”，是指生产经营单位为应对某一种或者多种类型生产安全事故，或者针对重要生产设施、重大危险源、重大活动防止生产安全事故而制定的专项性工作方案。

“现场处置方案”，是指生产经营单位根据不同生产安全事故类型，针对具体场所、装置或者设施所制定的应急处置措施。

【内容导读】

习近平总书记强调，各有关地区都要做好预案准备、队伍准备、物资准备、蓄滞洪区运用准备，宁可备而不用，不可用时无备。生产经营单位承担安全生产主体责任，也是本单位生产安全事故应急工作的责任主体。《生产安全事故应急条例》规定，生产经营单位应当加强生产安全事故应急工作，建立健全生产安全事故应急工作责任制，其主要负责人对本单位的生产安全事故应急工作全面负责。实践中，危险物品的生产、经营、储存、运输单位和矿山、金属冶炼、城市轨道交通运营、建筑施工单位，以及宾馆、商场、娱乐场所、旅游景区等领域的生产作业和经营活动潜在危险性较大，一旦发生事故，容易导致本单位及周边单位人员群死群伤。2003 年 12 月 23 日 21 时 57 分，重庆市开县发生特大井喷事故，造成 243 人死亡，9.3 万余人受灾，6.5 万余人被迫疏散转移。事故发生后，由于中央企业与地方政府特别是区县级人民政府在事故报告、情况通报方面程序不完善，没有制定相互衔接的应急预案，导致企业与地方政府之间缺乏及时沟通协调。钻探公司先报告四川石油管理局，再转报重庆市安监局，然后转报市政府，最后才通知开县县政府，此时距事故发生已过一个半小时，而人员伤亡最大的高桥镇却一直没有接到钻井队事故报告，致使事故应急救援严重滞后。

因此，必须深刻吸取事故教训，针对存在的危险因素较多、危险性较大、事故易发多发区域和环节以及重大危险源开展全面细致的风险评估，对各种危险因素进行综合的分析、判断，掌握其危险程度，针对危险因素特点和危险程度制定相应的应急预案，避免事故发生或者降低事故造成的损失。风险评估的结论，对于企业有针对性地开展应急培训、演练、装备物资储备和救援指挥程序等全环节的应急管理活动都具有重要的参考意义，应当高度重视并切实做好风险评估工作。

按照《国家公共突发事件总体应急预案》中“应急预案体系”的规定，生产经营单位根据有关法律、法规制定的应急预案是应急预案体系的一部分，各预案之间应当协调一致，充分发挥其整体作用。县级以上地方人民政府组织制定的生产安全事故应急预案是综合性的，适用于本地区所有生产经营单位。生产经营单位制定的本单位事故应急预案应与综合性应急预案相衔接，确保协调一致，互相配套，一旦启动能够顺畅运行，提高事故应急救援工作的效率。

生产经营单位应按照《生产安全事故应急条例》和《生产安全事故应急预案管理办法》的要求，对应急预案定期组织演练，使生产经营单位主要负责人、有关管理人员和从业人员都能够身临其境积累“实战”经验，熟悉、掌握应急预案的内容和要求，相互协作、配合。同时，通过组织演练，也能够发现应急预案存在的问题，及时修改完善。若企业关键、重点岗位从业人员及管理人员发生变动时，必须组织相关人员开展演练活动，并考虑增加演练频次，使相关人员尽快熟练掌握岗位所需的应急知识，提高处置能力。这里讲的“定期组织演练”，主要依据《生产安全事故应急条例》的规定：易燃易爆物品、危险化学品等危险物品的生产、经营、储存、运输单位，矿山、金属冶炼、城市轨道交通运营、建筑施工单位，以及宾馆、商场、娱乐场所、旅游景区等人员密集场所经营单位，应当至少每半年组织1次生产安全事故应急救援预案演练，并将演练情况报送所在地县级以上地方人民政府负有安全生产监管职责的部门。需要注意的是，由于立法、修订法不及时，一些地方规定存在与法规不符的问题，如《北京市生产经营单位安全生产主体责任规定》规定：生产经营单位应当每年至少组织一次应急救援演练。按照“上位法优于下位法”的原则，生产经营单位应当按照《生产安全事故应急条例》的相关要求组织开展应急演练。

第八十二条 危险物品的生产、经营、储存单位以及矿山、金属冶炼、城市轨道交通运营、建筑施工单位应当建立应急救援组织；生产经营规模较小的，可以不建立应急救援组织，但应当指定兼职的应急救援人员。

危险物品的生产、经营、储存、运输单位以及矿山、金属冶炼、城市轨道交通运营、建筑施工单位应当配备必要的应急救援器材、设备和物资，并进行经常性维护、保养，保证正常运转。

【条文主旨】

本条是关于高危行业单位建立事故应急救援体系的规定。本条共分为两款。

【核心概念】

“应急准备”，是指以风险评估为基础，以防范和应对突发事件为目的，针对风险监测预警、应急响应、应急救援及应急准备恢复等各个环节，在事故发生前开展的思想准备、预案准备、机制准备、资源准备等工作的总称。

【内容导读】

事前做好充足的准备工作，才不至于事后手忙脚乱。当前，我国一些高危行业领域危险因素较多，事故易发多发，施救难度较大，因此需要建立事故应急救援体系，做好应急救援准备，以万全准备防万一发生，守住安全生产红线。为此，本条从应急救援队伍以及应急救援装备、物资等两个方面予以明确规定。

本条第一款规定了危险物品的生产、经营、储存单位以及矿山、金属冶炼、城市轨道交通运营、建筑施工单位的应急救援组织的建立和应急救援人员的指定，目的是为了保障危险物品的生产、经营、储存单位以及矿山、金属冶炼、城市轨道交通运营、建筑施工单位的从业人员在事故发生时能及时得到救护，以尽可能减少事故造成的人员伤亡和财产损失。《中华人民共和国突发事件应对法》第二十六条规定，单位应当建立由本单位职工组成的专职或者兼职应急救援队伍。《国务院办公厅关于加强基层应急队伍建设的意见》明确提出，重要基础设施运行单位要组建本单位运营保障应急队伍，推进矿山、危险化学品等单位应急救援队伍建设，以有效提高现场先期快速处置能力。《中央企业应急管理暂行办法》提出，中央企业应当按照专业救援和职工参与相结合、险时救援和平时防范相结合的原则，建设以专业队伍为骨干、兼职队伍为辅助、职工队伍为基础的企业应急救援队伍体系。

原则上，高危生产经营单位和人员密集场所都应当建立应急救援队伍。但是，考虑到不同行业面临的生产安全事故的风险差异，大中小各类企业的规模不同，无论是风险等级、事故发生概率还是造成的损失有所区别，本法并未把建立应急救援组织作为所有生产经营单位的强制性义务，除了有关法律、法规作出强制要求的高危行业企业，对规模较小的生产经营单位，可以不建立应急救援队伍，但应当指定兼职的应急救援人员。在无法建立专（兼）职应急救援队伍的情况下，应与邻近的专职应急救援队伍签订救援协议，确保事故状态下能够有专业救援队伍到场开展应急处置。

配备必要的应急救援装备、物资，是开展应急救援不可或缺的保障，既可以保障救援人员的人身安全，又可以保障救援工作的顺利进行。应急救援装备、物资必须在平时就予以储备，确保事故发生时可立即投入使用。依照本条第二款的规定，危险物品的生产、经营、储存、运输单位以及矿山、金属冶炼、城市轨道交通运营、建筑施工单位除应当建立应急救援组织或者指定兼职的救援人员外，还应当配备必要的应急救援器材、设备和物资。生产经营单位要根据生产规模、经营活动性质、安全生产风险等客观条件，以满足应急救援工作的实际需要为原则，有针对性、有选择地配备相应数量、种类的应急救援装备、物资。同时，要注意装备、物资的维护和保养，确保处于正常运转状态。

由于具体行业危险程度不同，对应急救援组织的要求有所差异，因此，本条对相关单位建立应急救援组织的问题只作出原则性规定。具体行业的救援组织形式、规模等，应当按照有关规定执行。《矿山安全法》《建设工程安全生产管理条例》等相关法律、法规等都有相关具体的规定。如《矿山安全法》第三十一条规定，矿山企业应当建立由专职或者兼职人员组成的救护和医疗急救组织，配备必要的装备、器材和药物。《建设工程安全生产管理条例》第四十九条规定，实行施工总承包的，由总承包单位统一组织编制建设工程生产安全事故应急救援预案，工程总承包单位和分包单位按照应急救援预案，各自建立应急救援组织或者配备应急救援人员，配备救援器材、设备，并定期组织演练。

第八十三条 生产经营单位发生生产安全事故后，事故现场有关人员应当立即报告本单位负责人。

单位负责人接到事故报告后，应当迅速采取有效措施，组织抢救，防止事故扩大，减少人员伤亡和财产损失，并按照国家有关规定立即如实报告当地负有安全生产监督管理职责的部门，不得隐瞒不报、谎报或者迟报，不得故意破坏事故现场、毁灭有关证据。

【条文主旨】

本条是关于生产安全事故报告和现场处置的规定。本条共分为两款。

【核心概念】

“瞒报”，即隐瞒不报，是指故意隐瞒已经发生的事故，并经有关部门查证属实的情形。

“谎报”，是指故意不如实报告事故发生的时间、地点、类别、伤亡人数、直接经济损失等有关内容的情形。

“迟报”，是指报告事故的时间超过规定时限的情形。

【内容导读】

在各类生产经营活动中，由于主客观等多方面的原因，往往导致生产安全事故的发生。发生事故后及时向单位负责人和有关主管部门报告，对于及时采取应急救援措施，防止事故扩大，减少人员伤亡和财产损失起着至关重要的作用，也是开展事故调查处理工作的第一个环节。因此，本条第一款规定，生产经营单位发生生产安全事故后，事故现场有关人员应当立即报告本单位负责人。需要说明的是，这里的“事故现场”是指事故具体发生地点及事故能够影响和波及的区域，还有该区域内的物品、痕迹等所处的状态。“有关人员”包括事故的负伤者、事故具体发生地点有关人员和事故波及区域的有关人员；对于发生人员死亡或重伤无法报告，且事故现场又没有其他工作人员时，任何首先发现事故的人都负有立即报告事故的义务。“立即报告”是指事故发生后第一时间用最快捷的方式报告，报告的形式可以是直接报告也可以是逐级报告。“本单位负责人”一般是指本单位主要负责人，特殊情况下也可以是本单位的其他负责人。

按照《生产安全事故报告和调查处理条例》的规定，生产经营单位负责人接到报告后，应当于1小时内向事故发生地县级以上人民政府安全监管部门和负有安全生产监管职责的有关部门报告。不得隐瞒不报、谎报或者迟报。情况紧急时，事故现场有关人员可以直接向事故发生地县级以上人民政府安全生产监管部门和负有安全生产监管职责的有关部门报告。需要注意的是，一般情况下，事故现场人员应当向本单位负责人报告事故，这符合生产经营单位内部管理的规章制度，也有利于生产经营单位应急救援工作的快速启动。但是，事故是人命关天的大事，应当在情况紧急时，允许事故现场有关人员直接向负有安全生产监管职责的部门越级上报。至于什么情况属于“情况紧急”，应当作较为灵活的理解，比如单位负责人联系不上、事故重大需要政府部门迅速调集救援力量等情形。对于负有安全生产监管职责的部门和具体工作人员，只要接到事故现场有关人员的报告后，不论情况是否属于“情况紧急”，都应当立即赶赴事故现场，并积极组织实施事故救援。

及时、如实地报告生产安全事故，是生产经营单位及其主要负责人的一项法定职责。如果事故发生单位迟报、谎报或者瞒报事故，必然会引起连锁反应，导致以后环节中事故报告难以及时、准确，并影响到事故救援的组织实施和事故调查的开展。近年来，随着安全生产责任制逐步健全，加之新闻媒体和社会公众对生产安全事故的关注和监督不断加强，瞒报事故总体减少，但仍有个别生产经营单位及有关人员无视国家法律、法规，无视政府安全生产监管，无视人民群众生命安全，蓄意隐瞒事故，性质恶劣、影响极坏。如 2011 年 4 月 15 日，云南省曲靖市某煤矿发生瓦斯爆炸事故，造成 12 人死亡、3 人受伤. 事故发生后，该矿转移 4 名遇难矿工遗体，并伪造入井检身记录，谎报事故真相。为严肃事故报告纪律，坚决遏制和有力打击事故瞒报等行为，一方面，本法依法规定生产经营单位如实报告事故情况的义务，明确要求不得隐瞒不报、谎报或者迟报，不得故意破坏事故现场、毁灭有关证据；另一方面，加大处罚力度，对于不如实上报事故情况的行为，本法在“法律责任”部分专门制定了处罚的条款。

第八十四条 负有安全生产监督管理职责的部门接到事故报告后，应当立即按照国家有关规定上报事故情况。负有安全生产监督管理职责的部门和有关地方人民政府对事故情况不得隐瞒不报、谎报或者迟报。

【条文主旨】

本条是关于负有安全生产监管职责的部门按要求上报事故情况的规定。

【内容导读】

对生产安全事故进行报告不仅是生产经营单位及其负责人的义务，也是负有安全生产监管职责的部门的义务。依据本条的规定，负有安全生产监管职责的部门接到生产安全事故的报告后，应当立即上报事故情况。所谓“立即”，要求上报事故必须及时、快速。这里的“国家有关规定”，是指《生产安全事故报告和调查处理条例》以及针对环境污染事故、核设施事故、国防科研生产事故等特殊领域颁布的《国防科研生产安全事故报告和调查处理办法》《海上交通事故调查处理条例》《渔业船舶水上安全事故报告和调查处理规定》等规定。

根据《生产安全事故报告和调查处理条例》的规定，负有安全生产监管职责的部门接到事故报告后，应当依照下列规定上报事故情况，并通知公安机关、劳动保障行政部门、工会和人民检察院：（1）特别重大事故、重大事故逐级上报至国务院应急管理部门和负有安全生产监管职责的有关部门；（2）较大事故逐级上报至省、自治区、直辖市人民政府应急管理部门和负有安全生产监管职责的有关部门；（3）一般事故上报至设区的市级人民政府应急管理部门和负有安全生产监管职责的有关部门。应急管理部门和负有安全生产监管职责的有关部门依照上述规定上报事故情况，应当同时报告本级人民政府。国务院应急管理部门和负有安全生产监管职责的有关部门以及省级人民政府接到发生特别重大事故、重大事故的报告后，应当立即报告国务院。必要时，应急管理部门和负有安全生产监管职责的有关部门可以越级上报事故情况。

此外，《生产安全事故服务和调查管理条例》对于报告的时限和内容也提出了明确要求。有关部门逐级上报事故情况，每级上报的时间不得超过 2 小时。报告事故的内容包括：（1）事故发生单位概况；（2）事故发生的时间、地点以及事故现场情况；（3）事故的简要经过；（4）事故已经造成或者可能造成的伤亡人数（包括下落不明的人数）和初步估计的直接经济损失；（5）已经采取的措施；（6）其他应当报告的情况。事故报告后出现新情况的，应当及时补报。自事故发生之日起 30 日内，事故造成的伤亡人数发生变化的，应当及时补报。道路交通事故、火灾事故自发生之日起 7 日内，事故造成的伤亡人数发生变化的，应当及时补报。

第八十五条 有关地方人民政府和负有安全生产监督管理职责的部门的负责人接到生产安全事故报告后，应当按照生产安全事故应急救援预案的要求立即赶到事故现场，组织事故抢救。

参与事故抢救的部门和单位应当服从统一指挥，加强协同联动，采取有效的应急救援措施，并根据事故救援的需要采取警戒、疏散等措施，防止事故扩大和次生灾害的发生，减少人员伤亡和财产损失。

事故抢救过程中应当采取必要措施，避免或者减少对环境造成的危害。

任何单位和个人都应当支持、配合事故抢救，并提供一切便利条件。

【条文主旨】

本条是关于有关政府和部门组织和参与事故抢救的规定。本条共分为四款。

【内容导读】

事故抢救，从某种程度上是与时间赛跑。事故往往来势汹汹，险情就是命令，时间就是生命。事故抢救事关重大，来不得丝毫松懈，容不得半点闪失，各项工作既要协调一致、有条不紊，又要压实责任、拧紧链条。因此，本条从四个方面作出规定。

一是规定有关地方政府和负有安全生产监管职责的部门负责人的事故救援职责。在各类事故灾害中，生产安全事故表现形态最为多样，特别是数量也最多，与人民群众生命财产的安全联系最为紧密。生产安全事故发生后，往往造成人民生命财产和国家财产的巨大损失，正常的社会功能受到破坏，人们的心理也受到损伤。在这种情况下，有关地方人民政府和负有安全生产监管职责的部门负责人接到生产安全事故报告后，有必要采取应急处置措施，以使各种抢险救援工作得到有力的组织和有序的开展。为了解决生产安全事故应急工作中存在的突出问题，提高生产安全事故应急工作的科学化、规范化和法治化水平，2019年2月17日，国务院公布《生产安全事故应急条例》，规定针对不同等级和类型的生产安全事故，有关政府和部门应启动相应的应急预案程序，并按照应急救援预案的规定采取下列一项或者多项应急救援措施：（1）组织抢救遇险人员，救治受伤人员，研判事故发展趋势以及可能造成的危害；（2）通知可能受到事故影响的单位和人员，隔离事故现场，划定警戒区域，疏散受到威胁的人员，实施交通管制；（3）采取必要措施，防止事故危害扩大和次生、衍生灾害发生，避免或者减少事故对环境造成的危害；（4）依法发布调用和征用应急资源的决定；（5）依法向应急救援队伍下达救援命令；（6）维护事故现场秩序，组织安抚遇险人员和遇险遇难人员亲属；（7）依法发布有关事故情况和应急救援工作的信息；（8）法律、法规规定的其他应急救援措施。本条第一款规定也与上述内容能够做好衔接。

二是规定建立事故现场救援统一指挥机制。实践中，有些事故相对简单，应急救援工作比较快，政府或者有关部门负责人很容易处理。但是，如果事故比较复杂，往往救援工作就很难，救援队伍、人员、政府领导和专家等较多，救援方案难以统一和确定，这种情况下，亟须有一个权威机构来统一指挥救援工作。针对这些情况，本条第二款规定，参与事故抢救的部门和单位应当服从统一指挥，加强协同联动，采取有效的应急救援措施，并根据事故救援的需要采取警戒、疏散等措施，防止事故扩大和次生灾害的发生，减少人员伤亡和财产损失。此外，按照《生产安全事故应急条例》的规定，发生生产安全事故后，有关人民政府认为有必要的，可以设立由本级人民政府及其有关部门负责人、应急救援专家、应急救援队伍负责人、事故发生单位负责人等人员组成的应急救援现场指挥部，并指定现场指挥部总指挥。总指挥的职责有两项：第一是根据本级人民政府的授权，组织制定并实施生产安全事故现场应急救援方案；第二是协调、指挥有关单位和个人参加现场应急救援。参加生产安全事故现场应急救援的单位和个人应当服从现场指挥部的统一指挥。

三是规定事故抢救应避免或者减少对环境造成危害。生产安全事故发生后，在抢救人员和财产的过程中，可能由于采取措施不当，对事故现场周边的环境造成危害，例如处理有毒化工产品泄漏事故，如果只考虑降低事故现场有毒化工品的浓度，采取向河流疏导等方式，就可能造成对河流的污染，对周边环境造成危害，出现抢救了生产安全事故，但又造成了新的环境污染事故的情况。这些做法不符合科学救援和成本效益的基本要求。鉴于此，本条第三款规定了环境保护的内容，就是要求在最大限度地减少事故人员伤亡和财产损失的情况下，根据事故应急预案和事故现场周边的实际情况，采取必要的措施，避免或者减少因事故抢救对周边环境的危害，包括对事故源采取及时、有效的控制、转移措施等。2010 年 7 月 16 日 18 时许，位于辽宁省大连市大连保税区的大连中石油国际储运有限公司原油罐区输油管道发生爆炸，造成大量原油泄漏并引发大火，部分泄漏原油流入附近海域造成污染。有关单位和部门快速反应，立即启动环境应急预案，及时关闭排海闸门，有效防范和妥善处置了生产安全事故引发的突发环境事件。

四是要求任何单位和个人都应对事故抢救提供便利条件。事故灾害面前，没有人是孤岛，灾害无情人有情。尤其是在应对重大、特别重大事件灾难时，需要大量的物力、财力的投入，没有强大的社会支持是很难有效应对的。2013 年 11 月 22 日，中石化输油管道爆燃事故给青岛这座美丽的城市撕开了一道难以抚平的伤口，62 个鲜活生命被灾难吞噬、百余名伤者亟须救治、街道被掀翻、汽车被掀飞、数公里外仍可见到滚滚浓烟……面对突如其来的横祸，青岛市民奋不顾身地抢救伤员，积极踊跃地走上街头献血……几乎每个人都选择了携手互助、同舟共济。本条第四款“任何单位和个人都应当支持、配合事故抢救，并提供一切便利条件”的规定，体现了社会道义，字里行间渗透着法律所坚持的公平正义。

第八十六条 事故调查处理应当按照科学严谨、依法依规、实事求是、注重实效的原则，及时、准确地查清事故原因，查明事故性质和责任，评估应急处置工作，总结事故教训，提出整改措施，并对事故责任单位和人员提出处理建议。事故调查报告应当依法及时向社会公布。事故调查和处理的具体办法由国务院制定。

事故发生单位应当及时全面落实整改措施，负有安全生产监督管理职责的部门应当加强监督检查。

负责事故调查处理的国务院有关部门和地方人民政府应当在批复事故调查报告后一年内，组织有关部门对事故整改和防范措施落实情况进行评估，并及时向社会公开评估结果；对不履行职责导致事故整改措施和防范措施没有落实的有关单位和人员，应当按照有关规定追究责任。

【条文主旨】

本条是关于事故调查组工作机制以及整改措施落实的规定。本条共分为三款。

【核心概念】

“科学严谨”，是指在事故调查过程中要把对事故原因的查明、事故责任的认定都建立在科学的基础上，不要胡乱猜测、主观偏好。

“依法依规”，是指在事故调查过程中要牢固树立法治思维，坚持以事实为依据，以法律为准绳，一切按照法律规定的程序和要求进行，既严格规范，又秉公处理，绝不徇私枉法、打击报复。

“实事求是”，是指在事故调查过程中要在深入调查的基础上，客观、真实地查明事故的真相，全面听取意见，不得凭空想象，不得感情用事、弄虚作假。

“注重实效”，是指事故调查中既要对事实进行充分、准确的还原，也要注重调查的效率，尽可能回应社会各方关切，还要在调查过程中及时发现问题，总结教训，对今后的类似事故起到警示的作用。

【内容导读】

事故调查处理是安全生产工作中的重要环节，是对生产安全事故及时处理、发现问题的重要手段，其根本目的在于预防事故的再次发生。我国正式的、程序化的事故调查工作，起步于二十世纪八十年代。1989年，国务院公布了《特别重大事故调查程序暂行规定》，对特别重大事故的调查、处理作出比较详细的规定。1991年，国务院又出台了《企业职工伤亡事故报告和处理规定》，规范了对企业发生的伤亡事故的调查和处理。此外，各行业主管部门也相继出台了行业事故的调查处理规定，如《交通事故处理程序规定》《火灾事故调查规定》《海上交通事故调查处理条例》等。进入二十一世纪后，道路交通、消防等各行业及领域事故依旧多发，而社会对事故报告、调查和处理的关注度越来越高，国家对事故调查处理体制和机制越来越重视。2007年，国务院出台《生产安全事故报告和调查处理条例》，明确了事故报告、事故调查、事故处理和法律责任四项内容，进一步规范了应对事故的机制与程序，也即本条所指的“国务院的规定”。本条从以下三个方面对事故调查处理原则及工作机制作出规定。

一是规定事故调查处理应当按照科学严谨、依法依规、实事求是、注重实效的原则，及时、准确地查清事故原因，查明事故性质和责任，评估应急处置工作，总结事故教训，提出整改措施，并对事故责任单位和人员提出处理建议。“科学严谨、依法依规、实事求是、注重实效”的原则，是在多年事故救援、调查工作实践中总结出来的，符合事故调查的基本规律，多次被写入党中央、国务院及有关部门的文件，对事故调查处理工作起到了重要的指导作用。《安全生产法》肯定了近年来事故调查处理工作取得的经验，将这一行之有效的事故调查处理原则及时上升为法律要求。

二是规定事故调查报告实行依法公开原则。安全事故发生，总是人命关天，牵动人心，且众怒难平。在事故救援结束后，对事故原因的调查、责任的追究，不可避免要提上议事日程。事故调查报告的提交及公开与否，一直是事故发生后舆论的焦点之一。《生产安全事故报告和调查处理条例》仅规定了事故处理的情况向社会公布，但未提及调查报告本身，导致实践中事故调查报告的公布成了“自选动作”，无法及时回应社会诉求，也不利于公众知情权、监督权的实现。过去发生的一些事件表明，如果事故调查不独立、缺乏权威性，调查报告用词含糊，缺乏充分的事实、数据等支撑，非但不能平息社会的质疑，反而会让民众产生更多问号。反之，如果相关部门越坦诚，事故调查公布的信息越翔实，就越能赢得公众的信任。因此，以适当的方式公布事故调查报告，很有必要。按照本条规定，无论事故等级大小，事故调查报告都应是法定绝对公开，而不应再留有什么余地。事故调查报告公布的内容包括：（1）事故发生单位概况；（2）事故发生经过和事故救援情况；（3）事故造成的人员伤亡和直接经济损失；（4）事故发生的原因和事故性质；（5）事故责任的认定以及对事故责任者的处理建议；（6）事故防范和整改措施。需要注意的是，向社会公布事故调查报告，对于依法应当保密的内容，不向社会公布。这里所说的依法应当保密的内容既包括依据《中华人民共和国保守国家秘密法》等规定的属于国家秘密的信息，也包括依据其他有关法律、行政法规规定，应当保密的企业商业秘密等。

三是规定建立事故暴露问题整改督办制度。目前，一些地区在事故调查结案后，对提出的整改措施跟踪不及时、落实不到位，致使同一地区、同一行业领域甚至同一企业类似事故反复发生。为此，本法规定建立事故暴露问题整改督办制度。即事故结案后一年内，负责事故调查的地方人民政府和国务院有关部门要及时组织开展评估，对事故问题整改、防范措施落实、相关责任人处理等情况进行专项检查，结果要向社会公开。对于履职不力、整改措施不落实、责任人追究不到位的，要依法依规严肃追究有关单位和人员责任，确保血的教训绝不能再用鲜血去验证。

第八十七条 生产经营单位发生生产安全事故，经调查确定为责任事故的，除了应当查明事故单位的责任并依法予以追究外，还应当查明对安全生产的有关事项负有审查批准和监督职责的行政部门的责任，对有失职、渎职行为的，依照本法第九十条的规定追究法律责任。

【条文主旨】

本条是关于行政部门事故责任追究的规定。

【内容导读】

权力是一把双刃剑，在法治轨道上运行可以造福人民，在法律之外运行则会祸害国家和人民。强化对行政权力的制约和监督，历来是法治政府建设的关键所在。随着严格规范、公正文明执法的推进，党中央、国务院对行政执法部门执法行为的监督进一步加强，党政同责、一岗双责、齐抓共管、失职追责的安全生产责任体系越来越严密。发生生产安全事故被定性为责任事故的，除了要依法追究对事故负有责任的单位的责任，还要依法追究负有审批和监督职责的行政部门的责任。法律上的权力与责任是并存的，不应有无责任的权力。具有监督职责和审查批准权力的监督管理部门，同时也应当承担相应的责任，体现权责一致的原则。《中共中央国务院关于推进安全生产领域改革发展的意见》强调，严格责任追究制度，依法依规制定各有关部门安全生产权力和责任清单，尽职照单免责、失职照单问责。本条明确规定，对经调查确定为责任事故的，除了应当查明事故单位的责任并依法予以追究外，还应当查明对安全生产的有关事项负有审查批准和监督职责的行政部门的责任，对有失职、渎职行为的，依照本法第九十条的规定追究法律责任，即对安全生产的有关事项负有审查批准和监督职责的部门有失职、渎职行为的，对其工作人员依法给予降级或者撤职的行政处分；构成犯罪的，依照刑法有关规定追究刑事责任。

第八十八条 任何单位和个人不得阻挠和干涉对事故的依法调查处理。

【条文主旨】

本条是关于禁止阻挠和干预事故调查的规定。

【内容导读】

生产安全事故发生后，应当依法进行调查处理。依据《生产安全事故报告和调查处理条例》，事故调查组的主要职责是：查明事故发生的经过、原因、人员伤亡情况及直接经济损失；认定事故的性质和事故责任；提出对事故责任者的处理建议；总结事故教训，提出防范和整改措施；提交事故调查报告。可见，依法进行事故调查处理，对于查明事故原因、明确事故责任、处理事故责任人员、完善事故防范措施、防止事故再次发生等，都具有十分重要的意义，是安全生产工作中一个不可或缺的环节。事故调查组代表政府依法执行公务，在进行现场调查取证时，有权向有关单位和有关人员了解有关情况，任何单位和个人不得拒绝、隐瞒或提供虚假证据或资料。

由于生产经营活动牵涉利益复杂，有的背后还存在权钱交易等不法行为，事故调查工作难免触碰有关利益，尤其是在追究相关人员责任时，会面临来自各方面的阻力。实践中，有的生产经营单位，甚至是个别负有安全生产监管职责的部门，为了单位或者地方的利益，故意不配合事故调查组开展调查，有的组织或者参与破坏事故现场、出具伪证，或者隐匿、转移、篡改、毁灭有关证据，有的以各种理由拒不接受调查取证、提供有关情况和资料，有的地方发生重大安全责任事故后不及时向检察机关通报，致使检察机关不能第一时间掌握情况、开展调查，还有的事故发生后，违法违规生产经营主体和负有安全生产监管职责的有关部门相互推卸责任，影响调查工作顺利进行。因此，为了保证事故调查处理工作的顺利进行，本条规定，任何单位和个人不得阻挠和干涉对事故的依法调查处理。据此，生产经营单位及其有关人员、地方人民政府、政府有关部门及其工作人员以及其他任何单位和个人，都应当对事故调查处理予以支持和配合，而不得阻挠和干涉。

第八十九条 县级以上地方各级人民政府应急管理部门应当定期统计分析本行政区域内发生生产安全事故的情况，并定期向社会公布。

【条文主旨】

本条是关于建立事故统计分析和定期公布制度的规定。

【内容导读】

“没有调查，就没有发言权”。要解决安全生产实际问题，光靠责任追究不行，必须进行全面深入的调查研究，定期开展事故统计分析。这对于及时、准确、全面掌握本地区生产安全事故发生情况，排查确定事故多发行业、区域、时段，全面分析存在的风险点和安全隐患，进而对风险态势及事故发展趋势作出预测提供有力支撑，同时也为政府安全生产宏观决策以及企业安全预防提供依据，并为下一步有针对性地采取安全预防措施，进一步改进安全管理指明方向。《国务院办公厅关于加强安全生产监管执法的通知》明确要求，加强调查研究，准确把握和研判安全生产形势、特点和规律，认真调查分析每一起生产安全事故，深入剖析事故发生的技术原因和管理原因，有针对性地健全和完善相关规章制度。对事故调查反映出相关法规规章有漏洞和缺陷的，要在事故结案后立即启动制修订工作。

中华人民共和国成立以来，生产安全事故统计工作经历了多次变革，以1956年的《工人职员伤亡事故报告规程》、1991年的《企业职工伤亡事故报告和处理规定》、2007年的《生产安全事故报告和调查处理条例》及其相关配套文件为主线，形成了事故统计工作的法规、制度支撑，并在各个阶段进行了多维度的统计分析，形成并发布了大量事故的统计数据。有关单位以政府发布的数据为基础，开展了事故规律分析、事故趋势预测、宏观决策研究，得出了大量规律和结论，有效地支撑了安全生产工作的开展。依照本法以及《中共中央 国务院关于推进安全生产领域改革发展的意见》的有关规定，县级以上各级人民政府负责安全生产监管的部门对本行政区域内安全生产工作实施综合监管，综合监管其中一项重要内容，就是开展事故统计分析。为规范生产安全事故统计工作，原国家安全监管总局根据《安全生产法》《统计法》和《生产安全事故报告和调查处理条例》有关规定，于 2016 年 11 月 8 日印发《生产安全事故统计报表制度》，对事故发生单位的基本情况、事故造成的死亡人数、受伤人数（含急性工业中毒人数）、单位经济类型、事故类别等进行统计，对于及时、全面掌握全国生产安全事故情况，深入分析全国安全生产形势，科学预测全国安全生产发展趋势起到了重要作用，为安全生产监管、煤矿安全监察工作提供了可靠的信息支持和科学的决策依据。

此外，本条还规定了定期向社会公布事故统计分析情况。生产经营单位可以通过公布的生产安全事故情况，了解安全生产的形势，结合自身的行业特点采取必要的防范事故的具体措施，不断提高安全生产水平。社会公众也可以通过媒体的公布，对一定时期内发生生产安全事故的情况有所了解，便于监督生产经营单位和政府有关部门的安全生产工作，有利于全社会安全生产意识的提高。需要注意的是，事故调查报告公布制度，与本条规定的生产安全事故统计分析情况向社会公布是有区别的。前者是针对具体的事故调查报告，涉及某一个事故的起因、后果、事故责任和调查处理情况等内容；本条主要是从统计分析的角度，对某一地区一段时间内生产安全事故的数量、类别、死伤人数、财产损失等综合情况的公布。两者不宜混淆，不能以公布生产安全事故的总体情况替代对于具体事故调查报告的公布。

第六章　法律责任

第九十条　负有安全生产监督管理职责的部门的工作人员，有下列行为之一的，给予降级或者撤职的处分；构成犯罪的，依照刑法有关规定追究刑事责任：

（一）对不符合法定安全生产条件的涉及安全生产的事项予以批准或者验收通过的；

（二）发现未依法取得批准、验收的单位擅自从事有关活动或者接到举报后不予取缔或者不依法予以处理的；

（三）对已经依法取得批准的单位不履行监督管理职责，发现其不再具备安全生产条件而不撤销原批准或者发现安全生产违法行为不予查处的；

（四）在监督检查中发现重大事故隐患，不依法及时处理的。

负有安全生产监督管理职责的部门的工作人员有前款规定以外的滥用职权、玩忽职守、徇私舞弊行为的，依法给予处分；构成犯罪的，依照刑法有关规定追究刑事责任。

【条文主旨】

本条是关于负有安全生产监管职责的部门的工作人员执法责任追究的规定。本条共分为两款。

【核心概念】

“滥用职权罪”，是指国家机关工作人员逾越职权，违法决定、处理其无权决定、处理的事项，或者违反规定处理公务，致使公共财产、国家和人民利益遭受重大损失的行为。

“玩忽职守罪”，是指国家机关工作人员严重不负责任，不履行或者不认真履行职责，致使公共财产、国家和人民利益遭受重大损失的行为。

【内容导读】

近年来，随着国家对安全生产工作重视程度的提高，党中央、国务院和各级地方政府加大了对党政机关公职人员在安全生产监管中的问责和职务犯罪的预防力度。习近平总书记站在战略和全局的高度，鲜明地提出了发展决不能以牺牲安全为代价这条红线，强调要坚决落实安全生产责任制，切实做到党政同责、一岗双责、齐抓共管、失职追责。《国务院关于特大安全事故行政责任追究的规定》明确了特大事故地方人民政府及有关部门负责人员的相关责任，《安全生产领域违法违纪行为政纪处分暂行规定》对安全生产领域各类违法违纪行为及其处分标准作了进一步规定，《关于进一步加强危害生产安全刑事案件审判工作的意见》明确从严惩处生产安全事故背后的权钱交易和渎职犯罪。据最高人民检察院统计，2010—2015 年全国检察机关查办煤矿、建筑、交通、非煤矿山、消防安全、化工安全等重点领域渎职犯罪共 2 459 件。2016 年 11 月 7 日至 9 日，夺去 165 人生命的天津港“8·12”特大火灾爆炸事故所涉 27 件刑事案件一审，分别由天津市第二中级人民法院和 9 家基层法院公开开庭审理，并于 9 日对上述案件涉及的被告单位及 24 名直接责任人员和 25 名相关职务犯罪被告人进行了公开宣判。法院经审理查明，天津交通、港口、海关、安监、规划、海事等单位的相关工作部门及具体工作人员，未认真贯彻落实有关法律、法规，违法违规进行行政许可和项目审查，日常监管严重缺失；

相关部门负责人和工作人员存在玩忽职守、滥用职权等失职渎职和受贿问题，最终导致了“8·12”特大火灾爆炸事故重大人员及财产损失。天津市交通运输委员会原主任武某等25名国家机关工作人员分别被以玩忽职守罪或滥用职权罪判处三年到七年不等的有期徒刑。事故发生与有关政府部门有法不依、执法不严、监督不力、履职不到位密切相关，这样的判罚是在法律框架下作出的从严处罚。党的十九届五中全会于2020年10月29日通过的《中共中央关于制定国民经济和社会发展第十四个五年规划和二〇三五年远景目标的建议》明确提出，完善和落实安全生产责任制，加强安全生产监管执法，有效遏制危险化学品、矿山、建筑施工、交通等重特大安全事故。在新的时代背景下，《安全生产法》对生产安全事故背后的失职渎职等违法违纪行为作出明确规定，对进一步加强安全生产监管执法，解决“严格不起来，落实不下去”的问题，必将起到重要作用。

根据本条规定，追究负有安全生产监管职责的部门的工作人员失职渎职的事由包括以下几方面：

一是对不符合法定安全生产条件的涉及安全生产的事项予以批准或者验收通过的。这里讲的“法定安全生产条件”，是指《安全生产法》和有关法律、行政法规和国家标准或行业标准规定的安全生产条件。这里讲的“涉及安全生产的事项”，既包括《安全生产法》规定的矿山、金属冶炼建设项目和用于生产、储存、装卸危险物品的建设项目的安全设施设计，矿山、金属冶炼建设项目和用于生产、储存、装卸危险物品的建设项目竣工投入生产或使用前其安全设施的验收等事项，也包括其他有关法律、行政法规规定应由应急管理部门或者其他负有安全生产监管职责的部门进行审批、验收的事项。

二是发现未依法取得批准、验收的单位擅自从事有关活动或者接到举报后不予取缔或者不依法予以处理的。按照《安全生产法》的规定，对未依法取得批准或者验收合格的单位和个人擅自从事有关活动的，负责行政审批的部门发现或者接到举报后应当根据情况予以取缔，或者依法给予其他处理。如果负责行政审批的部门发现违法行为或者接到举报后不依法进行处理的，属于不依法履行职责的行为，应当依照本条的规定追究法律责任。

三是对已经依法取得批准的单位不履行监督管理职责，发现其不再具备安全生产条件而不撤销原批准或者发现安全生产违法行为不予查处的。按照《安全生产法》的规定，对已经依法取得批准的单位，负责审批的部门发现其不再具备安全生产条件的，应当撤销原批准。负责审批的部门不依法履行法律所规定的这一职责的，应当按照本条的规定追究法律责任。

四是在监督检查中发现重大事故隐患，不依法及时处理的。按照《安全生产法》的规定，生产经营单位存在重大事故隐患，如不及时采取相应处理措施，将危及国家和人民群众的生命或财产安全，负有安全生产监管职责的部门的工作人员发现重大事故隐患，必须依法及时处理。不依法及时处理是一种违法失职行为，应当按照本条的规定追究法律责任。

对有本条第一款所列违法行为之一的负有安全生产监管职责的部门的工作人员，应当按照下列规定追究法律责任：（1）给予降级或者撤职的处分。这是承担行政责任的情形。《中华人民共和国公务员法》规定了公务员因违法违纪应当承担纪律责任的依法给予处分，处分分为：警告、记过、记大过、降级、撤职、开除。《监察法》亦规定，对违法的公职人员依照法定程序作出警告、记过、记大过、降级、撤职、开除等政务处分决定。负有安全生产监管职责的部门的工作人员有本条第一款列举的违法行为的，应当受到降级或者撤职的处分。（2）构成犯罪的，依照刑法有关规定追究刑事责任。《刑法》在“渎职罪”一章中规定了多种罪名，其中三种罪名适用负有安全生产监管职责部门的工作人员，分别是滥用职权罪、玩忽职守罪和徇私舞弊不移交刑事案件罪。是否构成犯罪以及如何追究刑事责任，主要依据《刑法》《刑事诉讼法》以及最高人民法院、最高人民检察院相关司法解释进行。2015 年公布施行的《关于办理危害生产安全刑事案件适用法律若干问题的解释》第十五条规定，国家机关工作人员在履行安全监督管理职责时滥用职权、玩忽职守，致使公共财产、国家和人民利益遭受重大损失的，或者徇私舞弊，对发现的刑事案件依法应当移交司法机关追究刑事责任而不移交，情节严重的，分别依照《刑法》第三百九十七条、第四百零二条的规定，以滥用职权罪、玩忽职守罪或者徇私舞弊不移交刑事案件罪定罪处罚。

第九十一条 负有安全生产监督管理职责的部门，要求被审查、验收的单位购买其指定的安全设备、器材或者其他产品的，在对安全生产事项的审查、验收中收取费用的，由其上级机关或者监察机关责令改正，责令退还收取的费用；情节严重的，对直接负责的主管人员和其他直接责任人员依法给予处分。

【条文主旨】

本条是关于负有安全生产监管职责的部门违反规定指定购买产品或者收取费用的法律责任的规定。

【内容导读】

本法明确规定，负有安全生产监管职责的部门对涉及安全生产的事项进行审查、验收，不得收取费用；不得要求被审查、验收的单位购买其指定的安全设备、器材或者其他产品。但是实践中，一些部门和个别执法人员利用手中掌握的安全生产行政审批权，在审查、验收过程中随意增加各种附加条件，违规收费或者要求行政相对人履行一些与安全生产审批、验收无关的义务，一个典型的例子就是要求被审查、验收的单位购买其指定的安全设备、器材、产品，以从中牟取不正当利益。这既增加了行政相对人的负担，又破坏了市场经营秩序，影响了安全生产行政审批、验收工作的正常进行。

本条的规定就是针对行政机关实施行政许可中乱收费或者变相收费等现象作出的。根据本条的规定，行政机关实施行政许可，擅自收费或者变相收费的，有以下两种处理方式：

一是由其上级机关或者监察机关责令改正，责令退还收取的费用。根据《监察法》第四十六条的规定，监察机关经调查，对违法取得的财物，依法予以没收、追缴或者责令退赔；对涉嫌犯罪取得的财物，应当随案移送人民检察院。

二是对直接负责的主管人员和其他直接责任人员依法给予处分。行政机关在实施行政许可过程中违规实施许可或者违法收取费用的，其直接负责的主管人员和其他直接责任人员将要承担法律责任，只有让他们承担起法律责任，才能有效地扼制行政许可实施过程中的违法收费现象。国务院2000年颁布的《违反行政事业收费和罚没收入收支两条线管理规定行政处分暂行规定》对有关行政许可中违法收费的行为规定了比较严厉的行政处分，如第七条规定，对行政事业性收费项目审批机关已经明令取消或者降低标准的收费项目，仍按原定项目或者标准收费的，对直接负责的主管人员和其他直接责任人员给予记大过处分；情节严重的，给予降级或者撤职处分。

这里讲的“情节严重”，包括在审查、验收中多次要求被审查、验收的单位购买其指定的安全设备、器材或者其他产品；在审查、验收中多次收取费用，且数额较大，社会影响较大等。这里所说的“直接负责的主管人员”，是指在单位违法行为中负有直接领导责任的人员，包括违法行为的决策人，事后对单位违法行为予以认可和支持的领导人员，以及由于疏于管理或放任，因而对单位违法行为负有不可推卸的责任的领导人员。这里所说的“其他责任人员”，是指直接实施单位违法行为的人员。按照《公务员法》的规定，对国家公务员的处分分为：警告、记过、记大过、降级、撤职、开除。具体给予哪种处分，可根据行为人的情节轻重，按照干部管理权限，由有关机关作出。

第九十二条 承担安全评价、认证、检测、检验职责的机构出具失实报告的，责令停业整顿，并处三万元以上十万元以下的罚款；给他人造成损害的，依法承担赔偿责任。

承担安全评价、认证、检测、检验职责的机构租借资质、挂靠、出具虚假报告的，没收违法所得；违法所得在十万元以上的，并处违法所得二倍以上五倍以下的罚款；没有违法所得或者违法所得不足十万元的，单处或者并处十万元以上二十万元以下的罚款；对其直接负责的主管人员和其他直接责任人员处五万元以上十万元以下的罚款；给他人造成损害的，与生产经营单位承担连带赔偿责任；构成犯罪的，依照刑法有关规定追究刑事责任。

对有前款违法行为的机构及其直接责任人员，吊销其相应资质和资格，五年内不得从事安全评价、认证、检测、检验等工作，情节严重的，实行终身行业和职业禁入。

【条文主旨】

本条是关于安全生产技术服务机构承担安全生产法律责任的规定。本条共分为三款。

【核心概念】

“出具虚假证明”，是指出具的安全评价报告、认证结论或者有关检测检验数据与实际情况严重不符。

“没收违法所得”，是指由行政机关实施的将当事人的违法行为所取得的款项收归国有的处罚方式。实施这一处罚的前提是当事人因为违法行为而获得了非法收入，即有了违法所得才给予没收。

“行业和职业禁入”，是指对被吊销安全生产资质和资格负有直接责任的人员或因出具虚假证明等构成犯罪并被判处有期徒刑以上刑罚的人员，按照法律、法规要求规定其一定期限内不得从事生产经营活动或担任相关职务的监督管理措施。

【内容导读】

承担安全评价、认证、检测、检验职责的机构作为提供技术服务的机构，在评价、认证、检测、检验工作过程中，应当严格遵守职业道德和行为准则，根据评价、认证、检测、检验的真实情况，如实地出具安全评价报告，作出认证、检测、检验结论、证明。但是在实际的工作过程中，有些机构为经济利益所驱动，往往可能出具虚假的安全评价报告，作出虚假的评价、认证、检测、检验结论、证明。为了加强安全评价、认证、检测、检验等技术服务机构的管理，进一步严格安全生产责任，按照谁评价谁负责，谁检测、检验谁负责的原则，本条对承担安全评价、认证、检测、检验工作的机构，不具备资质条件开展技术服务或者出具虚假证明的，做出处罚规定。依照本条规定，承担安全评价、认证、检测、检验职责的机构，出具失实报告的，责令停业整顿，并处三万元以上十万元以下的罚款。对于出具虚假报告等行为，应当按以下规定追究其法律责任：

一是给予以下行政处罚：（1）没收违法所得。即由本法规定的行政机关将承担安全评价、认证、检测、检验工作的机构由于出具虚假证明文件而获得财产上的非法利益强制无偿收归国有。（2）处以罚款。包括：违法所得在十万元以上的，并处违法所得二倍以上五倍以下的罚款；没有违法所得或者违法所得不足十万元的，单处或者并处十万元以上二十万元以下的罚款；对其直接负责的主管人员和其他直接责任人员处五万元以上十万元以下的罚款。

二是给他人造成损害的，与生产经营单位承担连带赔偿责任。如果因为出具虚假证明文件，而给要求出具安全评价、认证、检测、检验报告的生产经营单位以外的人造成损害的，要与该生产经营单位承担连带赔偿责任。

三是构成犯罪的，依照《刑法》有关规定追究刑事责任。这里讲的构成犯罪，对有关中介机构来说，主要是构成《刑法》第二百二十九条规定的中介机构提供虚假证明文件的犯罪。需要注意的是，为了强化对中介机构“弄虚作假”行为的规制，加大刑事惩治力度，《中华人民共和国刑法修正案（十一）》[以下简称《刑法修正案（十一）》]对“提供虚假证明文件罪”和“出具证明文件重大失实罪”做出了重要修改完善。按照新的规定，对于中介组织的人员过失“弄虚作假”，将以“出具证明文件重大失实罪”追究刑事责任，具体是指承担安全评价职责的中介组织的人员，严重不负责任，出具的证明文件有重大失实，造成严重后果的，处三年以下有期徒刑或者拘役，并处或者单处罚金。对于故意“弄虚作假”的，将以“提供虚假证明文件罪”追究刑事责任。具体而言：承担安全评价职责的中介组织的人员故意提供虚假证明文件，情节严重的，处五年以下有期徒刑或者拘役，并处罚金；在涉及公共安全的重大工程、项目中提供虚假的安全评价等证明文件，致使公共财产、国家和人民利益遭受特别重大损失的，处五年以上十年以下有期徒刑，并处罚金。

四是对有上述行为的机构，吊销其相应资质。这是一种资格罚，即由有关部门吊销有违法行为的机构所取得的安全评价、认证、检测、检验的资格。按照本条规定，对有前款违法行为的机构及其直接责任人员，吊销其相应资质和资格，五年内不得从事安全评价、认证、检测、检验等工作，情节严重的，实行终身行业和职业禁入。

第九十三条　生产经营单位的决策机构、主要负责人或者个人经营的投资人不依照本法规定保证安全生产所必需的资金投入，致使生产经营单位不具备安全生产条件的，责令限期改正，提供必需的资金；逾期未改正的，责令生产经营单位停产停业整顿。

有前款违法行为，导致发生生产安全事故的，对生产经营单位的主要负责人给予撤职处分，对个人经营的投资人处二万元以上二十万元以下的罚款；构成犯罪的，依照刑法有关规定追究刑事责任。

【条文主旨】

本条是关于对生产经营单位的决策机构、主要负责人或者个人经营的投资人不依法进行安全投入法律责任的规定。本条共分为两款。

【核心概念】

“责令停产停业”，是指行政机关对违反行政管理秩序的企业事业单位，依法在一定期限内暂停其从事有关生产经营活动权利的行政处罚。

【内容导读】

按照本法的规定，生产经营单位应当具备的安全生产条件所必需的资金投入，由生产经营单位的决策机构、主要负责人或者个人经营的投资人予以保证，并对由于安全生产所必需的资金投入不足导致的后果承担责任。保障安全生产，必须要有一定的投入，包括安全设施的建造、维护，安全设备的配备、维护、保养、更新，劳动防护用品配备，重大危险源监控以及对从业人员的培训等。这些是保障安全生产必不可少的资金条件。缺乏保障安全生产所必需的资金投入，直接的后果是使生产经营单位不具备安全生产条件，严重的则可能导致生产安全事故。

构成本条的违法行为的主体，是生产经营单位的决策机构、主要负责人、个人经营的投资人，其客观方面表现为不依照本法规定保证安全生产所必需的资金投入，而导致生产经营单位不具备安全生产条件。需要说明的是，按照相关法律规定和实际，决策机构包括董事会和股东会、合伙人会议等，这些机构没有责任能力。承担责任的人应当是董事会和股东会组成人员、投资人（合伙人）、控制人、实际控制人。对于有本条规定的违法行为的，首先应由负有安全生产监管职责的部门责令生产经营单位的决策机构、主要负责人、个体经营的投资人在规定的期限内改正违法行为，提供生产经营单位应当具备的安全生产条件所必需的资金。对逾期未改正的，给予以下处罚：

一是责令停产停业整顿。如果违法行为人在规定期限内仍然不改正的，责令生产经营单位停产停业整顿。这里的“责令停产停业”是对具有法定安全生产违法行为的生产经营单位适用的一种法律制裁，在性质上属于行政处罚措施，对行政相对人影响巨大。需要注意的是，《安全生产法》以及相关法律、法规中，还规定了“责令暂时停产停业、停止建设、停止施工或者停止使用”等现场处理措施，这在性质上属于行政命令，与行政处罚措施适用的法律程序不同。行政机关作出“责令停产停业”这一处罚措施，应当依照《行政处罚法》规定，适用听证、集体讨论、法制审核等普通程序。

二是有本条所列的违法行为，导致发生生产安全事故，对生产经营单位的主要负责人给予撤职处分，对个人经营的投资人处二万元以上二十万元以下的罚款。构成犯罪的，依照《刑法》有关规定追究刑事责任。这里讲的构成犯罪，主要是指构成《刑法》第一百三十五条规定的关于重大劳动安全事故的犯罪。

第九十四条　生产经营单位的主要负责人未履行本法规定的安全生产管理职责的，责令限期改正，处二万元以上五万元以下的罚款；逾期未改正的，处五万元以上十万元以下的罚款，责令生产经营单位停产停业整顿。

生产经营单位的主要负责人有前款违法行为，导致发生生产安全事故的，给予撤职处分；构成犯罪的，依照刑法有关规定追究刑事责任。

生产经营单位的主要负责人依照前款规定受刑事处罚或者撤职处分的，自刑罚执行完毕或者受处分之日起，五年内不得担任任何生产经营单位的主要负责人；对重大、特别重大生产安全事故负有责任的，终身不得担任本行业生产经营单位的主要负责人。

【条文主旨】

本条是关于对生产经营单位的主要负责人未依法履行安全生产管理职责法律责任的规定。本条共分为三款。

【核心概念】

“刑罚执行完毕”，是指刑罚执行到期应予释放之日。

【内容导读】

依据本法的规定，生产经营单位的主要负责人对本单位安全生产工作负有七项职责，具体包括：（1）建立健全并落实本单位全员安全生产责任制，加强安全生产标准化建设；（2）组织制定并实施本单位安全生产规章制度和操作规程；（3）组织制订并实施本单位安全生产教育和培训计划；（4）保证本单位安全生产投入的有效实施；（5）组织建立并落实安全风险分级管控和隐患排查治理双重预防工作机制，督促、检查本单位的安全生产工作，及时消除生产安全事故隐患；（6）组织制定并实施本单位的生产安全事故应急救援预案；（7）及时、如实报告生产安全事故。从生产经营单位的主要负责人安全生产管理职责来看，他们的职责能否落到实处在很大程度上影响着生产经营单位的安全生产状况，所以必须以强制性的规定来使这些职责真正落实下去。为此，修正后的《安全生产法》加大了对生产经营单位主要负责人安全生产违法行为的责任追究力度，促使其积极履行安全生产管理的职责。

一是加大了行政处罚力度。按照本条规定，对于生产经营单位的主要负责人不履行本法规定的安全生产管理职责的，首先应由负有安全生产监管职责的部门责令其在规定的期限内，依照本法规定履行其应尽安全生产管理职责，同时根据情形，并处二万元以上五万元以下的罚款。对逾期未改正的，即在规定的期限内，生产经营单位的负责人仍然没有按照本法规定纠正违法行为，履行其应尽职责的，处五万元以上十万元以下的罚款。同时为了保证安全生产，行政执法机关有权责令生产经营单位停止生产经营活动，进行整顿，直到生产经营单位的主要负责人按照本法规定履行了法定职责，才能恢复生产经营活动。

二是规定了刑事处罚措施。生产经营单位的主要负责人未履行本法规定的安全生产管理职责，导致发生生产安全事故，构成犯罪的，依照《刑法》有关规定追究刑事责任。例如，按照本法规定，生产经营单位主要负责人应及时、如实报告生产安全事故。如果生产经营单位主要负责人未履行这一法定职责，在发生生产安全事故后，隐瞒不报或者谎报事故情况，延误事故救援时间，情节严重的，就应当按照《刑法》第一百三十九条关于不报、谎报安全事故的犯罪的规定，追究其刑事责任。

三是规定了行业终身禁入制度。生产经营单位的主要负责人依照前款规定受刑事处罚或者撤职处分的，自刑罚执行完毕或者受处分之日起，五年内不得担任任何生产经营单位的主要负责人；对重大、特别重大生产安全事故负有责任的，终身不得担任本行业生产经营单位的主要负责人。职业禁入制度自 2014 年写入《安全生产法》，对负有事故责任的主要负责人进行逐出行业市场的精准打击，提高了违法成本和执法震慑作用，取得了良好的效果。

第九十五条　生产经营单位的主要负责人未履行本法规定的安全生产管理职责，导致发生生产安全事故的，由应急管理部门依照下列规定处以罚款：

（一）发生一般事故的，处上一年年收入百分之四十的罚款；

（二）发生较大事故的，处上一年年收入百分之六十的罚款；

（三）发生重大事故的，处上一年年收入百分之八十的罚款；

（四）发生特别重大事故的，处上一年年收入百分之一百的罚款。

【条文主旨】

本条是关于对生产经营单位的主要负责人未依法履行安全生产管理职责导致事故法律责任的规定。

【核心概念】

"上一年年收入"，依据原国家安全监管总局发布的《生产安全事故罚款处罚规定（试行）》，事故发生单位主要负责人、直接负责的主管人员和其他直接责任人员的上一年年收入，属于国有生产经营单位的，是指该单位上级主管部门所确定的上一年年收入总额；属于非国有生产经营单位的，是指经财务、税务部门核定的上一年年收入总额。生产经营单位提供虚假资料或者由于财务、税务部门无法核定等原因致使有关人员的上一年年收入难以确定的，按照下列办法确定：（1）主要负责人的上一年年收入，按照本省、自治区、直辖市上一年度职工平均工资的五倍以上十倍以下计算；（2）直接负责的主管人员和其他直接责任人员的上一年年收入，按照本省、自治区、直辖市上一年度职工平均工资的一倍以上五倍以下计算。

【内容导读】

根据本条规定，对生产经营单位主要负责人的处罚有两个条件：一是其未履行本法规定的安全生产管理职责；二是发生生产安全事故。

本条结合生产安全事故的严重程度和主要负责人的收入确定处罚标准。发生一般事故，即造成三人以下死亡，或者十人以下重伤，或者一千万元以下直接经济损失的事故，处上一年年收入百分之四十的罚款。发生较大事故，即造成三人以上十人以下死亡，或者十人以上五十人以下重伤，或者一千万元以上五千万元以下直接经济损失的事故，处上一年年收入百分之六十的罚款。发生重大事故，即造成十人以上三十人以下死亡，或者五十人以上一百人以下重伤，或者五千万元以上一亿元以下直接经济损失的事故，处上一年年收入百分之八十的罚款。发生特别重大事故，即造成三十人以上死亡，或者一百人以上重伤，或者一亿元以上直接经济损失的事故，处上一年年收入百分之百的罚款。

需要说明的是，本条和本法第九十四条第一款是基本违法行为法律责任与结果加重法律责任的关系，与第九十四条第二款是并列适用的关系，生产经营单位的主要负责人未履行本法规定安全生产管理职责，导致发生事故的，除了按照本条规定对主要负责人进行行政处罚外，如果涉嫌构成犯罪的，还应依法承担刑事责任。

第九十六条 生产经营单位的其他负责人和安全生产管理人员未履行本法规定的安全生产管理职责的，责令限期改正，处一万元以上三万元以下的罚款；导致发生生产安全事故的，暂停或者吊销其与安全生产有关的资格，并处上一年年收入百分之二十以上百分之五十以下的罚款；构成犯罪的，依照刑法有关规定追究刑事责任。

【条文主旨】

本条是关于对生产经营单位安全生产管理人员未依法履行安全生产管理职责法律责任的规定。

【内容导读】

依据本法的规定，生产经营单位的安全生产管理机构以及安全生产管理人员应履行七项职责，主要包括：（1）组织或者参与拟订本单位安全生产规章制度、操作规程和生产安全事故应急救援预案；（2）组织或者参与本单位安全生产教育和培训，如实记录安全生产教育和培训情况；（3）组织开展危险源辨识和评估，督促落实本单位重大危险源的安全生产管理措施；(4）组织或者参与本单位应急救援演练；(5）检查本单位的安全生产状况，及时排查生产安全事故隐患，提出改进安全生产管理的建议；(6）制止和纠正违章指挥、强令冒险作业、违反操作规程的行为；(7）督促落实本单位安全生产整改措施。为保证以上职责的落实，本条规定了生产经营单位的安全生产管理人员未履行本法规定的安全生产管理职责的法律责任。根据本条规定，对生产经营单位安全生产管理人员未依法履行安全生产管理职责的处罚按照以下进行：

一是生产经营单位的安全生产管理人员未履行本法规定的安全生产管理职责的，责令限期改正，即责令其在规定的期限内，依照本法规定履行其应尽安全生产管理职责，并处一万元以上三万元以下的罚款。

二是生产经营单位的安全生产管理人员未依照本法规定履行安全生产管理职责，导致发生生产安全事故的，暂停或者吊销其与安全生产有关的资格，并处上一年年收入百分之二十以上百分之五十以下的罚款；如果涉嫌构成犯罪的，还应依照《刑法》有关规定追究刑事责任。例如，生产经营单位的安全生产管理人员应当检查本单位的安全生产状况，及时排查生产安全事故隐患，提出改进安全生产管理的建议。如果生产经营单位的安全生产管理人员未依法履行这一法定职责，结果导致发生重大事故的，按照《刑法》第一百三十四条关于重大责任事故犯罪的规定，将承担刑事责任。

第九十七条 生产经营单位有下列行为之一的，责令限期改正，处十万元以下的罚款；逾期未改正的，责令停产停业整顿，并处十万元以上二十万元以下的罚款，对其直接负责的主管人员和其他直接责任人员处二万元以上五万元以下的罚款：

（一）未按照规定设置安全生产管理机构、配备安全生产管理人员或者注册安全工程师的；

（二）危险物品的生产、经营、储存、装卸单位以及矿山、金属冶炼、建筑施工、运输单位的主要负责人和安全生产管理人员未按照规定经考核合格的；

（三）未按照规定对从业人员、被派遣劳动者、实习学生进行安全生产教育和培训，或者未按照规定如实告知有关的安全生产事项的；

（四）未如实记录安全生产教育和培训情况的；

（五）未将事故隐患排查治理情况如实记录或者未向从业人员通报的；

（六）未按照规定制定生产安全事故应急救援预案或者未定期组织演练的；

（七）特种作业人员未按照规定经专门的安全作业培训并取得相应资格，上岗作业的。

【条文主旨】

本条是关于生产经营单位未按规定设置安全生产管理机构等违法行为的法律责任的规定。

【核心概念】

"直接负责的主管人员和其他直接责任人员"，是指对安全生产设施或者安全生产条件不符合国家规定负有直接责任的生产经营单位负责人、管理人员、实际控制人、投资人，以及其他对安全生产设施或者安全生产条件负有管理、维护职责的人员。

【内容导读】

生产经营单位是安全生产的责任主体，应当遵守有关安全生产的法律、法规、国家标准和行业标准的规定，建立健全安全生产责任制和安全生产规章制度，改善安全生产条件，加强安全生产管理，提高安全生产水平，并对未履行安全生产主体责任导致的后果负责。生产经营单位安全生产主体责任是全员、全过程和全方位的责任，包括建立健全安全生产组织机构、规章制度、资金保障、教育和培训、风险管控和隐患排查治理，以及应急救援等。《安全生产法》对未依法履行安全生产主体责任的单位和有关责任人员，规定了相关处罚措施。依据本条规定，生产经营单位如果存在下列违法行为：（1）未按照规定设置安全生产管理机构、配备安全生产管理人员或者注册安全工程师的；（2）危险物品的生产、经营、储存、装卸单位以及矿山、金属冶炼、建筑施工、运输单位的主要负责人和安全生产管理人员未按照规定经考核合格的；（3）未按照规定对从业人员、被派遣劳动者、实习学生进行安全生产教育和培训，或者未按照规定如实告知有关的安全生产事项的；（4）未如实记录安全生产教育和培训情况的；（5）未将事故隐患排查治理情况如实记录或者未向从业人员通报的；（6）未按照规定制定生产安全事故应急救援预案或者未定期组织演练的；（7）特种作业人员未按照规定经专门的安全作业培训并取得相应资格，上岗作业的。首先应由行政机关责令其限期改正，在规定的期限内纠正违法行为，并处十万元以下的罚款。生产经营单位有上述违法行为，经责令改正逾期未改正的，由行政机关责令其停产停业整顿，即暂停有关的生产经营活动，进行整顿，并处十万元以上二十万元以下的罚款，对其直接负责的主管人员和其他直接责任人员处二万元以上五万元以下的罚款。

第九十八条 生产经营单位有下列行为之一的，责令停止建设或者停产停业整顿，限期改正，并处十万元以上五十万元以下的罚款，对其直接负责的主管人员和其他直接责任人员处二万元以上五万元以下的罚款；逾期未改正的，处五十万元以上一百万元以下的罚款，对其直接负责的主管人员和其他直接责任人员处五万元以上十万元以下的罚款；构成犯罪的，依照刑法有关规定追究刑事责任：

（一）未按照规定对矿山、金属冶炼建设项目或者用于生产、储存、装卸危险物品的建设项目进行安全评价的；

（二）矿山、金属冶炼建设项目或者用于生产、储存、装卸危险物品的建设项目没有安全设施设计或者安全设施设计未按照规定报经有关部门审查同意的；

（三）矿山、金属冶炼建设项目或者用于生产、储存、装卸危险物品的建设项目的施工单位未按照批准的安全设施设计施工的；

（四）矿山、金属冶炼建设项目或者用于生产、储存、装卸危险物品的建设项目竣工投入生产或者使用前，安全设施未经验收合格的。

【条文主旨】

本条是关于生产经营单位未按规定开展“三同时”等违法行为法律责任的规定。

【内容导读】

依照本法规定，生产经营单位新建、改建、扩建工程项目的安全设施，必须与主体同时设计、同时施工、同时投入生产和使用（即“三同时”）。为加强建设项目安全管理，预防和减少生产安全事故，保障从业人员生命和财产安全，根据《安全生产法》和《国务院关于进一步加强企业安全生产工作的通知》等相关要求，有关部门专门制定了《建设项目安全设施“三同时”监督管理暂行办法》。矿山、金属冶炼建设项目和用于生产、储存、装卸危险物品的建设项目的安全设施设计应当按照国家有关规定报经有关部门审查；矿山、金属冶炼建设项目和用于生产、储存、装卸危险物品的建设项目的施工单位必须按照批准的安全设施设计施工，以保证安全设施的工程质量。在建设项目竣工投入生产或者使用前，必须依照有关法律、行政法规的规定对安全设施进行验收，验收合格后，方可投入生产和使用。这些都是保证安全生产的前期预防措施。如果生产经营单位违反了上述规定，就要依照本条规定承担相应的法律责任：

一是按照规定，对于生产经营单位有条文所列四项违法行为之一的，如未按照规定对矿山、金属冶炼建设项目或者用于生产、储存、装卸危险物品的建设项目进行安全评价的，将由有关行政机关责令有违法行为的生产经营单位停止建设或者停产停业整顿，要求其在规定的期限内进行安全评价。同时，并处十万元以上五十万元以下的罚款，对其直接负责的主管人员和其他直接责任人员处二万元以上五万元以下的罚款。

二是对于逾期未改正的，处五十万元以上一百万元以下的罚款，对其直接负责的主管人员和其他直接责任人员处五万元以上十万元以下的罚款。即在规定的期限内没有纠正违法行为的，将由有关行政机关根据情节对由违法行为的生产经营单位处五十万元以上一百万元以下的罚款，同时对其直接负责的主管人员和其他直接责任人员处五万元以上十万元以下的罚款。

三是构成犯罪的，依照《刑法》有关规定追究刑事责任。这里讲的构成犯罪，具体分为两种情况：一种情况是，生产经营单位的上述违法行为造成严重后果，即出现造成死亡一人以上，或者重伤三人以上；造成直接经济损失一百万元以上；或者其他造成严重后果的情形。这种情况下，将涉嫌构成《刑法》第一百三十四条规定的重大责任事故犯罪；另一种情况是，生产经营单位的上述违法行为没有造成《刑法》规定的严重后果，但是有发生重大伤亡事故或者其他严重后果的现实危险的，那么根据《刑法修正案（十一）》的规定，将涉嫌构成危险作业罪。

第九十九条 生产经营单位有下列行为之一的，责令限期改正，处五万元以下的罚款；逾期未改正的，处五万元以上二十万元以下的罚款，对其直接负责的主管人员和其他直接责任人员处一万元以上二万元以下的罚款；情节严重的，责令停产停业整顿；构成犯罪的，依照刑法有关规定追究刑事责任：

（一）未在有较大危险因素的生产经营场所和有关设施、设备上设置明显的安全警示标志的；

（二）安全设备的安装、使用、检测、改造和报废不符合国家标准或者行业标准的；

（三）未对安全设备进行经常性维护、保养和定期检测的；

（四）关闭、破坏直接关系生产安全的监控、报警、防护、救生设备、设施，或者篡改、隐瞒、销毁其相关数据、信息的；

（五）未为从业人员提供符合国家标准或者行业标准的劳动防护用品的；

（六）危险物品的容器、运输工具，以及涉及人身安全、危险性较大的海洋石油开采特种设备和矿山井下特种设备未经具有专业资质的机构检测、检验合格，取得安全使用证或者安全标志，投入使用的；

（七）使用应当淘汰的危及生产安全的工艺、设备的；

（八）餐饮等行业的生产经营单位使用燃气未安装可燃气体报警装置的。

【条文主旨】

本条是关于生产经营单位未按规定对安全设备进行经常性维护、保养和定期检测等违法行为法律责任的规定。

【内容导读】

依照本法规定，生产经营单位应当在有较大危险因素的生产经营场所和有关设施、设备上，设置明显的安全警示标志，履行警示告知义务，从事餐饮等行业的生产经营单位还应当安装可燃气体报警装置。对于安全设备的设计、制造、安装、使用、检测、维修、改造和报废，应当符合国家标准或者行业标准的要求。对安全设备还必须进行经常性的维护、保养，并定期检测，以保证正常运转。维护、保养、检测还应当做好记录。为从业人员提供的劳动防护用品必须符合国家标准或者行业标准，不得超过使用期限，确保其在劳动过程中免遭或者减轻事故伤害及职业危害。不得使用国家明令淘汰、禁止使用的危及安全生产的工艺、设备。如果生产经营单位违反了上述规定，应依照本条规定承担相应的法律责任：

一是按照规定，对于生产经营单位有本条所列七项违法行为之一的，将由有关行政机关责令有违法行为的生产经营单位在规定的期限内纠正违法行为。比如，没有在有较大危险因素的生产经营场所和有关设施、设备上设置明显的安全警示标志的，应责令其在规定的期限内按要求设置警示标志。同时，并处五万元以下的罚款。

二是逾期未改正的，处五万元以上二十万元以下的罚款，对其直接负责的主管人员和其他直接责任人员处一万元以上二万元以下的罚款。即在规定的期限内没有纠正违法行为的，处五万元以上二十万元以下的罚款，对其直接负责的主管人员和其他直接责任人员处一万元以上二万元以下的罚款，即由有关行政机关对在规定的期限内未纠正违法行为的生产经营单位处五万元以上二十万元以下的罚款，对其直接负责的主管人员和其他直接责任人员处一万元以上二万元以下的罚款。

三是情节严重的，责令停产停业整顿。即在规定的期限内没有纠正违法行为且情节严重的，应当停止有关的生产经营活动，进行整顿。

四是造成严重后果，构成犯罪的，依照《刑法》有关规定追究刑事责任。这里讲的构成犯罪，主要是指构成《刑法》一百三十四条规定的重大责任事故犯罪或者第一百三十五条规定的重大劳动安全事故犯罪。比如，生产经营单位安全设备的安装、使用、检测、改造和报废不符合国家标准或者行业标准，因而发生重大伤亡的，相关责任人员涉嫌构成《刑法》第一百三十五条规定的重大劳动安全事故罪。实践中，有些安全生产违法行为，既存在违反安全管理规定，又有安全生产设施或条件不符合国家规定，那么将涉嫌构成重大责任事故罪和重大劳动安全事故罪的想象竞合犯，根据法律规定，按照从一重处的原则进行处理。

第一百条 未经依法批准，擅自生产、经营、运输、储存、使用危险物品或者处置废弃危险物品的，依照有关危险物品安全管理的法律、行政法规的规定予以处罚；构成犯罪的，依照刑法有关规定追究刑事责任。

【条文主旨】

本条是关于擅自生产、经营、运输、储存、使用危险物品或者处置废弃危险物品违法行为法律责任的规定。

【内容导读】

我国作为世界第一化工大国，危险化学品生产经营单位达 21 万家，涉及 2 800 多个种类，2018 年产值占全国 GDP 的 13.8%，在国民经济和社会发展中具有重要地位，但整体安全条件差、管理水平低、重大安全风险隐患集中，在危险化学品生产、储存、运输、使用、废弃处置等环节已经形成了系统性安全风险，导致重特大事故时有发生，严重损害人民群众生命财产安全，严重影响经济高质量发展和社会稳定。为提升危险化学品安全生产工作水平，生产、经营、运输、储存、使用危险物品或者处置废弃危险物品，应由有关主管部门依照有关法律、法规的规定和国家标准或者行业标准审批并实施监督管理。2011 年 2 月 16 日，国务院第一百四十四次常务会议修订通过了《危险化学品安全管理条例》，对危险化学品的生产、经营、运输、运输、储存、使用的安全管理做出了明确规定。江苏响水天嘉宜化工有限公司“3 · 21”特别重大爆炸事故发生后，中共中央办公厅、国务院办公厅专门印发了《关于全面加强危险化学品安全生产工作的意见》，强调按照“管行业必须管安全、管业务必须管安全、管生产经营必须管安全”原则，严格落实相关部门危险化学品各环节安全监管责任，实施全主体、全品种、全链条安全监管。如果没有经过有关主管部门的审批而生产、经营、运输、储存、使用危险物品或者处置废弃危险物品，就构成本条规定的违法行为。

一是按照本条规定，对于未经批准，擅自生产、经营、运输、储存、使用危险物品或者处置废弃危险物品的，依照有关危险物品安全管理的法律、行政法规的规定予以处罚，即根据违法行为按照《危险化学品安全管理条例》《危险废物经营许可证管理办法》等法律、法规的相关规定进行处理。

二是构成犯罪的，依照《刑法》有关规定追究刑事责任。这里讲的构成犯罪，主要是指构成《刑法》第一百三十六条规定的危险物品肇事罪。危险物品肇事罪，是指违反爆炸性、易燃性、放射性、毒害性、腐蚀性物品的管理规定，在生产、储存、运输、使用中发生重大事故，造成严重后果的行为。比如，有危险货物运输从业资格的人员，明知使用具有事故隐患的机动车超载运输剧毒化学品，有可能引发危害公共安全的事故，却轻信能够避免，以致这种事故发生并造成严重后果的，构成危险物品肇事罪。

第一百零一条 生产经营单位有下列行为之一的，责令限期改正，处十万元以下的罚款；逾期未改正的，责令停产停业整顿，并处十万元以上二十万元以下的罚款，对其直接负责的主管人员和其他直接责任人员处二万元以上五万元以下的罚款；构成犯罪的，依照刑法有关规定追究刑事责任：

（一）生产、经营、运输、储存、使用危险物品或者处置废弃危险物品，未建立专门安全管理制度、未采取可靠的安全措施的；

（二）对重大危险源未登记建档，未进行定期检测、评估、监控，未制定应急预案，或者未告知应急措施的；

（三）进行爆破、吊装、动火、临时用电以及国务院应急管理部门会同国务院有关部门规定的其他危险作业，未安排专门人员进行现场安全管理的；

（四）未建立安全风险分级管控制度或者未按照安全风险分级采取相应管控措施的；

（五）未建立事故隐患排查治理制度的，或者重大事故隐患排查治理情况未按照规定报告的。

【条文主旨】

本条是关于生产经营单位对重大危险源未登记建档等违法行为法律责任的规定。

【内容导读】

生产经营单位生产、经营、运输、储存、使用危险物品或者处置废弃危险物品，必须按照有关法律、法规和国家标准或者行业标准，建立专门的安全管理制度，采取可靠的安全措施，接受有关主管部门依法实施的监督管理。生产经营单位对重大危险源应当登记建档，进行定期检测、评估、监控，并制定应急预案，告知从业人员和相关人员在紧急情况下应当采取的应急措施。生产经营单位进行爆破、吊装、动火、临时用电以及国务院应急管理部门会同国务院有关部门规定的其他危险作业，应当安排专门人员进行现场安全生产管理，确保操作规程的遵守和安全措施的落实。生产经营单位应当建立健全生产安全事故隐患排查治理制度，采取技术、管理措施，及时发现并消除事故隐患。生产经营单位的安全生产管理人员在检查中发现重大事故隐患，应依法向负有安全生产监管职责的部门报告。如果生产经营单位违反了上述规定，应依照本条规定承担相应的法律责任：

一是按照本条规定，对于违反本法有关危险物品管理以及进行危险作业应注意事项的，由有关行政机关责令有违法行为的生产经营单位在规定的期限内纠正违法行为。比如，未建立事故隐患排查治理制度的，应当在规定的期限内建立事故隐患排查治理制度，同时处十万元以下罚款。

二是对逾期未改正的，责令停产停业整顿，并处十万元以上二十万元以下的罚款，对其直接负责的主管人员和其他直接责任人员处二万元以上五万元以下的罚款。即有违法行为的生产经营单位在规定的期限内不改正的，有关行政机关要责令其停止生产经营活动，进行整顿。停产停业的同时要对其处十万元以上二十万元以下的罚款，并对其直接负责的主管人员和其他直接责任人员处二万元以上五万元以下的罚款。

三是造成严重后果，构成犯罪的，依照《刑法》有关规定追究刑事责任。这里讲的构成犯罪，根据违法行为的不同，可能构成《刑法》第一百三十四条规定的重大责任事故的犯罪或者第一百三十六条规定的关于危险物品肇事的犯罪。

第一百零二条　生产经营单位未采取措施消除事故隐患的，责令立即消除或者限期消除，处五万元以下的罚款；生产经营单位拒不执行的，责令停产停业整顿，对其直接负责的主管人员和其他直接责任人员处五万元以上十万元以下的罚款；构成犯罪的，依照刑法有关规定追究刑事责任。

【条文主旨】

本条是关于生产经营单位未采取措施消除事故隐患法律责任的规定。

【内容导读】

隐患是事故发生的导火索。只要工作中潜藏着的隐患不治理，事故的发生只是时间上的问题。根据海因里希的事故规律理论，隐患是各种事故的根源，是事故发生的前提条件，一个伤害事故的发生总是源自一系列因素累积的结果。由此可见，及时采取措施消除事故隐患是安全生产的根本前提。为此，法律明确规定，生产经营单位应当建立健全生产安全事故隐患排查治理制度，采取技术、管理措施，及时发现并消除事故隐患。

生产经营单位未采取措施消除事故隐患的，是一种典型的违法行为，且行为人具有明显的主观故意。在 2021 年《安全生产法》修订之前，生产经营单位拒不执行隐患整改指令的，才可以实施行政处罚。由于缺乏威慑力，实施效果并不理想，一部分生产经营单位出于侥幸心理，带“患”作业频繁发生，由此酿成的事故教训十分惨痛。2021 年修法的一个重要突破，就是坚持对隐患“零容忍”，对未采取措施消除隐患的生产经营单位，可以直接进行行政处罚。按照本条规定，对于生产经营单位未采取措施消除事故隐患的，由有关行政机关责令其立即消除或者在一定的期限内消除事故隐患，并处五万元以下的罚款；对于生产经营单位拒不立即消除或者在一定期限内消除事故隐患的，由有关行政机关责令其停止生产经营进行整顿，同时对其直接负责的主管人员和其他直接责任人员处五万元以上十万元以下的罚款。

需要重点关注的是，拒不执行重大事故隐患停产停业整顿指令，有发生重大伤亡事故现实危险的，可能涉嫌构成危险作业罪。为了加大生产经营过程中极易导致重大生产安全事故的违法行为的刑事惩治力度，《刑法修正案（十一）》在原刑法第一百三十四条的基础上新增了“危险作业罪”。构成该罪，一方面，行为人实施了危害不特定多数人的生命、健康或重大公私财产安全的行为，具体包括以下三种情形：（1）关闭、破坏直接关系生产安全的监控、报警、防护与救生设备、设施，或者篡改、隐瞒、销毁其相关数据、信息的；（2）因存在重大事故隐患被依法责令停产停业、停止施工、停止使用有关设备、设施、场所或者立即采取排除危险的整改措施，而拒不执行的；（3）涉及安全生产的事项未经依法批准或者许可，擅自从事矿山开采、金属冶炼、建筑施工，以及危险物品生产、经营、储存等高度危险的生产作业活动的。另一方面，行为造成了相应的侵害结果，即本条规定的“具有发生重大伤亡事故或者其他严重后果的现实危险”。危险作业罪属于危害生产安全犯罪中的轻罪，根据《刑法修正案（十一）》第四条的规定，犯危险作业罪的，处一年以下有期徒刑、拘役或者管制。

第一百零三条 生产经营单位将生产经营项目、场所、设备发包或者出租给不具备安全生产条件或者相应资质的单位或者个人的，责令限期改正，没收违法所得；违法所得十万元以上的，并处违法所得二倍以上五倍以下的罚款；没有违法所得或者违法所得不足十万元的，单处或者并处十万元以上二十万元以下的罚款；对其直接负责的主管人员和其他直接责任人员处一万元以上二万元以下的罚款；导致发生生产安全事故给他人造成损害的，与承包方、承租方承担连带赔偿责任。

生产经营单位未与承包单位、承租单位签订专门的安全生产管理协议或者未在承包合同、租赁合同中明确各自的安全生产管理职责，或者未对承包单位、承租单位的安全生产统一协调、管理的，责令限期改正，处五万元以下的罚款，对其直接负责的主管人员和其他直接责任人员处一万元以下的罚款；逾期未改正的，责令停产停业整顿。

矿山、金属冶炼建设项目和用于生产、储存、装卸危险物品的建设项目施工单位未按照规定对施工项目进行安全管理的，责令限期改正，处十万元以下的罚款，对其直接负责的主管人员和其他直接责任人员处二万元以下的罚款；逾期未改正的，责令停产停业整顿。以上施工单位倒卖、出租、出借、挂靠或者以其他形式非法转让施工资质的，责令停产停业整顿，吊销资质证书，没收违法所得；违法所得十万元以上的，并处违法所得二倍以上五倍以下的罚款；没有违法所得或者违法所得不足十万元的，单处或者并处十万元以上二十万元以下的罚款；对其直接负责的主管人员和其他直接责任人员处五万元以上十万元以下的罚款；

构成犯罪的，依照刑法有关规定追究刑事责任。

【条文主旨】

本条是关于发包方未履行安全生产管理义务以及违法分包、转包等法律责任的规定。本条共分为三款。

【内容导读】

违法发包、层层转包的生产和施工项目是导致事故的重要原因之一。据统计，我国建筑业发生的重大以上伤亡事故中，大多都涉及违法发包、转包问题。此外，近年来一些工贸企业技改项目也存在违法发包问题，中介机构在为相关企业提供服务过程中也存在转包现象。2020 年福建泉州“3・7”欣佳酒店坍塌事故企业、2019 年河北衡水“4・25”施工升降机轿厢坠落重大事故施工单位、2019 年云南临沧高速公路安石隧道“11・26”涌水突泥事故勘察单位等，均存在违法将工程发包给无资质人员、以包代管等问题。为此，本法特别规定，生产经营单位不得将生产经营项目、场所、设备发包或者出租给不具备安全生产条件或者相应资质的单位或者个人，生产经营单位的发包、出租行为必须符合法律的强制性规定，也即其发包、出租的对象必须是具有相应资质的单位或个人，否则将承担相应的法律责任。

一是按照本条规定，对于上述违法行为，由有关行政机关责令限期改正，即由有关行政机关责令有违法行为的生产经营单位在规定的期限内，解除与不具备安全生产条件或者相应资质的单位或者个人的承发包或租赁关系，并没收违法所得，即没收因将生产经营项目、场所、设备发包或者出租给不具备安全生产条件或者相应资质的单位或者个人所得到的不正当利益。违法所得十万元以上的，在没收违法所得的同时，并处违法所得二倍以上五倍以下的罚款；没有违法所得或者违法所得不足十万元的，单处或者并处十万元以上二十万元以下的罚款。同时，对其直接负责的主管人员或者其他责任人员处一万元以上二万元以下的罚款。导致发生生产安全事故给他人造成损害的，与承包方、承租方承担连带赔偿责任。连带责任是指依照法律规定或者当事人的约定，两个或者两个以上当事人对共同产生的债务承担全部责任。即受损失方可以要求发包单位、出租单位和承包单位、承租单位的任何一方承担全部赔偿的责任。

二是生产经营单位未与承包单位、承租单位签订专门的安全生产管理协议或者未在承包合同、租赁合同中明确各自的安全生产管理职责，或者未对承包单位、承租单位的安全生产统一协调、管理的，应按照规定给予以下处罚：责令限期改正，处五万元以下的罚款。对其直接负责的主管人员和其他直接责任人员处一万元以下的罚款。逾期未改正的，责令停产停业整顿。

三是对于矿山、金属冶炼建设项目和用于生产、储存、装卸危险物品的建设项目施工单位未按照规定对施工项目进行安全管理的，责令限期改正，处十万元以下的罚款，对其直接负责的主管人员和其他直接责任人员处二万元以下的罚款；逾期未改正的，责令停产停业整顿。对于施工单位倒卖、出租、出借、挂靠或者以其他形式非法转让施工资质的，根据情节轻重给予以下处罚：责令停产停业整顿，吊销资质证书，没收违法所得；违法所得十万元以上的，并处违法所得两倍以上五倍以下的罚款；没有违法所得或者违法所得不足十万元的，单处或者并处十万元以上二十万元以下的罚款；对其直接负责的主管人员和其他直接责任人员处五万元以上十万元以下的罚款。情节严重的，将涉嫌构成《刑法》第一百三十四条重大责任事故罪。

第一百零四条 两个以上生产经营单位在同一作业区域内进行可能危及对方安全生产的生产经营活动，未签订安全生产管理协议或者未指定专职安全生产管理人员进行安全检查与协调的，责令限期改正，处五万元以下的罚款，对其直接负责的主管人员和其他直接责任人员处一万元以下的罚款；逾期未改正的，责令停产停业。

【条文主旨】

本条是关于在同一作业区域内未签订安全生产管理协议等违法行为法律责任的规定。

【内容导读】

按照本法规定，两个以上生产经营单位在同一作业区域内进行生产经营活动，可能危及对方生产安全的，应当签订安全生产管理协议，明确各自的安全生产管理职责和应当采取的安全措施，并指定专职安全生产管理人员进行安全检查与协调。否则，将承担相应的法律责任。

按照本条规定，承担法律责任的主体包括两类：一是有本条规定的违法行为的生产经营单位；二是有本条规定违法行为的生产经营单位直接负责的主管人员和其他直接责任人员。这里讲的“生产经营单位”是指在同一作业区域内进行可能危及对方安全生产的生产经营活动的生产经营单位，从数量上来说至少为两个，包括两个或两个以上。本条规定的法律责任包括以下方面：

一是责令限期改正，处五万元以下的罚款，对其直接负责的主管人员和其他直接责任人员处一万元以下的罚款。生产经营单位有本条规定违法行为的，首先由有关行政机关责令其限期改正，即责令有关的生产经营单位在规定的期限内签订安全生产管理协议，指定专职的安全生产管理人员。依照《行政处罚法》的规定，“责令改正或者限期改正”不属于行政处罚，而是行政机关在实施行政处罚时必须采取的行政措施。《行政处罚法》第二十三条规定，行政机关实施行政处罚时，应当责令当事人改正或者限期改正违法行为。对于行政管理相对人实施的违法行为，行政机关不能简单地一罚了事，而应当要求当事人改正其违法行为，不允许其违法状态继续存在下去。责令当事人改正其违法行为，包括由行政机关要求违法行为人立即停止违法行为，并立即或者在规定的期限内采取改正措施，消除其违法行为造成的后果，恢复合法状态。本条规定的是“责令限期改正”，违法的生产经营单位应当在有关行政机关规定的期限内改正其违法行为。在责令限期改正的同时，有关行政机关还有权实施罚款的行政处罚。罚款属于行政处罚中的财产罚，即由行政机关依法强制违反行政管理秩序的公民、法人或者其他组织缴纳一定数量的货币的一种行政处罚。

二是逾期未改正的，责令停产停业。责令停产停业属于行政处罚中的资格罚或者能力罚，它不是永久性剥夺被处罚人已经获得的从事生产经营活动的资格，而只是暂时性限制其从事生产经营活动的资格。如果在同一作业区域内从事生产经营活动的各方在规定的期限内不签订安全生产管理协议或者不指定专职的安全生产管理人员进行安全检查与协调，则由有关行政机关责令这些生产经营单位停止生产经营活动，直到签订安全生产管理协议、指定专职安全生产管理人员后，才能重新开始生产经营活动。

第一百零五条 生产经营单位有下列行为之一的，责令限期改正，处五万元以下的罚款，对其直接负责的主管人员和其他直接责任人员处一万元以下的罚款；逾期未改正的，责令停产停业整顿；构成犯罪的，依照刑法有关规定追究刑事责任：

（一）生产、经营、储存、使用危险物品的车间、商店、仓库与员工宿舍在同一座建筑内，或者与员工宿舍的距离不符合安全要求的；

（二）生产经营场所和员工宿舍未设有符合紧急疏散需要、标志明显、保持畅通的出口、疏散通道，或者占用、锁闭、封堵生产经营场所或者员工宿舍出口、疏散通道的。

【条文主旨】

本条是关于生产经营场所和员工宿舍不符合有关安全要求法律责任的规定。

【内容导读】

依照本法规定，生产、经营、储存、使用危险物品的车间、商店、仓库不得与员工宿舍在同一座建筑物内，并应当与员工宿舍保持安全距离。生产经营场所和员工宿舍应当设有符合紧急疏散要求、标志明显、保持畅通的出口。禁止锁闭、封堵生产经营场所或者员工宿舍的出口。违反上述规定，就应当依据本条承担以下法律责任。

一是责令限期改正，处五万元以下的罚款，对其直接负责的主管人员和其他直接责任人员处一万元以下的罚款。责令限期改正，即由有关行政机关责令该生产经营单位在规定的期限内，将生产、经营、储存、使用危险物品的车间、商店、仓库与在同一建筑物内的员工宿舍分开，并保持一定的安全距离；使生产经营场所和员工宿舍的出口符合紧急疏散的需要，设置明显的标志；将堵塞的出口疏通，将封闭的出口打开等。在责令限期改正的同时，有关行政机关同时应对生产经营单位处以五万元以下的罚款，对其直接负责的主管人员和其他直接责任人员处以一万元以下的罚款。

二是逾期未改正的，责令停产停业整顿。如果生产经营单位在规定的期限内没有纠正违法行为，不采取改正措施，将由有关行政机关责令其停止生产经营活动，进行整顿，直到生产、经营、储存、使用危险物品的车间、商店、仓库以及生产经营场所与员工宿舍都符合安全要求后，才能重新开始生产经营活动。

三是构成犯罪的，依照《刑法》有关规定追究刑事责任。这里所讲的构成犯罪，主要是指涉嫌构成《刑法》第一百三十五条规定的重大劳动安全事故罪或者第一百三十九条规定的消防责任事故罪。根据《刑法》规定，违反消防管理法规，经消防监督机构通知采取改正措施而拒绝执行，造成严重后果的，对直接责任人员，处三年以下有期徒刑或者拘役；后果特别严重的，处三年以上七年以下有期徒刑。这里的“后果特别严重的”，是指具有下列情形之一：（1）造成死亡三人以上或者重伤十人以上，负事故主要责任的；（2）造成直接经济损失五百万元以上，负事故主要责任的；（3）其他造成特别严重后果、情节特别恶劣或者后果特别严重的情形。

第一百零六条 生产经营单位与从业人员订立协议，免除或者减轻其对从业人员因生产安全事故伤亡依法应承担的责任的，该协议无效；对生产经营单位的主要负责人、个人经营的投资人处二万元以上十万元以下的罚款。

【条文主旨】

本条是关于生产经营单位协议免除或者减轻其对从业人员义务法律责任的规定。

【核心概念】

“无效劳动合同”，是指从订立的时候起，就没有法律约束力的合同。无效的劳动合同不受国家法律的承认和保护。

【内容导读】

《劳动合同法》明确规定，属于无效或部分无效的劳动合同的情形包括：（1）以欺诈、胁迫的手段或者乘人之危，使对方在违背真实意思的情况下订立或者变更劳动合同的；（2）用人单位免除自己的法定责任、排除劳动者权利的；（3）违反法律、行政法规强制性规定的。这里讲的“强制性规定”，排除了合同当事人的意思自治，即当事人在合同中不得合意排除法律、行政法规强制性规定的适用，如果当事人约定排除了强制性规定，则构成本项规定的无效情形。

依照本法规定，生产经营单位不得以任何形式与从业人员订立协议，免除或者减轻其对从业人员因生产安全事故伤亡依法应承担的责任。这是法律的强制性规定，任何生产经营单位都应当遵守。显而易见，生产经营单位与从业人员订立协议，免除或者减轻其对从业人员因生产安全事故伤亡依法应承担的责任的，将导致该协议无效。需要注意的是，对于劳动合同被确认无效的，其法律后果是：第一，劳动合同被确认无效，劳动者已付出劳动的，用人单位应当向劳动者支付劳动报酬。劳动报酬的数额，参考本单位相同或者相近岗位劳动者的劳动报酬确定。第二，无效劳动合同是由劳动合同当事人一方或者双方的过错造成的。法律上的过错，是指法律关系主体在主观上有违法错误，包括故意违法和过失违法。过错可能是一方的，也可能是双方的，它是由当事人的主观原因造成的后果，因此，对于无效的劳动合同，在确认其无效的同时，如给对方造成损害的，有过错的一方应当承担赔偿责任。还应当特别注意的是，本条的规定只限于法律和行政法规，不能任意扩大范围。实践中存在的将违反地方行政管理规定的合同都认为无效，是不妥当的。

生产经营单位与从业人员订立协议，免除或者减轻其对于从业人员因生产安全事故造成人身伤亡依法应当承担的责任的，属于严重侵犯了从业人员合法权益的违法行为，除签订的协议无效以外，还要对有关责任人给予罚款的行政处罚。本条规定的承担法律责任的主体是生产经营单位的主要负责人和个人经营的投资人，而不是生产经营单位。根据本法规定，生产经营单位的主要负责人对本单位的安全生产工作全面负责，既有管理指挥的权力，又有承担全面责任的义务。此外，实践中一些民营企业，投资人对企业的重大事项掌握最后的决策权。因此，在处罚对象中特别列出个人经营的投资人，即直接由个人业主负责，而不是他所招用的管理人员负责，这样规定可以防止一些个人业主招用其他人挂名而逃脱自身应尽的责任。按照本条规定，将由有关行政机关对生产经营单位的主要负责人、个人经营的投资人根据违法行为的情节，给予不低于二万元但不超过十万元的罚款，以通过惩罚责任人来达到遏制违法行为的目的。

第一百零七条 生产经营单位的从业人员不落实岗位安全责任，不服从管理，违反安全生产规章制度或者操作规程的，由生产经营单位给予批评教育，依照有关规章制度给予处分；构成犯罪的，依照刑法有关规定追究刑事责任。

【条文主旨】

本条是关于生产经营单位的从业人员安全生产违法违规行为法律责任的规定。

【内容导读】

按照本法规定，从业人员在生产作业过程中，应当严格遵守本单位的安全生产规章制度和操作规程，服从管理，正确佩戴和使用劳动防护用品。这是本法对从业人员规定的义务，也是保障安全生产的一个必要条件，从业人员必须遵守，否则就要依照本条规定承担相应的责任。按照本条规定，对于从业人员违反有关规章制度和操作规程的，应当按照以下两个方面进行处理：

一是由生产经营单位给予批评教育，依照有关规章制度给予处分。这里讲的“批评教育”，即由生产经营单位对该从业人员由于违反规章制度和操作规程的行为进行批评，同时对其进行有关安全生产知识方面的教育，使其认识到严格遵守安全生产规章制度和操作规程的重要性，以及违反安全生产规章制度或者操作规程可能造成的严重后果和依法应当承担的法律责任，确保其不再违法。这里讲的“规章制度”，包括企业依法制定的内部奖惩制度。对于严重违反规章制度的，生产经营单位可以依法解除劳动合同。需要注意的是，从业人员对生产经营单位作出处分决定不服的，可以向当地劳动争议仲裁委员会申请仲裁。对仲裁裁决不服的，可以向人民法院提起诉讼。

二是如果涉嫌构成犯罪的，依照《刑法》有关规定追究刑事责任。这里讲的构成犯罪，主要是指构成《刑法》第一百三十四条规定的重大责任事故的犯罪。按照《刑法》第一百三十四条的规定，在生产、作业中违反有关安全管理的规定，因而发生重大伤亡事故或者造成其他严重后果的，处三年以下有期徒刑或者拘役；情节特别恶劣的，处三年以上七年以下有期徒刑。强令他人违章冒险作业，或者明知存在重大事故隐患而不排除仍冒险组织作业，因此发生重大伤亡事故或者造成其他严重后果的，处五年以下有期徒刑或者拘役；情节特别恶劣的，处五年以上有期徒刑。

第一百零八条 违反本法规定，生产经营单位拒绝、阻碍负有安全生产监督管理职责的部门依法实施监督检查的，责令改正；拒不改正的，处二万元以上二十万元以下的罚款；对其直接负责的主管人员和其他直接责任人员处一万元以上二万元以下的罚款；构成犯罪的，依照刑法有关规定追究刑事责任。

【条文主旨】

本条是关于生产经营单位拒绝、阻碍负有安全生产监管职责的部门实施监督检查的法律责任的规定。

【核心概念】

“妨碍执行公务”，是指以暴力、威胁等方法阻挠、妨碍行政执法工作人员依照法律规定执行职务，致使依法执行职务的活动无法正常进行的行为的统称。

【内容导读】

依照本法规定，应急管理部门和其他负有安全生产监管职责的部门依法开展安全生产行政执法工作，有权对生产经营单位执行有关安全生产的法律、法规和国家标准或者行业标准的情况进行监督检查。生产经营单位对负有安全生产监管职责的部门的监督检查人员依法履行监督检查职责，应当予以配合，不得拒绝、阻挠。这项义务的核心就是不得将执法人员拒之门外，允许执法人员进入相关场所，为执法人员履行职务提供便利条件，应当满足执法人员提出的合法要求。根据本条规定，生产经营单位不履行执法配合义务，应承担以下法律责任。

一是责令改正。即责令拒绝、阻碍执法部门实施监督检查的生产经营单位立即停止任何形式的拒绝、阻碍行为，配合并采取有效措施保证执法部门能够依法实施监督检查，接受执法部门依法实施的监督检查。

二是拒不改正的，处二万元以上二十万元以下的罚款。对于经责令改正而拒绝改正，继续以各种方式拒绝、阻碍执法部门实施监督检查的生产经营单位，将视情节给予二万元以上二十万元以下的罚款。一般来说，相对于以积极作为的方式阻碍负有安全生产监管职责的部门依法实施监督检查的，以不作为的方式实施的拒绝执法部门监督检查的违法情节比较轻微，可以在罚款的数额中予以体现，给予相对较少的罚款。在责令拒绝、阻碍监督检查的生产经营单位改正违法行为的同时，还要对其直接负责的主管人员和其他直接责任人员给予罚款的行政处罚，罚款数额为一万元以上二万元以下，具体数额在个案中根据责任人违法行为的情节予以确定。

三是构成犯罪的，依照《刑法》有关规定追究刑事责任。这里主要是指构成《刑法》第二百七十七条规定的妨害公务罪。按照《刑法》规定，以暴力、威胁方法阻碍国家机关工作人员依法执行职务的，处三年以下有期徒刑、拘役、管制或者罚金。这里的“暴力”是指对国家机关工作人员的身体实行打击或者强制，如捆绑、殴打、伤害；“威胁”是指以杀害、伤害、毁坏财产、损坏名誉等相威胁。构成本罪，行为人必须是采取暴力、威胁的方法，如果行为人没有实施暴力、威胁的阻碍行为，只是吵闹、谩骂、不服管理等，不构成犯罪，可以依法进行治安管理处罚。如果阻碍的不是国家机关工作人员的活动，或者不是职务活动，或者不是依法进行的职务活动，都不构成本罪。

第一百零九条 高危行业、领域的生产经营单位未按照国家规定投保安全生产责任保险的，责令限期改正，处五万元以上十万元以下的罚款；逾期未改正的，处十万元以上二十万元以下的罚款。

【条文主旨】

本条是关于高危行业、领域的生产经营单位未按规定投保安全生产责任保险法律责任的规定。

【内容导读】

在安全生产领域推进安全生产责任保险是加强安全生产工作的重要措施之一。煤矿、非煤矿山、危险化学品、烟花爆竹、交通运输、建筑施工、民用爆炸物品、金属冶炼、渔业生产等高危行业、领域生产经营活动安全风险较大，按照国家规定应依法投保安全生产责任保险。这里讲的“国家规定”，是指《国家安全监管总局、保监会、财政部关于印发〈安全生产责任保险实施办法〉的通知》。此外，一些地方结合当地实际，还研究制定了安全生产责任保险的实施细则。未按照规定投保安全生产责任保险的情况包括：生产经营单位应当投保安全生产责任保险但未按规定投保或续保的；生产经营单位将保费以各种形式摊派给从业人员个人的；生产经营单位对保险机构开展事故预防服务不予配合，对发现的事故隐患和问题拒不整改的。根据高危行业、领域的生产经营单位未按照国家规定投保安全生产责任保险的违法行为情节的轻重，其应当承担的法律责任分为两种：

一是对一般的高危行业领域的生产经营单位不投保安全生产责任保险的违法情形，由有关行政机关责令其在一定期限内投保安全生产责任保险，并处五万元以上十万元以下的罚款。其中，责令改正不是一种行政处罚，只是一种补救性的行政责任，是对违法者消除违法状态、恢复合法状态的要求。

二是经由有关行政机关责令限期改正、生产经营单位仍不办理安全生产责任保险的，由有关行政机关对生产经营单位处十万元以上二十万元以下的罚款。这里需要注意的是，给予罚款的主体是有关行政机关，不是安全生产责任保险经办机构。行政处罚决定依法作出后，当事人应当在行政处罚决定的期限内予以履行。

第一百一十条 生产经营单位的主要负责人在本单位发生生产安全事故时，不立即组织抢救或者在事故调查处理期间擅离职守或者逃匿的，给予降级、撤职的处分，并由应急管理部门处上一年年收入百分之六十至百分之一百的罚款；对逃匿的处十五日以下拘留；构成犯罪的，依照刑法有关规定追究刑事责任。

生产经营单位的主要负责人对生产安全事故隐瞒不报、谎报或者迟报的，依照前款规定处罚。

【条文主旨】

本条是关于生产经营单位主要负责人发生事故不立即组织抢救的法律责任的规定。

【核心概念】

“不立即组织抢救”，是指事故发生单位主要负责人客观上能够组织抢救，而不立即组织抢救的情形，不包括客观上不能立即组织抢救的情形。

“擅离职守”，是指未经许可即擅自离开自己的工作岗位。

【内容导读】

发生生产安全事故后立即组织抢救，是生产经营单位主要负责人的一项法定职责。根据本法规定，生产经营单位发生生产安全事故时，单位的主要负责人应当立即组织抢救，并不得在事故调查处理期间擅离职守。实践中，一些事故发生单位的主要负责人接到事故报告后，第一反应不是立即组织事故抢救，而是如何逃避事故责任，或者麻木不仁以至贻误时机，导致事故扩大、人员伤亡增加或者财产损失增加等后果。这是一种严重不负责任的行为，必须给予严厉的法律制裁。另外，在事故调查处理过程中，事故发生单位主要负责人应当坚守岗位。一方面，事故调查组要弄清事故经过和事故原因等，需要向事故发生单位的有关人员了解情况，事故发生单位的主要负责人对本单位的情况最清楚，要求其坚守岗位，有利于事故调查组随时向其了解情况。另一方面，事故发生单位的主要负责人往往是事故责任人，要求其坚守岗位，防止其逃匿，也有利于下步开展责任追究。对于违反本条规定的生产经营单位主要负责人，按照以下规定予以处罚。

一是给予罚款的行政处罚，罚款的数额为事故发生单位主要负责人上一年收入的百分之六十至百分之一百，这里没有规定固定数额，主要考虑到随着市场经济的发展，市场主体日益多元化，生产经营单位已由国有企业、集体企业为主，逐步演变成目前的国有企业、股份制企业、私营企业、个体工商户等多种形式并存，不同组织形式的单位，其主要负责人的收入状况也存在很大差异。如果规定固定数额，对一些高收入单位的负责人，根本就无关痛痒，起不到应有的威慑和惩罚作用，而对一些小微单位而言则可能无法承受。因此，本条规定按照上一年年收入一定比例设置处罚，更为科学、合理。对于属于国家工作人员的主要负责人，除了对其处于上一年收入的百分之六十至百分之一百罚款外，还应当结合《监察法》等有关规定，对违法的公职人员给予降级、撤职的政务处分。

二是生产经营单位的主要负责人在事故调查处理期间逃匿的，构成了违反治安管理的行为。违反这些规定，必然对事故调查处理活动及有关司法活动造成干扰和损害。对主要负责人在事故调查处理期间逃匿的行为，有必要给予相应的处罚以维护正常的执法秩序。因为有时公安机关办理的主要负责人在事故调查处理期间逃匿的案件，经过侦查，最后不作为犯罪只按一般的治安案件予以处理。因此，对于生产经营单位的主要负责人在事故调查处理期间逃匿，尚未达到追究刑事责任程度的，由公安机关处十五日以下拘留。

三是构成犯罪的，依照《刑法》有关规定追究刑事责任。这里讲的构成犯罪，对国有企业的负责人来说，主要是指构成《刑法》第一百六十八条规定的关于国有公司、企业工作人员失职的犯罪。构成本条的犯罪，须具备以下条件：（1）实施了严重不负责任或者滥用职权的行为。在发生重大生产安全事故时，不立即组织抢救，就是一种严重不负责任的行为。（2）在客观上造成了国有公司、企业的严重损失，致使国家利益遭受特别重大损失。依照《刑法》第一百六十八条的规定，国有公司、企业的工作人员，由于严重不负责任或者滥用职权，造成国有公司、企业严重损失，致使国家利益遭受特别重大损失的，处三年以下有期徒刑或者拘役；致使国家利益遭受特别重大损失的，处三年以上七年以下有期徒刑。国有事业单位的工作人员有前款行为，致使国家利益遭受重大损失的，依照前款的规定处罚。

及时、如实报告生产安全事故，是生产经营单位的主要负责人的一项重要的法定职责。事故报告是一个自上而下的连锁系统，事故发生单位主要负责人及时、准确上报事故，是这个链条中极为重要的一环。如果事故单位主要负责人对事故隐瞒不报、谎报或者迟报，导致事故报告工作中断，进而影响之后的事故救援和调查处理。因此，对事故单位主要负责人对事故隐瞒不报、谎报或者迟报的行为，也应当追究相应的责任，并按照本条第一款规定予以处罚。需要指出的是，对事故隐瞒不报、谎报或者迟报的行为，如果情节严重，可能构成《刑法》第一百三十九条中规定的“不报、谎报安全事故罪”。

第一百一十一条　有关地方人民政府、负有安全生产监督管理职责的部门，对生产安全事故隐瞒不报、谎报或者迟报的，对直接负责的主管人员和其他直接责任人员依法给予处分；构成犯罪的，依照刑法有关规定追究刑事责任。

【条文主旨】

本条是关于有关地方人民政府、负有安全生产监管职责的部门不报、谎报事故的法律责任的规定。

【内容导读】

根据本法以及《生产安全事故报告和调查处理条例》的规定，事故报告由事故发生单位或者事故现场有关人员报告有关政府部门后，接到事故报告的政府部门应当根据本条例的规定及时、准确地逐级上报事故。特别重大事故、重大事故逐级上报至国务院应急管理部门和负有安全生产监管职责的有关部门；较大事故逐级上报至省、自治区、直辖市人民政府应急管理部门和负有安全生产监管职责的有关部门；一般事故上报至设区的市级人民政府应急管理部门和负有安全生产监管职责的有关部门。每级上报的时间不得超过 2 小时。不论是最初接到事故报告的部门还是接到上报事故的部门，如果需要上报事故，都应当按照规定的时间，及时、准确上报事故。不能拖延不报，更不能漏报、谎报或者瞒报。

如果有关地方人民政府、负有安全生产监管职责的部门构成上述违法行为之一的，对该单位直接负责的主管人员和其他直接责任人员根据《监察法》《公务员法》等有关法律的规定，视情节对违法的公职人员给予警告、记过、记大过、降级、撤职、开除等政务处分。

不报、谎报或者迟报事故情节严重的，涉嫌构成《刑法》第一百三十九条之一的不报、谎报安全事故罪。按照《刑法》规定，在安全事故发生后，负有报告职责的人员不报或者谎报事故情况，延误事故抢救时间，情节严重的，处三年以下有期徒刑或者拘役；情节特别严重的，处三年以上七年以下有期徒刑。这里讲的“情节严重”主要内容，一是导致事故后果扩大，增加死亡一人以上，或者增加重伤三人以上，或者增加直接经济损失一百万元以上的；二是实施下列行为之一，致使不能及时有效开展事故抢救的：（1）决定不报、迟报、谎报事故情况或者指使、串通有关人员不报、迟报、谎报事故情况的；（2）在事故抢救期间擅离职守或者逃匿的；（3）伪造、破坏事故现场，或者转移、藏匿、毁灭遇难人员尸体，或者转移、藏匿受伤人员的；（4）毁灭、伪造、隐匿与事故有关的图纸、记录、计算机数据等资料以及其他证据的。需要说明的是，由于本条规定的违法责任主体是有关地方人民政府、负有安全生产监管职责的部门直接负责的主管人员和其他直接责任人员，这些人员都是国家公职人员，因此本条没有规定对其行政处罚的措施，依法给予处分、构成犯罪的追究刑事责任，比较适合其特点。

第一百一十二条 生产经营单位违反本法规定，被责令改正且受到罚款处罚，拒不改正的，负有安全生产监督管理职责的部门可以自作出责令改正之日的次日起，按照原处罚数额按日连续处罚。

【条文主旨】

本条是关于生产经营单位安全生产违法行为按日连续处罚的规定。

【核心概念】

“按日连续处罚”，是指由法定行政机关对安全生产违法行为（或事故隐患）单位给予行政处罚的同时，对安全生产违法行为者提出一定限期的改正命令，在期限到达之日若被命令者未予改正或者未达到要求，则从行政命令发布之日起计算按日连续处罚。按日连续处罚每日的罚款数额，为原处罚决定书确定的罚款数额乘以计罚日数。

【内容导读】

法律的生命力在于实施，法律的权威也在于实施。为依法惩治拒不执行安全生产执法决定，确保负有安全生产监管职责的部门作出的监管执法指令依法执行，切实维护法律的权威性，本条规定了按日计罚制度。关于法律责任，本条规定以下两点：（1）由负有安全生产监管职责的部门责令生产经营单位改正违法行为，并且实施了罚款的行政处罚，生产经营单位拒不执行。这里的“拒不执行”，是指行为人对负有安全生产监管职责的部门作出的责令改正安全生产违法行为，或者责令排除生产安全事故隐患等执法指令拒不服从，不自动改正违法行为，或者不按要求排除隐患或者无正当理由不在限定的时间内排除隐患。（2）负有安全生产监管职责的部门可以自作出责令改正之日的次日起，按照原处罚数额按日连续处罚。2021 年《安全生产法》修改，法律责任部分的重大创新，就是引入“按日连续处罚”制度。按日连续处罚最早为解决环境违法问题而设，旨在破解“违法成本低、守法成本高”的环境治理困境。针对安全生产领域部分生产经营单位“屡禁不止、屡罚不改”等顽疾，借鉴环保法立法经验，《安全生产法》修订时引入按日连续处罚制度，通过对懈怠履行义务的行政相对人施以经济上的负担，促使其积极履行相关法律义务。按照本条“可以”按日连续处罚的规定，是否按日连续处罚，由行政机关根据违法行为情节的轻重予以裁量，作出决定，可以按日连续处罚，也可以不按日连续处罚，不是必选条件。

第一百一十三条　生产经营单位存在下列情形之一的，负有安全生产监督管理职责的部门应当提请地方人民政府予以关闭，有关部门应当依法吊销其有关证照。生产经营单位主要负责人五年内不得担任任何生产经营单位的主要负责人；情节严重的，终身不得担任本行业生产经营单位的主要负责人：

（一）存在重大事故隐患，一百八十日内三次或者一年内四次受到本法规定的行政处罚的；

（二）经停产停业整顿，仍不具备法律、行政法规和国家标准或者行业标准规定的安全生产条件的；

（三）不具备法律、行政法规和国家标准或者行业标准规定的安全生产条件，导致发生重大、特别重大生产安全事故的；

（四）拒不执行负有安全生产监督管理职责的部门作出的停产停业整顿决定的。

【条文主旨】

本条是关于生产经营单位恶意违法违规行为的法律责任的规定。

【核心概念】

“关闭”，是指有关行政主体依据法定职权和程序，对违反行政管理秩序的企业、事业单位或者其他组织，强制性剥夺其从事某项生产经营活动的一种行政处罚措施。

“吊销有关证照”，包括吊销许可证或者营业执照，是指取消行政机关颁发的许可证或者营业执照，以剥夺行政相对人从事某项生产或者经营活动权利的一种行政处罚。

【内容导读】

当前，我国正处在工业化、城镇化持续推进过程中，各类事故隐患和安全风险交织叠加，安全生产主体责任不落实，部分生产经营单位恶意违法问题突出。按照本法规定，生产经营单位应当具备本法和有关法律、行政法规和国家标准或者行业标准规定的安全生产条件；不具备安全生产条件的，不得从事生产经营活动。这是生产经营单位从事生产经营活动必须具备的前提条件。但是，实践中，有的生产经营单位在不具备国家规定的安全生产条件下进行生产，有的生产经营单位在明知存在重大事故隐患的情况下，无视有关行政机关下达的整改指令，私自复工生产。2016年12月3日，内蒙古赤峰某矿业有限责任公司发生特别重大瓦斯爆炸事故，共造成32人死亡、20人受伤，直接经济损失4 399万元。国务院事故调查组查明，涉事的宝马煤矿自2008年3月开始，在长达8年的时间里长距离、大范围、大规模疯狂进行越界违法开采，并采用假密闭、假图纸、假数据、假回撤等手段隐蔽越界区域，销毁证据，蓄意逃避监管，且拒不执行有关执法部门下达的执法指令，最终导致灾难性的后果发生。还有的生产经营单位因违法违规行为，多次被有关行政机关处罚，仍然屡教不改、屡罚屡犯，比较典型的是造成78人死亡、76人重伤的江苏某化工厂“3·21”爆炸事故。涉事企业所在的陈家港化工园区，多次发生安全生产事故。此外，涉事企业因存在事故隐患，曾多次被当地行政主管部门处罚。

俗话说，治乱须用重典。针对上述安全生产领域乱象，2021年《安全生产法》修改进一步加大处罚力度。依照本条规定，对于生产经营单位存在重大事故隐患，一百八十日内三次或者一年内四次受到行政处罚的；经停产停业整顿，仍不具备法律、行政法规和国家标准或者行业标准规定的安全生产条件的；拒不执行负有安全生产监管职责的部门作出的停产停业整顿决定的，存在这些情形，说明该生产经营单位根本不具备保证生产安全的基本条件，不能再继续从事生产经营活动，应当予以关闭。此外，对于发生生产安全事故的生产经营单位，客观上都存在着不符合安全生产条件或者国家行业安全标准的情形，因而不适合再继续从事生产经营活动，也应当予以关闭。关闭对于生产经营单位来说，是一种比较严厉的行政处罚，因此在实施时应当很慎重，必须由有关政府组织实施。

此外，生产经营单位的安全生产条件不是一成不变的，一旦发现其不具备法律、法规和强制性标准规定的安全生产条件，除了对其实施关闭的行政处罚外，还应当依据《安全生产许可证条例》等相关规定，由有关部门依法吊销其有关证照。

这是一种比责令停产停业更为严厉的处罚。比如，安全生产许可证颁发管理机关应当加强对取得安全生产许可证的企业的监督检查，发现其不再具备本条规定的安全生产条件的，应当依法吊销安全生产许可证。

需要注意的是，本条第（一）项所列违法情形的处罚，即“存在重大事故隐患，一百八十日内三次或者一年内四次受到本法规定的行政处罚的”，是2021年《安全生产法》修改时新增的一种“累加处罚”制度，其目的是，按照“过罚相当”原则对危害生产安全的违法行为，尤其是“屡教不改”的行为，给予最大限度的惩戒，并让其他潜在的违法者引以为戒。“累加处罚”制度并非《安全生产法》首列，早在2005年《国务院关于预防煤矿生产安全事故的特别规定》中就有此类制度，其中第十七条明确规定：“县级以上地方人民政府负责煤矿安全生产监督管理的部门、煤矿安全监察机构在监督检查中，1个月内3次或者3次以上发现煤矿企业未依照国家有关规定对井下作业人员进行安全生产教育和培训或者特种作业人员无证上岗的，应当提请有关人民政府对该煤矿予以关闭。”我国食品安全领域也有此规定。准确运用“累加处罚”制度，对于行政机关精准执法提出更高要求，需要建立更为科学的自由裁量基准。

第一百一十四条 发生生产安全事故，对负有责任的生产经营单位除要求其依法承担相应的赔偿等责任外，由应急管理部门依照下列规定处以罚款：

（一）发生一般事故的，处三十万元以上一百万元以下的罚款；

（二）发生较大事故的，处一百万元以上二百万元以下的罚款；

（三）发生重大事故的，处二百万元以上一千万元以下的罚款；

（四）发生特别重大事故的，处一千万元以上二千万元以下的罚款。

发生生产安全事故，情节特别严重、影响特别恶劣的，应急管理部门可以按照前款罚款数额的二倍以上五倍以下对负有责任的生产经营单位处以罚款。

【条文主旨】

本条是关于对事故发生负有责任的生产经营单位的法律责任的规定。

【核心概念】

“事故发生负有责任的单位”，是指因没有履行安全生产保障义务，导致发生生产安全事故，依法应承担相应法律责任的主体。

【内容导读】

为了防止和减少生产安全事故，保障人民群众生命和财产安全，国家实行生产安全事故责任追究制度，依照本法和有关法律、法规的规定，追究生产安全事故责任人员的法律责任。按照本条规定，对负有责任的生产经营单位除要求其依法承担相应的赔偿等责任外，由应急管理部门按照四个事故等级分别处以不同程度的罚款。按照本条规定，事故等级越高，处罚也就越严厉。具体是：

一是发生一般事故的，处三十万元以上一百万元以下的罚款；发生较大事故的，处一百万元以上二百万元以下的罚款；发生重大事故的，处二百万元以上一千万元以下的罚款；发生特别重大事故的，处一千万元以上二千万元以下的罚款。

二是发生生产安全事故，情节特别严重、社会影响特别恶劣的，严重影响周边人民群众正常的生产生活，百姓反映强烈，或者造成较大的国际影响，或者对人民群众生命健康构成潜在威胁等。针对此类情形，本条规定，应急管理部门可以按照前款罚款数额的二倍以上五倍以下对负有责任的生产经营单位处以罚款，按照这一规定，发生影响特别恶劣的特别严重事故，对责任单位的罚款最高可以达到一亿元。此举更有利于惩治情节特别严重的事故责任单位。当然，这种加倍处罚的机制，在震慑违法的同时，客观上也带来行政处罚裁量空间的明显加大。为了体现过罚相当，符合比例原则，国务院相关主管部门应当出台行政执法裁量基准，避免权力滥用。

第一百一十五条 本法规定的行政处罚，由应急管理部门和其他负有安全生产监督管理职责的部门按照职责分工决定；其中，根据本法第九十五条、第一百一十条、第一百一十四条的规定应当给予民航、铁路、电力行业的生产经营单位及其主要负责人行政处罚的，也可以由主管的负有安全生产监督管理职责的部门进行处罚。予以关闭的行政处罚，由负有安全生产监督管理职责的部门报请县级以上人民政府按照国务院规定的权限决定；给予拘留的行政处罚，由公安机关依照治安管理处罚的规定决定。

【条文主旨】

本条是关于安全生产违法行为行政处罚权限的规定。

【内容导读】

一是按照本条规定，本法规定的行政处罚，由应急管理部门和其他负有安全生产监管职责的部门按照职责分工决定。按照《行政处罚法》的规定，法律可以设定行政处罚的种类。本法规定的行政处罚包括责令停产停业整顿、没收违法所得、罚款等。这些行政处罚将由应急管理部门和其他负有安全生产监管职责的部门按照职责分工决定。比如，本法第九十三条、第九十七条、第九十九条等所规定的行政处罚。

需要注意的是，本法第九十五条、第一百零一十条、第一百一十四条规定的行政处罚主要涉及生产安全事故处罚。一般情况下，按照职责分工以及按照管行业必须管安全的原则，相关行业领域的安全生产监管是由其主管部门负责，其拥有对所属行业领域安全生产违法行为处罚权。但是，按照《安全生产法》以及《生产安全事故报告和调查处理条例》的相关规定，涉及事故的行政处罚，则由应急管理部门决定。事故调查处理专业性强，所有的事故处罚都由应急管理部门决定既不科学也不现实。考虑到在实践中，民航、铁路、电力行业发生的事故，有的地方政府授权行业主管部门牵头组建调查组，开展调查取证、事故分析及处理工作，由后者决定行政处罚以便于实施。因此，法律明确授权根据第九十五条、第一百一十条、第一百一十四条的规定应当给予民航、铁路、电力行业的生产经营单位及其主要负责人行政处罚的，也可以由主管的负有安全生产监管职责的部门进行处罚。

二是予以关闭的行政处罚由负有安全生产监管的部门报请县级以上人民政府按照国务院规定的权限决定。由于关闭这种处罚，对于生产经营单位来说，是一种比较严厉的行政处罚，对其影响很大，在实施时应当很慎重。在实施关闭过程中，要履行听取当事人陈述、申辩等正当程序，当事人要求听证的，人民政府应当组织实施。

三是给予拘留的行政处罚由公安机关依照治安管理处罚规定的程序决定。这里规定的拘留，是一种行政拘留，是法定行政机关依法对违反行政法律规范的人，在短期内限制其人身自由的一种处罚。行政拘留是行政处罚中最为严厉的一种处罚。实施行政拘留的机关，一般仅限于公安机关。按照《治安管理处罚法》的规定，只有县级以上的公安机关才享有行政拘留的裁决权，其他任何行政机关都没有决定行政拘留的权力。

需要注意的是，行政处罚遵循处罚法定原则、处罚与违法相一致原则、“一事不再罚”原则，以及相对人权利保障原则等基本原则。《行政处罚法》明确规定：对当事人的同一个违法行为，不得给予两次以上罚款的行政处罚。这里包括三层含义：第一，一个行为同时违反了两个以上法律、法规的规定，可给予两次以上处罚，但如果是罚款，只能罚一次，另一次处罚可以依法吊销许可证，也可以责令停产停业、没收财产。第二，一个行为同时违反了两个以上法律、法规的规定，该法律、法规同时规定处罚机关可以并处两种处罚，如可以没收并处罚罚款，罚款并处吊销许可证。第三，违法行为情节严重构成犯罪的，依法追究刑事责任的同时，依法应当予以行政处罚的当然适用。

第一百一十六条 生产经营单位发生生产安全事故造成人员伤亡、他人财产损失的，应当依法承担赔偿责任；拒不承担或者其负责人逃匿的，由人民法院依法强制执行。

生产安全事故的责任人未依法承担赔偿责任，经人民法院依法采取执行措施后，仍不能对受害人给予足额赔偿的，应当继续履行赔偿义务；受害人发现责任人有其他财产的，可以随时请求人民法院执行。

【条文主旨】

本条是关于安全生产民事赔偿法律责任的规定。本条共分为两款。

【核心概念】

“无过错责任”，是指当损害发生以后，不论加害人有无过失，只要其行为与损害后果之间存在因果关系，加害人均应承担责任的一种法定归责原则，其目的在于补偿受害人所受的损失。无过错责任是从整个社会利益之均衡、不同社会群体力量之对比，以及寻求补偿以息事宁人的角度来体现民法的公平原则的，它反映了高度现代化社会化大生产条件下的公平正义观。

【内容导读】

生产经营单位发生生产安全事故，造成人员伤亡、他人财产损失的，应当依法承担赔偿责任。这是生产经营单位依法应当承担的损害赔偿的民事责任。按照《民法典》的规定，行为人因过错侵害他人民事权益造成损害的，应当承担侵权责任。行为人造成他人民事权益损害，不论行为人有无过错，法律规定应当承担侵权责任的，依照其规定。如果生产经营单位拒不承担赔偿责任，或者生产经营单位的负责人逃匿的，由人民法院依法强制执行。按照《中华人民共和国民事诉讼法》（以下简称《民事诉讼法》）的规定，发生法律效力的民事判决、裁定，当事人必须履行。一方拒绝履行的，对方当事人可以向人民法院申请强制执行，也可以由审判员移送执行员执行。调解书和其他应当由人民法院执行的法律文书，当事人必须履行。一方拒绝履行的，对方当事人可以向人民法院申请执行。人民法院在强制执行时，可以采取以下强制措施：查询、冻结、划拨被执行人的存款；扣留、提取被执行人的收入；查封、扣押、拍卖、变卖被执行人的财产；搜查被执行人的财产；强制被执行人履行法律文书指定的行为等。

同时，生产安全事故的责任人未依法承担赔偿责任，不履行生效的法律判决，经人民法院依法采取执行措施后，仍不能对受害人给予足额赔偿的，应当继续履行赔偿义务。按照《民事诉讼法》的规定，人民法院依法采取执行措施后，被执行人仍不能偿还债务的，应当继续履行义务。债权人发现被执行人有其他财产的可以随时请求人民法院执行。在实践当中，一般有两种情况：一是有些生产安全事故的责任人有能力履行赔偿义务，但是却称自己没有赔偿能力，企图拖延一段时间，不承担责任；二是有些生产安全事故的责任人确实是由于经济状况不好，或者资金周转不灵，无力承担赔偿责任。无论是由于何种情况不能履行赔偿义务，都不能免除其赔偿义务。生产安全事故责任人的赔偿义务，也不因采取强制措施而终止。生产安全事故的责任人什么时候有能力履行赔偿义务，什么时候就应当履行义务，直到完全履行赔偿义务为止。其间，如果受害人发现生产安全事故的责任人在采取执行措施后，还有其他可供执行的财产，或者发现生产安全事故的责任人经过一段时间的恢复后，又获得了新的财产，可以随时请求人民法院执行。

第七章　附则

第一百一十七条　本法下列用语的含义：

危险物品，是指易燃易爆物品、危险化学品、放射性物品等能够危及人身安全和财产安全的物品。

重大危险源，是指长期地或者临时地生产、搬运、使用或者储存危险物品，且危险物品的数量等于或者超过临界量的单元（包括场所和设施）。

【条文主旨】

本条是关于《安全生产法》中部分用语含义的规定。

【内容导读】

一是关于危险物品的定义。本法所称的“危险物品”包括易燃易爆物品、危险化学品、放射性物品等。易燃物品是指容易自燃或燃烧的物品，如汽油、煤油、酒精、液化气、煤气、氢气、胶片、黄磷等。易爆物品是指具有爆发力和破坏性，容易发生爆炸的物品，瞬间可造成人员伤亡、物品毁损的一切爆炸物品，如各种起爆器、各种炸药、烟花爆竹等，包括民用黑火药、烟火药、引火线等物品。危险化学品是指具有毒害、腐蚀、爆炸、燃烧、助燃等性质，对人体、设施、环境具有危害的剧毒化学品和其他化学品。按照《危险化学品安全管理条例》，危险化学品包括爆炸品、压缩气体和液化气体、易燃液体、易燃固体、自燃物品和遇湿易燃物品、氧化剂和有机过氧化物、有毒品和腐蚀品等，危险化学品以列入《危险货物品名表》（GB 12268）为准；剧毒化学品目录和未列入《危险货物品名表》的其他危险化学品，由国务院经济贸易综合管理部门会同国务院公安、环境保护、卫生、质检、交通部门确定并公布。放射性物品，是指含有放射性核素，并且其活度和比活度均高于国家规定的豁免值的物品。根据放射性物品的特性及其对人体健康和环境的潜在危害程度，国家将放射性物品分为一类、二类和三类；一类放射性物品是指Ⅰ类放射源、高水平放射性废物、乏燃料等释放到环境后对人体健康和环境产生重大辐射影响的放射性物品；二类放射性物品是指Ⅱ类和Ⅲ类放射源、中等水平放射性废物等释放到环境后对人体健康和环境产生一般辐射影响的放射性物品；三类放射性物品是指Ⅳ类和Ⅴ类放射源、低水平放射性废物、放射性药品等释放到环境后对人体健康和环境产生较小辐射影响的放射性物品。放射性物品的具体分类和名录，由国务院核安全监管部门会同国务院公安、卫生、海关、交通运输、铁路、民航、核工业行业主管部门制定。放射性是指不稳定核素自发放出粒子或辐射，或在轨道电子俘获后放出辐射，或自发裂变的性质。放射性物质就是指能发出射线的物质，如放射性同位素、射线装置等。

二是关于重大危险源的定义。构成重大危险源，必须满足两个条件：（1）长期或者临时地生产、搬运、使用或者储存危险物品；（2）危险物品的数量等于或者超过临界量。根据《危险化学品重大危险源辨识》（GB 18218），危险化学品重大危险源，是指长期或者临时地生产、搬运、使用或者储存危险化学品，且危险化学品的数量等于或者超过临界量的单元。这里讲的“单元”涉及危险化学品的生产、储存装置、设施或场所，具体分为生产单元和储存单元。生产单元是指危险化学品的生产、加工及使用等的装置或设施，当装置或设施之间有切断阀时，以切断阀作为分割界限划分为独立的单元。储存单元是指用于储存危险化学品的储存或仓库组成的相对独立的区域，储罐区以罐区防火堤为界限划分为独立的单元，仓库以独立库区（独立建筑物）为界限划分为独立的单元。临界值是指某种或某类危险化学品构成重大危险源所规定的最小数量。按照《危险化学品重大危险源监督管理暂行规定》，危险化学品单位应当对重大危险源进行安全评估并确定重大危险源等级。重大危险源根据其危险程度，分为一级、二级、三级和四级，一级为最高级别。

第一百一十八条 本法规定的生产安全一般事故、较大事故、重大事故、特别重大事故的划分标准由国务院规定。

国务院应急管理部门和其他负有安全生产监督管理职责的部门应当根据各自的职责分工，制定相关行业、领域重大危险源的辨识标准和重大事故隐患的判定标准。

【条文主旨】

本条是关于事故等级划分以及相关行业、领域重大事故隐患判定标准的规定。本条共分为两款。

【内容导读】

一是关于事故等级的划分标准。根据国务院《生产安全事故报告和调查处理条例》第三条规定，根据生产安全事故（以下简称事故）造成的人员伤亡或者直接经济损失，事故一般分为以下等级：（1）特别重大事故，是指造成30人以上死亡，或者100人以上重伤（包括急性工业中毒，下同），或者1亿元以上直接经济损失的事故；（2）重大事故，是指造成10人以上30人以下死亡，或者50人以上100人以下重伤，或者5 000万元以上1亿元以下直接经济损失的事故；（3）较大事故，是指造成3人以上10人以下死亡，或者10人以上50人以不重伤，或者1 000万元以上5 000万元以下直接经济损失的事故；（4）一般事故，是指造成3人以下死亡，或者10人以下重伤，或者1 000万元以下直接经济损失的事故。上述所称的“以上”包括本数，所称的“以下”不包括本数。国务院应急管理部门可以会同国务院有关部门，制定事故等级划分的补充性规定。上述规定只能适用于生产经营活动中发生的造成人身伤亡或者直接经济损失的生产安全事故，环境污染事故、核设施事故、国防科研生产事故的划分不适用上述规定。

二是重大事故隐患。按照《安全生产事故隐患排查治理暂行规定》的相关规定，安全生产事故隐患，是指生产经营单位违反安全生产法律、法规、规章、标准、规程和安全生产管理制度的规定，或者因其他因素在生产经营活动中存在可能导致事故发生的物的危险状态、人的不安全行为和管理上的缺陷。事故隐患分为一般事故隐患和重大事故隐患。一般事故隐患，是指危害和整改难度较小，发现后能够立即整改排除的隐患。重大事故隐患，是指危害和整改难度较大，应当全部或者局部停产停业，并经过一定时间整改治理方能排除的隐患，或者因外部因素影响致使生产经营单位自身难以排除的隐患。这是一般性的规定。

目前安全生产相关行业、领域对重大事故隐患存在不同界定。根据《安全生产法》和《中共中央 国务院关于推进安全生产领域改革发展的意见》，原国家安全生产监管总局制定了《化工和危险化学品生产经营单位重大生产安全事故隐患判定标准（试行）》和《烟花爆竹生产经营单位重大生产安全事故隐患判定标准（试行）》，如《化工和危险化学品生产经营单位重大生产安全事故隐患判定标准》规定，以下情形应当判定为重大事故隐患：（1）危险化学品生产、经营单位主要负责人和安全生产管理人员未依法经考核合格；（2）特种作业人员未持证上岗；（3）涉及“两重点一重大”的生产装置、储存设施外部安全防护距离不符合国家标准要求；（4）涉及重点监管危险化工工艺的装置未实现自动化控制，系统未实现紧急停车功能，装备的自动化控制系统、紧急停车系统未投入使用；（5）构成一级、二级重大危险源的危险化学品罐区未实现紧急切断功能；涉及毒性气体、液化气体、剧毒液体的一级、二级重大危险源的危险化学品罐区未配备独立的安全仪表系统；（6）全压力式液化烃储罐未按国家标准设置注水措施；（7）液化烃、液氨、液氯等易燃易爆、有毒有害液化气体的充装未使用万向管道充装系统；（8）光气、氯气等剧毒气体及硫化氢气体管道穿越除厂区（包括化工园区、工业园区）外的公共区域；（9）地区架空电力线路穿越生产区且不符合国家标准要求；（10）在役化工装置未经正规设计且未进行安全设计诊断；（11）使用淘汰落后安全技术工艺、设备目录列出的工艺、设备；（12）涉及可燃和有毒有害气体泄漏的场所未按国家标准设置检测报警装置，爆炸危险场所未按国家标准安装使用防爆电气设备；（13）控制室或机柜间面向具有火灾、爆炸危险性装置一侧不满足国家标准关于防火防爆的要求；（14）化工生产装置未按国家标准要求设置双重电源供电，自动化控制系统未设置不间断电源；（15）安全阀、爆破片等安全附件未正常投入使用；（16）未建立与岗位相匹配的全员安全生产责任制或者未制定实施生产安全事故隐患排查治理制度；（17）未制定操作规程和工艺控制指标；（18）未按照国家标准制定动火、进入受限空间等特殊作业管理制度，或者制度未有效执行；（19）新开发的危险化学品生产工艺未经小试、中试、工业化试验直接进行工业化生产；国内首次使用的化工工艺未经过省级人民政府有关部门组织的安全可靠性论证；新建装置未制定试生产方案投料开车；精细化工企业未按规范性文件要求开展反应安全风险评估；（20）未按国家标准分区分类储存危险化学品，超量、超品种储存危险化学品，相互禁配物质混放混存。

第一百一十九条　本法自2002年11月1日起施行。

【条文主旨】

本条是关于本法生效日期的规定。

【内容导读】

法律的生效日期是指法律开始施行并发生法律效力的日期，这是任何一部法律不可缺少的基本要素，一般都在法律的最后一条加以规定。对于法律生效日期的规定，主要有两种形式：一是自公布之日起生效；二是自公布后某一特定日期生效。

从立法技术上看，采用后一种方式，是为了给法律的实施留下一定的准备时间。根据本条的规定，本法自2002年11月1日起施行，也就是本法自2002年11月1日起开始发生法律效力。本法生效前颁布的与本法规定相矛盾或不一致的法律、行政法规以及部门规章都不得再适用。

需要注意的是，法律、法规中如有新修改的，生效日期是修改决定的日期。未修改的，生效日期仍是原法律、法规规定的生效日期。如2021年《安全生产法》修改决定规定："本决定自2021年9月1日起施行。"即对《安全生产法》修改的部分，自2021年9月1日起开始施行。

附：中华人民共和国安全生产法（2021 年修正）

（2002 年 6 月 29 日第九届全国人民代表大会常务委员会第二十八次会议通过，根据 2009 年 8 月 27 日第十一届全国人民代表大会常务委员会第十次会议《关于修改部分法律的决定》第一次修正，根据 2014 年 8 月 31 日第十二届全国人民代表大会常务委员会第十次会议《关于修改〈中华人民共和国安全生产法〉的决定》第二次修正，根据 2021 年 6 月 10 日第十三届全国人民代表大会常务委员会第二十九次会议《关于修改〈中华人民共和国安全生产法〉的决定》第三次修正。）

目　录

第一章　总　　则

第一条　为了加强安全生产工作，防止和减少生产安全事故，保障人民群众生命和财产安全，促进经济社会持续健康发展，制定本法。

第二条　在中华人民共和国领域内从事生产经营活动的单位（以下统称生产经营单位）的安全生产，适用本法；有关法律、行政法规对消防安全和道路交通安全、铁路交通安全、水上交通安全、民用航空安全以及核与辐射安全、特种设备安全另有规定的，适用其规定。

第三条　安全生产工作坚持中国共产党的领导。

安全生产工作应当以人为本，坚持人民至上、生命至上，把保护人民生命安全摆在首位，树牢安全发展理念，坚持安全第一、预防为主、综合治理的方针，从源头上防范化解重大安全风险。

安全生产工作实行管行业必须管安全、管业务必须管安全、管生产经营必须管安全，强化和落实生产经营单位主体责任与政府监管责任，建立生产经营单位负责、职工参与、政府监管、行业自律和社会监督的机制。

第四条　生产经营单位必须遵守本法和其他有关安全生产的法律、法规，加强安全生产管理，建立健全全员安全生产责任制和安全生产规章制度，加大对安全生产资金、物资、技术、人员的投入保障力度，改善安全生产条件，加强安全生产标准化、信息化建设，构建安全风险分级管控和隐患排查治理双重预防机制，健全风险防范化解机制，提高安全生产水平，确保安全生产。

平台经济等新兴行业、领域的生产经营单位应当根据本行业、领域的特点，建立健全并落实全员安全生产责任制，加强从业人员安全生产教育和培训，履行本法和其他法律、法规规定的有关安全生产义务。

第五条　生产经营单位的主要负责人是本单位安全生产第一责任人，对本单位的安全生产工作全面负责。其他负责人对职责范围内的安全生产工作负责。

第六条　生产经营单位的从业人员有依法获得安全生产保障的权利，并应当依法履行安全生产方面的义务。

第七条 工会依法对安全生产工作进行监督。

生产经营单位的工会依法组织职工参加本单位安全生产工作的民主管理和民主监督，维护职工在安全生产方面的合法权益。生产经营单位制定或者修改有关安全生产的规章制度，应当听取工会的意见。

第八条 国务院和县级以上地方各级人民政府应当根据国民经济和社会发展规划制定安全生产规划，并组织实施。安全生产规划应当与国土空间规划等相关规划相衔接。

各级人民政府应当加强安全生产基础设施建设和安全生产监管能力建设，所需经费列入本级预算。

县级以上地方各级人民政府应当组织有关部门建立完善安全风险评估与论证机制，按照安全风险管控要求，进行产业规划和空间布局，并对位置相邻、行业相近、业态相似的生产经营单位实施重大安全风险联防联控。

第九条 国务院和县级以上地方各级人民政府应当加强对安全生产工作的领导，建立健全安全生产工作协调机制，支持、督促各有关部门依法履行安全生产监督管理职责，及时协调、解决安全生产监督管理中存在的重大问题。

乡镇人民政府和街道办事处，以及开发区、工业园区、港区、风景区等应当明确负责安全生产监督管理的有关工作机构及其职责，加强安全生产监管力量建设，按照职责对本行政区域或者管理区域内生产经营单位安全生产状况进行监督检查，协助人民政府有关部门或者按照授权依法履行安全生产监督管理职责。

第十条 国务院应急管理部门依照本法，对全国安全生产工作实施综合监督管理；县级以上地方各级人民政府应急管理部门依照本法，对本行政区域内安全生产工作实施综合监督管理。

国务院交通运输、住房和城乡建设、水利、民航等有关部门依照本法和其他有关法律、行政法规的规定，在各自的职责范围内对有关行业、领域的安全生产工作实施监督管理；县级以上地方各级人民政府有关部门依照本法和其他有关法律、法规的规定，在各自的职责范围内对有关行业、领域的安全生产工作实施监督管理。对新兴行业、领域的安全生产监督管理职责不明确的，由县级以上地方各级人民政府按照业务相近的原则确定监督管理部门。

应急管理部门和对有关行业、领域的安全生产工作实施监督管理的部门，统称负有安全生产监督管理职责的部门。负有安全生产监督管理职责的部门应当相互配合、齐抓共管、信息共享、资源共用，依法加强安全生产监督管理工作。

第十一条 国务院有关部门应当按照保障安全生产的要求，依法及时制定有关的国家标准或者行业标准，并根据科技进步和经济发展适时修订。

生产经营单位必须执行依法制定的保障安全生产的国家标准或者行业标准。

第十二条 国务院有关部门按照职责分工负责安全生产强制性国家标准的项目提出、组织起草、征求意见、技术审查。国务院应急管理部门统筹提出安全生产强制性国家标准的立项计划。国务院标准化行政主管部门负责安全生产强制性国家标准的立项、编号、对外通报和授权批准发布工作。国务院标准化行政主管部门、有关部门依据法定职责对安全生产强制性国家标准的实施进行监督检查。

第十三条 各级人民政府及其有关部门应当采取多种形式，加强对有关安全生产的法律、法规和安全生产知识的宣传，增强全社会的安全生产意识。

第十四条 有关协会组织依照法律、行政法规和章程，为生产经营单位提供安全生产方面的信息、培训等服务，发挥自律作用，促进生产经营单位加强安全生产管理。

第十五条 依法设立的为安全生产提供技术、管理服务的机构，依照法律、行政法规和执业准则，接受生产经营单位的委托为其安全生产工作提供技术、管理服务。

生产经营单位委托前款规定的机构提供安全生产技术、管理服务的，保证安全生产的责任仍由本单位负责。

第十六条 国家实行生产安全事故责任追究制度，依照本法和有关法律、法规的规定，追究生产安全事故责任单位和责任人员的法律责任。

第十七条　县级以上各级人民政府应当组织负有安全生产监督管理职责的部门依法编制安全生产权力和责任清单，公开并接受社会监督。

第十八条　国家鼓励和支持安全生产科学技术研究和安全生产先进技术的推广应用，提高安全生产水平。

第十九条　国家对在改善安全生产条件、防止生产安全事故、参加抢险救护等方面取得显著成绩的单位和个人，给予奖励。

第二章　生产经营单位的安全生产保障

第二十条　生产经营单位应当具备本法和有关法律、行政法规和国家标准或者行业标准规定的安全生产条件；不具备安全生产条件的，不得从事生产经营活动。

第二十一条　生产经营单位的主要负责人对本单位安全生产工作负有下列职责：

（一）建立健全并落实本单位全员安全生产责任制，加强安全生产标准化建设；

（二）组织制定并实施本单位安全生产规章制度和操作规程；

（三）组织制定并实施本单位安全生产教育和培训计划；

（四）保证本单位安全生产投入的有效实施；

（五）组织建立并落实安全风险分级管控和隐患排查治理双重预防工作机制，督促、检查本单位的安全生产工作，及时消除生产安全事故隐患；

（六）组织制定并实施本单位的生产安全事故应急救援预案；

（七）及时、如实报告生产安全事故。

第二十二条　生产经营单位的全员安全生产责任制应当明确各岗位的责任人员、责任范围和考核标准等内容。

生产经营单位应当建立相应的机制，加强对全员安全生产责任制落实情况的监督考核，保证全员安全生产责任制的落实。

第二十三条　生产经营单位应当具备的安全生产条件所必需的资金投入，由生产经营单位的决策机构、主要负责人或者个人经营的投资人予以保证，并对由于安全生产所必需的资金投入不足导致的后果承担责任。

有关生产经营单位应当按照规定提取和使用安全生产费用，专门用于改善安全生产条件。安全生产费用在成本中据实列支。安全生产费用提取、使用和监督管理的具体办法由国务院财政部门会同国务院应急管理部门征求国务院有关部门意见后制定。

第二十四条 矿山、金属冶炼、建筑施工、运输单位和危险物品的生产、经营、储存、装卸单位，应当设置安全生产管理机构或者配备专职安全生产管理人员。

前款规定以外的其他生产经营单位，从业人员超过一百人的，应当设置安全生产管理机构或者配备专职安全生产管理人员；从业人员在一百人以下的，应当配备专职或者兼职的安全生产管理人员。

第二十五条 生产经营单位的安全生产管理机构以及安全生产管理人员履行下列职责：

（一）组织或者参与拟订本单位安全生产规章制度、操作规程和生产安全事故应急救援预案；

（二）组织或者参与本单位安全生产教育和培训，如实记录安全生产教育和培训情况；

（三）组织开展危险源辨识和评估，督促落实本单位重大危险源的安全管理措施；

（四）组织或者参与本单位应急救援演练；

（五）检查本单位的安全生产状况，及时排查生产安全事故隐患，提出改进安全生产管理的建议；

（六）制止和纠正违章指挥、强令冒险作业、违反操作规程的行为；

（七）督促落实本单位安全生产整改措施。

生产经营单位可以设置专职安全生产分管负责人，协助本单位主要负责人履行安全生产管理职责。

第二十六条 生产经营单位的安全生产管理机构以及安全生产管理人员应当恪尽职守，依法履行职责。

生产经营单位作出涉及安全生产的经营决策，应当听取安全生产管理机构以及安全生产管理人员的意见。

生产经营单位不得因安全生产管理人员依法履行职责而降低其工资、福利等待遇或者解除与其订立的劳动合同。

危险物品的生产、储存单位以及矿山、金属冶炼单位的安全生产管理人员的任免，应当告知主管的负有安全生产监督管理职责的部门。

第二十七条 生产经营单位的主要负责人和安全生产管理人员必须具备与本单位所从事的生产经营活动相应的安全生产知识和管理能力。

危险物品的生产、经营、储存、装卸单位以及矿山、金属冶炼、建筑施工、运输单位的主要负责人和安全生产管理人员，应当由主管的负有安全生产监督管理职责的部门对其安全生产知识和管理能力考核合格。考核不得收费。

危险物品的生产、储存、装卸单位以及矿山、金属冶炼单位应当有注册安全工程师从事安全生产管理工作。鼓励其他生产经营单位聘用注册安全工程师从事安全生产管理工作。注册安全工程师按专业分类管理，具体办法由国务院人力资源和社会保障部门、国务院应急管理部门会同国务院有关部门制定。

第二十八条 生产经营单位应当对从业人员进行安全生产教育和培训，保证从业人员具备必要的安全生产知识，熟悉有关的安全生产规章制度和安全操作规程，掌握本岗位的安全操作技能，了解事故应急处理措施，知悉自身在安全生产方面的权利和义务。未经安全生产教育和培训合格的从业人员，不得上岗作业。

生产经营单位使用被派遣劳动者的，应当将被派遣劳动者纳入本单位从业人员统一管理，对被派遣劳动者进行岗位安全操作规程和安全操作技能的教育和培训。劳务派遣单位应当对被派遣劳动者进行必要的安全生产教育和培训。

生产经营单位接收中等职业学校、高等学校学生实习的，应当对实习学生进行相应的安全生产教育和培训，提供必要的劳动防护用品。学校应当协助生产经营单位对实习学生进行安全生产教育和培训。

生产经营单位应当建立安全生产教育和培训档案，如实记录安全生产教育和培训的时间、内容、参加人员以及考核结果等情况。

第二十九条 生产经营单位采用新工艺、新技术、新材料或者使用新设备，必须了解、掌握其安全技术特性，采取有效的安全防护措施，并对从业人员进行专门的安全生产教育和培训。

第三十条 生产经营单位的特种作业人员必须按照国家有关规定经专门的安全作业培训，取得相应资格，方可上岗作业。

特种作业人员的范围由国务院应急管理部门会同国务院有关部门确定。

第三十一条 生产经营单位新建、改建、扩建工程项目（以下统称建设项目）的安全设施，必须与主体工程同时设计、同时施工、同时投入生产和使用。安全设施投资应当纳入建设项目概算。

第三十二条 矿山、金属冶炼建设项目和用于生产、储存、装卸危险物品的建设项目，应当按照国家有关规定进行安全评价。

第三十三条 建设项目安全设施的设计人、设计单位应当对安全设施设计负责。

矿山、金属冶炼建设项目和用于生产、储存、装卸危险物品的建设项目的安全设施设计应当按照国家有关规定报经有关部门审查，审查部门及其负责审查的人员对审查结果负责。

第三十四条 矿山、金属冶炼建设项目和用于生产、储存、装卸危险物品的建设项目的施工单位必须按照批准的安全设施设计施工，并对安全设施的工程质量负责。

矿山、金属冶炼建设项目和用于生产、储存、装卸危险物品的建设项目竣工投入生产或者使用前，应当由建设单位负责组织对安全设施进行验收；验收合格后，方可投入生产和使用。负有安全生产监督管理职责的部门应当加强对建设单位验收活动和验收结果的监督核查。

第三十五条 生产经营单位应当在有较大危险因素的生产经营场所和有关设施、设备上，设置明显的安全警示标志。

第三十六条 安全设备的设计、制造、安装、使用、检测、维修、改造和报废，应当符合国家标准或者行业标准。

生产经营单位必须对安全设备进行经常性维护、保养，并定期检测，保证正常运转。维护、保养、检测应当作好记录，并由有关人员签字。

生产经营单位不得关闭、破坏直接关系生产安全的监控、报警、防护、救生设备、设施，或篡改、隐瞒、销毁其相关数据、信息。

餐饮等行业的生产经营单位使用燃气的，应当安装可燃气体报警装置，并保障其正常使用。

第三十七条 生产经营单位使用的危险物品的容器、运输工具，以及涉及人身安全、危险性较大的海洋石油开采特种设备和矿山井下特种设备，必须按照国家有关规定，由专业生产单位生产，并经具有专业资质的检测、检验机构检测、检验合格，取得安全使用证或者安全标志，方可投入使用。检测、检验机构对检测、检验结果负责。

第三十八条 国家对严重危及生产安全的工艺、设备实行淘汰制度，具体目录由国务院应急管理部门会同国务院有关部门制定并公布。法律、行政法规对目录的制定另有规定的，适用其规定。

省、自治区、直辖市人民政府可以根据本地区实际情况制定并公布具体目录，对前款规定以外的危及生产安全的工艺、设备予以淘汰。

生产经营单位不得使用应当淘汰的危及生产安全的工艺、设备。

第三十九条 生产、经营、运输、储存、使用危险物品或者处置废弃危险物品的，由有关主管部门依照有关法律、法规的规定和国家标准或者行业标准审批并实施监督管理。

生产经营单位生产、经营、运输、储存、使用危险物品或者处置废弃危险物品，必须执行有关法律、法规和国家标准或者行业标准，建立专门的安全管理制度，采取可靠的安全措施，接受有关主管部门依法实施的监督管理。

第四十条 生产经营单位对重大危险源应当登记建档，进行定期检测、评估、监控，并制定应急预案，告知从业人员和相关人员在紧急情况下应当采取的应急措施。

生产经营单位应当按照国家有关规定将本单位重大危险源及有关安全措施、应急措施报有关地方人民政府应急管理部门和有关部门备案。有关地方人民政府应急管理部门和有关部门应当通过相关信息系统实现信息共享。

第四十一条 生产经营单位应当建立安全风险分级管控制度，按照安全风险分级采取相应的管控措施。

生产经营单位应当建立健全并落实生产安全事故隐患排查治理制度，采取技术、管理措施，及时发现并消除事故隐患。事故隐患排查治理情况应当如实记录，并通过职工大会或者职工代表大会、信息公示栏等方式向从业人员通报。其中，重大事故隐患排查治理情况应当及时向负有安全生产监督管理职责的部门和职工大会或者职工代表大会报告。

县级以上地方各级人民政府负有安全生产监督管理职责的部门应当将重大事故隐患纳入相关信息系统，建立健全重大事故隐患治理督办制度，督促生产经营单位消除重大事故隐患。

第四十二条 生产、经营、储存、使用危险物品的车间、商店、仓库不得与员工宿舍在同一座建筑物内，并应当与员工宿舍保持安全距离。

生产经营场所和员工宿舍应当设有符合紧急疏散要求、标志明显、保持畅通的出口、疏散通道。禁止占用、锁闭、封堵生产经营场所或者员工宿舍的出口、疏散通道。

第四十三条 生产经营单位进行爆破、吊装、动火、临时用电以及国务院应急管理部门会同国务院有关部门规定的其他危险作业，应当安排专门人员进行现场安全管理，确保操作规程的遵守和安全措施的落实。

第四十四条 生产经营单位应当教育和督促从业人员严格执行本单位的安全生

产规章制度和安全操作规程；并向从业人员如实告知作业场所和工作岗位存在的危险因素、防范措施以及事故应急措施。

生产经营单位应当关注从业人员的身体、心理状况和行为习惯，加强对从业人员的心理疏导、精神慰藉，严格落实岗位安全生产责任，防范从业人员行为异常导致事故发生。

第四十五条 生产经营单位必须为从业人员提供符合国家标准或者行业标准的劳动防护用品，并监督、教育从业人员按照使用规则佩戴、使用。

第四十六条 生产经营单位的安全生产管理人员应当根据本单位的生产经营特点，对安全生产状况进行经常性检查；对检查中发现的安全问题，应当立即处理；不能处理的，应当及时报告本单位有关负责人，有关负责人应当及时处理。检查及处理情况应当如实记录在案。

生产经营单位的安全生产管理人员在检查中发现重大事故隐患，依照前款规定向本单位有关负责人报告，有关负责人不及时处理的，安全生产管理人员可以向主管的负有安全生产监督管理职责的部门报告，接到报告的部门应当依法及时处理。

第四十七条 生产经营单位应当安排用于配备劳动防护用品、进行安全生产培训的经费。

第四十八条 两个以上生产经营单位在同一作业区域内进行生产经营活动，可能危及对方生产安全的，应当签订安全生产管理协议，明确各自的安全生产管理职责和应当采取的安全措施，并指定专职安全生产管理人员进行安全检查与协调。

第四十九条 生产经营单位不得将生产经营项目、场所、设备发包或者出租给不具备安全生产条件或者相应资质的单位或者个人。

生产经营项目、场所发包或者出租给其他单位的，生产经营单位应当与承包单位、承租单位签订专门的安全生产管理协议，或者在承包合同、租赁合同中约定各自的安全生产管理职责；生产经营单位对承包单位、承租单位的安全生产工作统一协调、管理，定期进行安全检查，发现安全问题的，应当及时督促整改。

矿山、金属冶炼建设项目和用于生产、储存、装卸危险物品的建设项目的施工单位应当加强对施工项目的安全管理，不得倒卖、出租、出借、挂靠或者以其他形式非法转让施工资质，不得将其承包的全部建设工程转包给第三人或者将其承包的全部建设工程支解以后以分包的名义分别转包给第三人，不得将工程分包给不具备相应资质的单位。

第五十条 生产经营单位发生生产安全事故时，单位的主要负责人应当立即组织抢救，并不得在事故调查处理期间擅离职守。

第五十一条 生产经营单位必须依法参加工伤保险，为从业人员缴纳保险费。

国家鼓励生产经营单位投保安全生产责任保险；属于国家规定的高危行业、领域的生产经营单位，应当投保安全生产责任保险。具体范围和实施办法由国务院应急管理部门会同国务院财政部门、国务院保险监督管理机构和相关行业主管部门制定。

第三章 从业人员的安全生产权利义务

第五十二条 生产经营单位与从业人员订立的劳动合同，应当载明有关保障从业人员劳动安全、防止职业危害的事项，以及依法为从业人员办理工伤保险的事项。

生产经营单位不得以任何形式与从业人员订立协议，免除或者减轻其对从业人员因生产安全事故伤亡依法应承担的责任。

第五十三条 生产经营单位的从业人员有权了解其作业场所和工作岗位存在的危险因素、防范措施及事故应急措施，有权对本单位的安全生产工作提出建议。

第五十四条 从业人员有权对本单位安全生产工作中存在的问题提出批评、检举、控告；有权拒绝违章指挥和强令冒险作业。

生产经营单位不得因从业人员对本单位安全生产工作提出批评、检举、控告或者拒绝违章指挥、强令冒险作业而降低其工资、福利等待遇或者解除与其订立的劳动合同。

第五十五条 从业人员发现直接危及人身安全的紧急情况时，有权停止作业或者在采取可能的应急措施后撤离作业场所。

生产经营单位不得因从业人员在前款紧急情况下停止作业或者采取紧急撤离措施而降低其工资、福利等待遇或者解除与其订立的劳动合同。

第五十六条 生产经营单位发生生产安全事故后，应当及时采取措施救治有关人员。

因生产安全事故受到损害的从业人员，除依法享有工伤保险外，依照有关民事法律尚有获得赔偿的权利的，有权提出赔偿要求。

第五十七条 从业人员在作业过程中，应当严格落实岗位安全责任，遵守本单位的安全生产规章制度和操作规程，服从管理，正确佩戴和使用劳动防护用品。

第五十八条 从业人员应当接受安全生产教育和培训，掌握本职工作所需的安全生产知识，提高安全生产技能，增强事故预防和应急处理能力。

第五十九条 从业人员发现事故隐患或者其他不安全因素，应当立即向现场安全生产管理人员或者本单位负责人报告；接到报告的人员应当及时予以处理。

第六十条 工会有权对建设项目的安全设施与主体工程同时设计、同时施工、同时投入生产和使用进行监督，提出意见。

工会对生产经营单位违反安全生产法律、法规，侵犯从业人员合法权益的行为，有权要求纠正；发现生产经营单位违章指挥、强令冒险作业或者发现事故隐患时，有权提出解决的建议，生产经营单位应当及时研究答复；发现危及从业人员生命安全的情况时，有权向生产经营单位建议组织从业人员撤离危险场所，生产经营单位必须立即作出处理。

工会有权依法参加事故调查，向有关部门提出处理意见，并要求追究有关人员的责任。

第六十一条 生产经营单位使用被派遣劳动者的，被派遣劳动者享有本法规定的从业人员的权利，并应当履行本法规定的从业人员的义务。

第四章　安全生产的监督管理

第六十二条　县级以上地方各级人民政府应当根据本行政区域内的安全生产状况，组织有关部门按照职责分工，对本行政区域内容易发生重大生产安全事故的生产经营单位进行严格检查。

应急管理部门应当按照分类分级监督管理的要求，制定安全生产年度监督检查计划，并按照年度监督检查计划进行监督检查，发现事故隐患，应当及时处理。

第六十三条　负有安全生产监督管理职责的部门依照有关法律、法规的规定，对涉及安全生产的事项需要审查批准（包括批准、核准、许可、注册、认证、颁发证照等，下同）或者验收的，必须严格依照有关法律、法规和国家标准或者行业标准规定的安全生产条件和程序进行审查；不符合有关法律、法规和国家标准或者行业标准规定的安全生产条件的，不得批准或者验收通过。对未依法取得批准或者验收合格的单位擅自从事有关活动的，负责行政审批的部门发现或者接到举报后应当立即予以取缔，并依法予以处理。对已经依法取得批准的单位，负责行政审批的部门发现其不再具备安全生产条件的，应当撤销原批准。

第六十四条　负有安全生产监督管理职责的部门对涉及安全生产的事项进行审查、验收，不得收取费用；不得要求接受审查、验收的单位购买其指定品牌或者指定生产、销售单位的安全设备、器材或者其他产品。

第六十五条　应急管理部门和其他负有安全生产监督管理职责的部门依法开展安全生产行政执法工作，对生产经营单位执行有关安全生产的法律、法规和国家标准或者行业标准的情况进行监督检查，行使以下职权：

（一）进入生产经营单位进行检查，调阅有关资料，向有关单位和人员了解情况；

（二）对检查中发现的安全生产违法行为，当场予以纠正或者要求限期改正；对依法应当给予行政处罚的行为，依照本法和其他有关法律、行政法规的规定作出行政处罚决定；

（三）对检查中发现的事故隐患，应当责令立即排除；重大事故隐患排除前或者排除过程中无法保证安全的，应当责令从危险区域内撤出作业人员，责令暂时停产停业或者停止使用相关设施、设备；重大事故隐患排除后，经审查同意，方可恢复生产经营和使用；

（四）对有根据认为不符合保障安全生产的国家标准或者行业标准的设施、设备、器材以及违法生产、储存、使用、经营、运输的危险物品予以查封或者扣押，对违法生产、储存、使用、经营危险物品的作业场所予以查封，并依法作出处理决定。

监督检查不得影响被检查单位的正常生产经营活动。

第六十六条 生产经营单位对负有安全生产监督管理职责的部门的监督检查人员（以下统称安全生产监督检查人员）依法履行监督检查职责，应当予以配合，不得拒绝、阻挠。

第六十七条 安全生产监督检查人员应当忠于职守，坚持原则，秉公执法。

安全生产监督检查人员执行监督检查任务时，必须出示有效的行政执法证件；对涉及被检查单位的技术秘密和业务秘密，应当为其保密。

第六十八条 安全生产监督检查人员应当将检查的时间、地点、内容、发现的问题及其处理情况，作出书面记录，并由检查人员和被检查单位的负责人签字；被检查单位的负责人拒绝签字的，检查人员应当将情况记录在案，并向负有安全生产监督管理职责的部门报告。

第六十九条 负有安全生产监督管理职责的部门在监督检查中，应当互相配合，实行联合检查；确需分别进行检查的，应当互通情况，发现存在的安全问题应当由其他有关部门进行处理的，应当及时移送其他有关部门并形成记录备查，接受移送的部门应当及时进行处理。

第七十条 负有安全生产监督管理职责的部门依法对存在重大事故隐患的生产经营单位作出停产停业、停止施工、停止使用相关设施或者设备的决定，生产经营单位应当依法执行，及时消除事故隐患。生产经营单位拒不执行，有发生生产安全事故的现实危险的，在保证安全的前提下，经本部门主要负责人批准，负有安全生产监督管理职责的部门可以采取通知有关单位停止供电、停止供应民用爆炸物品等措施，强制生产经营单位履行决定。通知应当采用书面形式，有关单位应当予以配合。

负有安全生产监督管理职责的部门依照前款规定采取停止供电措施，除有危及生产安全的紧急情形外，应当提前二十四小时通知生产经营单位。生产经营单位依法履行行政决定、采取相应措施消除事故隐患的，负有安全生产监督管理职责的部门应当及时解除前款规定的措施。

第七十一条 监察机关依照监察法的规定，对负有安全生产监督管理职责的部门及其工作人员履行安全生产监督管理职责实施监察。

第七十二条 承担安全评价、认证、检测、检验职责的机构应当具备国家规定的资质条件，并对其作出的安全评价、认证、检测、检验结果的合法性、真实性负责。资质条件由国务院应急管理部门会同国务院有关部门制定。

承担安全评价、认证、检测、检验职责的机构应当建立并实施服务公开和报告公开制度，不得租借资质、挂靠、出具虚假报告。

第七十三条 负有安全生产监督管理职责的部门应当建立举报制度，公开举报电话、信箱或者电子邮件地址等网络举报平台，受理有关安全生产的举报；受理的举报事项经调查核实后，应当形成书面材料；需要落实整改措施的，报经有关负责人签字并督促落实。对不属于本部门职责，需要由其他有关部门进行调查处理的，转交其他有关部门处理。

涉及人员死亡的举报事项，应当由县级以上人民政府组织核查处理。

第七十四条 任何单位或者个人对事故隐患或者安全生产违法行为，均有权向负有安全生产监督管理职责的部门报告或者举报。

因安全生产违法行为造成重大事故隐患或者导致重大事故，致使国家利益或者社会公共利益受到侵害的，人民检察院可以根据民事诉讼法、行政诉讼法的相关规定提起公益诉讼。

第七十五条 居民委员会、村民委员会发现其所在区域内的生产经营单位存在事故隐患或者安全生产违法行为时，应当向当地人民政府或者有关部门报告。

第七十六条 县级以上各级人民政府及其有关部门对报告重大事故隐患或者举报安全生产违法行为的有功人员，给予奖励。具体奖励办法由国务院应急管理部门会同国务院财政部门制定。

第七十七条 新闻、出版、广播、电影、电视等单位有进行安全生产公益宣传教育的义务，有对违反安全生产法律、法规的行为进行舆论监督的权利。

第七十八条 负有安全生产监督管理职责的部门应当建立安全生产违法行为信息库，如实记录生产经营单位及其有关从业人员的安全生产违法行为信息；对违法行为情节严重的生产经营单位及其有关从业人员，应当及时向社会公告，并通报行业主管部门、投资主管部门、自然资源主管部门、生态环境主管部门、证券监督管理机构以及有关金融机构。有关部门和机构应当对存在失信行为的生产经营单位及其有关从业人员采取加大执法检查频次、暂停项目审批、上调有关保险费率、行业或者职业禁入等联合惩戒措施，并向社会公示。

负有安全生产监督管理职责的部门应当加强对生产经营单位行政处罚信息的及时归集、共享、应用和公开，对生产经营单位作出处罚决定后七个工作日内在监督管理部门公示系统予以公开曝光，强化对违法失信生产经营单位及其有关从业人员的社会监督，提高全社会安全生产诚信水平。

第五章 生产安全事故的应急救援与调查处理

第七十九条 国家加强生产安全事故应急能力建设，在重点行业、领域建立应急救援基地和应急救援队伍，并由国家安全生产应急救援机构统一协调指挥；鼓励生产经营单位和其他社会力量建立应急救援队伍，配备相应的应急救援装备和物资，提高应急救援的专业化水平。

国务院应急管理部门牵头建立全国统一的生产安全事故应急救援信息系统，国务院交通运输、住房和城乡建设、水利、民航等有关部门和县级以上地方人民政府建立健全相关行业、领域、地区的生产安全事故应急救援信息系统，实现互联互通、信息共享，通过推行网上安全信息采集、安全监管和监测预警，提升监管的精准化、智能化水平。

第八十条 县级以上地方各级人民政府应当组织有关部门制定本行政区域内生产安全事故应急救援预案，建立应急救援体系。

乡镇人民政府和街道办事处，以及开发区、工业园区、港区、风景区等应当制定相应的生产安全事故应急救援预案，协助人民政府有关部门或者按照授权依法履行生产安全事故应急救援工作职责。

第八十一条 生产经营单位应当制定本单位生产安全事故应急救援预案，与所在地县级以上地方人民政府组织制定的生产安全事故应急救援预案相衔接，并定期组织演练。

第八十二条 危险物品的生产、经营、储存单位以及矿山、金属冶炼、城市轨道交通运营、建筑施工单位应当建立应急救援组织；生产经营规模较小的，可以不建立应急救援组织，但应当指定兼职的应急救援人员。

危险物品的生产、经营、储存、运输单位以及矿山、金属冶炼、城市轨道交通运营、建筑施工单位应当配备必要的应急救援器材、设备和物资，并进行经常性维护、保养，保证正常运转。

第八十三条 生产经营单位发生生产安全事故后，事故现场有关人员应当立即报告本单位负责人。

单位负责人接到事故报告后，应当迅速采取有效措施，组织抢救，防止事故扩大，减少人员伤亡和财产损失，并按照国家有关规定立即如实报告当地负有安全生产监督管理职责的部门，不得隐瞒不报、谎报或者迟报，不得故意破坏事故现场、毁灭有关证据。

第八十四条 负有安全生产监督管理职责的部门接到事故报告后，应当立即按照国家有关规定上报事故情况。负有安全生产监督管理职责的部门和有关地方人民政府对事故情况不得隐瞒不报、谎报或者迟报。

第八十五条 有关地方人民政府和负有安全生产监督管理职责的部门的负责人接到生产安全事故报告后，应当按照生产安全事故应急救援预案的要求立即赶到事故现场，组织事故抢救。

参与事故抢救的部门和单位应当服从统一指挥，加强协同联动，采取有效的应急救援措施，并根据事故救援的需要采取警戒、疏散等措施，防止事故扩大和次生灾害的发生，减少人员伤亡和财产损失。

事故抢救过程中应当采取必要措施，避免或者减少对环境造成的危害。

任何单位和个人都应当支持、配合事故抢救，并提供一切便利条件。

第八十六条 事故调查处理应当按照科学严谨、依法依规、实事求是、注重实效的原则，及时、准确地查清事故原因，查明事故性质和责任，评估应急处置工作，总结事故教训，提出整改措施，并对事故责任单位和人员提出处理建议。事故调查报告应当依法及时向社会公布。事故调查和处理的具体办法由国务院制定。

事故发生单位应当及时全面落实整改措施，负有安全生产监督管理职责的部门应当加强监督检查。

负责事故调查处理的国务院有关部门和地方人民政府应当在批复事故调查报告后一年内，组织有关部门对事故整改和防范措施落实情况进行评估，并及时向社会公开评估结果；对不履行职责导致事故整改和防范措施没有落实的有关单位和人员，应当按照有关规定追究责任。

第八十七条 生产经营单位发生生产安全事故，经调查确定为责任事故的，除了应当查明事故单位的责任并依法予以追究外，还应当查明对安全生产的有关事项负有审查批准和监督职责的行政部门的责任，对有失职、渎职行为的，依照本法第九十条的规定追究法律责任。

第八十八条 任何单位和个人不得阻挠和干涉对事故的依法调查处理。

第八十九条 县级以上地方各级人民政府应急管理部门应当定期统计分析本行政区域内发生生产安全事故的情况，并定期向社会公布。

第六章　法律责任

第九十条　负有安全生产监督管理职责的部门的工作人员，有下列行为之一的，给予降级或者撤职的处分；构成犯罪的，依照刑法有关规定追究刑事责任：

（一）对不符合法定安全生产条件的涉及安全生产的事项予以批准或者验收通过的；

（二）发现未依法取得批准、验收的单位擅自从事有关活动或者接到举报后不予取缔或者不依法予以处理的；

（三）对已经依法取得批准的单位不履行监督管理职责，发现其不再具备安全生产条件而不撤销原批准或者发现安全生产违法行为不予查处的；

（四）在监督检查中发现重大事故隐患，不依法及时处理的。

负有安全生产监督管理职责的部门的工作人员有前款规定以外的滥用职权、玩忽职守、徇私舞弊行为的，依法给予处分；构成犯罪的，依照刑法有关规定追究刑事责任。

第九十一条　负有安全生产监督管理职责的部门，要求被审查、验收的单位购买其指定的安全设备、器材或者其他产品的，在对安全生产事项的审查、验收中收取费用的，由其上级机关或者监察机关责令改正，责令退还收取的费用；情节严重的，对直接负责的主管人员和其他直接责任人员依法给予处分。

第九十二条　承担安全评价、认证、检测、检验职责的机构出具失实报告的，责令停业整顿，并处三万元以上十万元以下的罚款；给他人造成损害的，依法承担赔偿责任。

承担安全评价、认证、检测、检验职责的机构租借资质、挂靠、出具虚假报告的，没收违法所得；违法所得在十万元以上的，并处违法所得二倍以上五倍以下的罚款，没有违法所得或者违法所得不足十万元的，单处或者并处十万元以上二十万元以下的罚款；对其直接负责的主管人员和其他直接责任人员处五万元以上十万元以下的罚款；给他人造成损害的，与生产经营单位承担连带赔偿责任；构成犯罪的，依照刑法有关规定追究刑事责任。

对有前款违法行为的机构及其直接责任人员，吊销其相应资质和资格，五年内不得从事安全评价、认证、检测、检验等工作；情节严重的，实行终身行业和职业禁入。

第九十三条 生产经营单位的决策机构、主要负责人或者个人经营的投资人不依照本法规定保证安全生产所必需的资金投入，致使生产经营单位不具备安全生产条件的，责令限期改正，提供必需的资金；逾期未改正的，责令生产经营单位停产停业整顿。

有前款违法行为，导致发生生产安全事故的，对生产经营单位的主要负责人给予撤职处分，对个人经营的投资人处二万元以上二十万元以下的罚款；构成犯罪的，依照刑法有关规定追究刑事责任。

第九十四条 生产经营单位的主要负责人未履行本法规定的安全生产管理职责的，责令限期改正，处二万元以上五万元以下的罚款；逾期未改正的，处五万元以上十万元以下的罚款，责令生产经营单位停产停业整顿。

生产经营单位的主要负责人有前款违法行为，导致发生生产安全事故的，给予撤职处分；构成犯罪的，依照刑法有关规定追究刑事责任。

生产经营单位的主要负责人依照前款规定受刑事处罚或者撤职处分的，自刑罚执行完毕或者受处分之日起，五年内不得担任任何生产经营单位的主要负责人；对重大、特别重大生产安全事故负有责任的，终身不得担任本行业生产经营单位的主要负责人。

第九十五条 生产经营单位的主要负责人未履行本法规定的安全生产管理职责，导致发生生产安全事故的，由应急管理部门依照下列规定处以罚款：

（一）发生一般事故的，处上一年年收入百分之四十的罚款；

（二）发生较大事故的，处上一年年收入百分之六十的罚款；

（三）发生重大事故的，处上一年年收入百分之八十的罚款；

（四）发生特别重大事故的，处上一年年收入百分之一百的罚款。

第九十六条 生产经营单位的其他负责人和安全生产管理人员未履行本法规定的安全生产管理职责的，责令限期改正，处一万元以上三万元以下的罚款；导致发生生产安全事故的，暂停或者吊销其与安全生产有关的资格，并处上一年年收入百分之二十以上百分之五十以下的罚款；构成犯罪的，依照刑法有关规定追究刑事责任。

第九十七条 生产经营单位有下列行为之一的，责令限期改正，处十万元以下的罚款；逾期未改正的，责令停产停业整顿，并处十万元以上二十万元以下的罚款，对其直接负责的主管人员和其他直接责任人员处二万元以上五万元以下的罚款：

（一）未按照规定设置安全生产管理机构或者配备安全生产管理人员、注册安全工程师的；

（二）危险物品的生产、经营、储存、装卸单位以及矿山、金属冶炼、建筑施工、运输单位的主要负责人和安全生产管理人员未按照规定经考核合格的；

（三）未按照规定对从业人员、被派遣劳动者、实习学生进行安全生产教育和培训，或者未按照规定如实告知有关的安全生产事项的；

（四）未如实记录安全生产教育和培训情况的；

（五）未将事故隐患排查治理情况如实记录或者未向从业人员通报的；

（六）未按照规定制定生产安全事故应急救援预案或者未定期组织演练的；

（七）特种作业人员未按照规定经专门的安全作业培训并取得相应资格，上岗作业的。

第九十八条 生产经营单位有下列行为之一的，责令停止建设或者停产停业整顿，限期改正，并处十万元以上五十万元以下的罚款，对其直接负责的主管人员和其他直接责任人员处二万元以上五万元以下的罚款；逾期未改正的，处五十万元以上一百万元以下的罚款，对其直接负责的主管人员和其他直接责任人员处五万元以上十万元以下的罚款；构成犯罪的，依照刑法有关规定追究刑事责任：

（一）未按照规定对矿山、金属冶炼建设项目或者用于生产、储存、装卸危险物品的建设项目进行安全评价的；

（二）矿山、金属冶炼建设项目或者用于生产、储存、装卸危险物品的建设项目没有安全设施设计或者安全设施设计未按照规定报经有关部门审查同意的；

（三）矿山、金属冶炼建设项目或者用于生产、储存、装卸危险物品的建设项目的施工单位未按照批准的安全设施设计施工的；

（四）矿山、金属冶炼建设项目或者用于生产、储存、装卸危险物品的建设项目竣工投入生产或者使用前，安全设施未经验收合格的。

第九十九条 生产经营单位有下列行为之一的，责令限期改正，处五万元以下的罚款；逾期未改正的，处五万元以上二十万元以下的罚款，对其直接负责的主管人员和其他直接责任人员处一万元以上二万元以下的罚款；情节严重的，责令停产停业整顿；构成犯罪的，依照刑法有关规定追究刑事责任：

（一）未在有较大危险因素的生产经营场所和有关设施、设备上设置明显的安全警示标志的；

（二）安全设备的安装、使用、检测、改造和报废不符合国家标准或者行业标准的；

（三）未对安全设备进行经常性维护、保养和定期检测的；

（四）关闭、破坏直接关系生产安全的监控、报警、防护、救生设备、设施，或者篡改、隐瞒、销毁其相关数据、信息的；

（五）未为从业人员提供符合国家标准或者行业标准的劳动防护用品的；

（六）危险物品的容器、运输工具，以及涉及人身安全、危险性较大的海洋石油开采特种设备和矿山井下特种设备未经具有专业资质的机构检测、检验合格，取得安全使用证或者安全标志，投入使用的；

（七）使用应当淘汰的危及生产安全的工艺、设备的；

（八）餐饮等行业的生产经营单位使用燃气未安装可燃气体报警装置的。

第一百条 未经依法批准，擅自生产、经营、运输、储存、使用危险物品或者处置废弃危险物品的，依照有关危险物品安全管理的法律、行政法规的规定予以处罚；构成犯罪的，依照刑法有关规定追究刑事责任。

第一百零一条 生产经营单位有下列行为之一的，责令限期改正，处十万元以下的罚款；逾期未改正的，责令停产停业整顿，并处十万元以上二十万元以下的罚款，对其直接负责的主管人员和其他直接责任人员处二万元以上五万元以下的罚款；构成犯罪的，依照刑法有关规定追究刑事责任：

（一）生产、经营、运输、储存、使用危险物品或者处置废弃危险物品，未建立专门安全管理制度、未采取可靠的安全措施的；

（二）对重大危险源未登记建档，未进行定期检测、评估、监控，未制定应急预案，或者未告知应急措施的；

（三）进行爆破、吊装、动火、临时用电以及国务院应急管理部门会同国务院有关部门规定的其他危险作业，未安排专门人员进行现场安全管理的；

（四）未建立安全风险分级管控制度或者未按照安全风险分级采取相应管控措施的；

（五）未建立事故隐患排查治理制度，或者重大事故隐患排查治理情况未按照规定报告的。

第一百零二条 生产经营单位未采取措施消除事故隐患的，责令立即消除或者限期消除，处五万元以下的罚款；生产经营单位拒不执行的，责令停产停业整顿，对其直接负责的主管人员和其他直接责任人员处五万元以上十万元以下的罚款；构成犯罪的，依照刑法有关规定追究刑事责任。

第一百零三条 生产经营单位将生产经营项目、场所、设备发包或者出租给不具备安全生产条件或者相应资质的单位或者个人的，责令限期改正，没收违法所得；违法所得十万元以上的，并处违法所得二倍以上五倍以下的罚款；没有违法所得或者违法所得不足十万元的，单处或者并处十万元以上二十万元以下的罚款；对其直接负责的主管人员和其他直接责任人员处一万元以上二万元以下的罚款；导致发生生产安全事故给他人造成损害的，与承包方、承租方承担连带赔偿责任。

生产经营单位未与承包单位、承租单位签订专门的安全生产管理协议或者未在承包合同、租赁合同中明确各自的安全生产管理职责，或者未对承包单位、承租单位的安全生产统一协调、管理的，责令限期改正，处五万元以下的罚款，对其直接负责的主管人员和其他直接责任人员处一万元以下的罚款；逾期未改正的，责令停产停业整顿。

矿山、金属冶炼建设项目和用于生产、储存、装卸危险物品的建设项目的施工单位未按照规定对施工项目进行安全管理的，责令限期改正，处十万元以下的罚款，对其直接负责的主管人员和其他直接责任人员处二万元以下的罚款；逾期未改正的，责令停产停业整顿。以上施工单位倒卖、出租、出借、挂靠或者以其他形式非法转让施工资质的，责令停产停业整顿，吊销资质证书，没收违法所得；违法所得十万元以上的，并处违法所得二倍以上五倍以下的罚款，没有违法所得或者违法所得不足十万元的，单处或者并处十万元以上二十万元以下的罚款；对其直接负责的主管人员和其他直接责任人员处五万元以上十万元以下的罚款；构成犯罪的，依照刑法有关规定追究刑事责任。

第一百零四条 两个以上生产经营单位在同一作业区域内进行可能危及对方安全生产的生产经营活动，未签订安全生产管理协议或者未指定专职安全生产管理人员进行安全检查与协调的，责令限期改正，处五万元以下的罚款，对其直接负责的主管人员和其他直接责任人员处一万元以下的罚款；逾期未改正的，责令停产停业。

第一百零五条 生产经营单位有下列行为之一的，责令限期改正，处五万元以下的罚款，对其直接负责的主管人员和其他直接责任人员处一万元以下的罚款；逾期未改正的，责令停产停业整顿；构成犯罪的，依照刑法有关规定追究刑事责任：

（一）生产、经营、储存、使用危险物品的车间、商店、仓库与员工宿舍在同一座建筑内，或者与员工宿舍的距离不符合安全要求的；

（二）生产经营场所和员工宿舍未设有符合紧急疏散需要、标志明显、保持畅通的出口、疏散通道，或者占用、锁闭、封堵生产经营场所或者员工宿舍出口、疏散通道的。

第一百零六条 生产经营单位与从业人员订立协议，免除或者减轻其对从业人员因生产安全事故伤亡依法应承担的责任的，该协议无效；对生产经营单位的主要负责人、个人经营的投资人处二万元以上十万元以下的罚款。

第一百零七条 生产经营单位的从业人员不落实岗位安全责任，不服从管理，违反安全生产规章制度或者操作规程的，由生产经营单位给予批评教育，依照有关规章制度给予处分；构成犯罪的，依照刑法有关规定追究刑事责任。

第一百零八条 违反本法规定，生产经营单位拒绝、阻碍负有安全生产监督管理职责的部门依法实施监督检查的，责令改正；拒不改正的，处二万元以上二十万元以下的罚款；对其直接负责的主管人员和其他直接责任人员处一万元以上二万元以下的罚款；构成犯罪的，依照刑法有关规定追究刑事责任。

第一百零九条 高危行业、领域的生产经营单位未按照国家规定投保安全生产责任保险的，责令限期改正，处五万元以上十万元以下的罚款；逾期未改正的，处十万元以上二十万元以下的罚款。

第一百一十条 生产经营单位的主要负责人在本单位发生生产安全事故时，不立即组织抢救或者在事故调查处理期间擅离职守或者逃匿的，给予降级、撤职的处分，并由应急管理部门处上一年年收入百分之六十至百分之一百的罚款；对逃匿的，处十五日以下拘留；构成犯罪的，依照刑法有关规定追究刑事责任。

生产经营单位的主要负责人对生产安全事故隐瞒不报、谎报或者迟报的，依照前款规定处罚。

第一百一十一条 有关地方人民政府、负有安全生产监督管理职责的部门，对生产安全事故隐瞒不报、谎报或者迟报的，对直接负责的主管人员和其他直接责任人员依法给予处分；构成犯罪的，依照刑法有关规定追究刑事责任。

第一百一十二条 生产经营单位违反本法规定，被责令改正且受到罚款处罚，拒不改正的，负有安全生产监督管理职责的部门可以自作出责令改正之日的次日起，按照原处罚数额按日连续处罚。

第一百一十三条 生产经营单位存在下列情形之一的，负有安全生产监督管理职责的部门应当提请地方人民政府予以关闭，有关部门应当依法吊销其有关证照。生产经营单位主要负责人五年内不得担任任何生产经营单位的主要负责人；情节严重的，终身不得担任本行业生产经营单位的主要负责人：

（一）存在重大事故隐患，一百八十日内三次或者一年内四次受到本法规定的行政处罚的；

（二）经停产停业整顿，仍不具备法律、行政法规和国家标准或者行业标准规定的安全生产条件的；

（三）不具备法律、行政法规和国家标准或者行业标准规定的安全生产条件，导致发生重大、特别重大生产安全事故的；

（四）拒不执行负有安全生产监督管理职责的部门作出的停产停业整顿决定的。

第一百一十四条 发生生产安全事故，对负有责任的生产经营单位除要求其依法承担相应的赔偿等责任外，由应急管理部门依照下列规定处以罚款：

（一）发生一般事故的，处三十万元以上一百万元以下的罚款；

（二）发生较大事故的，处一百万元以上二百万元以下的罚款；

（三）发生重大事故的，处二百万元以上一千万元以下的罚款；

（四）发生特别重大事故的，处一千万元以上二千万元以下的罚款。

发生生产安全事故，情节特别严重、影响特别恶劣的，应急管理部门可以按照前款罚款数额的二倍以上五倍以下对负有责任的生产经营单位处以罚款。

第一百一十五条 本法规定的行政处罚，由应急管理部门和其他负有安全生产监督管理职责的部门按照职责分工决定；其中，根据本法第九十五条、第一百一十条、第一百一十四条的规定应当给予民航、铁路、电力行业的生产经营单位及其主要负责人行政处罚的，也可以由主管的负有安全生产监督管理职责的部门进行处罚。予以关闭的行政处罚，由负有安全生产监督管理职责的部门报请县级以上人民政府按照国务院规定的权限决定；给予拘留的行政处罚，由公安机关依照治安管理处罚的规定决定。

第一百一十六条 生产经营单位发生生产安全事故造成人员伤亡、他人财产损失的，应当依法承担赔偿责任；拒不承担或者其负责人逃匿的，由人民法院依法强制执行。

生产安全事故的责任人未依法承担赔偿责任，经人民法院依法采取执行措施后，仍不能对受害人给予足额赔偿的，应当继续履行赔偿义务；受害人发现责任人有其他财产的，可以随时请求人民法院执行。

第七章　附　　则

第一百一十七条　本法下列用语的含义：

危险物品，是指易燃易爆物品、危险化学品、放射性物品等能够危及人身安全和财产安全的物品。

重大危险源，是指长期地或者临时地生产、搬运、使用或者储存危险物品，且危险物品的数量等于或者超过临界量的单元（包括场所和设施）。

第一百一十八条　本法规定的生产安全一般事故、较大事故、重大事故、特别重大事故的划分标准由国务院规定。

国务院应急管理部门和其他负有安全生产监督管理职责的部门应当根据各自的职责分工，制定相关行业、领域重大危险源的辨识标准和重大事故隐患的判定标准。

第一百一十九条　本法自 2002 年 11 月 1 日起施行。